Crítica literária contemporânea

Alan Flávio Viola (org.)

Crítica literária contemporânea

1ª edição

CIVILIZAÇÃO BRASILEIRA

Rio de Janeiro
2013

Copyright© Alan Flávio Viola, 2013

CIP-BRASIL. CATALOGAÇÃO NA FONTE
SINDICATO NACIONAL DOS EDITORES DE LIVROS, RJ

C951   Crítica literária contemporânea/[organização Alan Flavio Viola] –
Rio de Janeiro: Civilização Brasileira, 2013.

Inclui bibliografia

ISBN 978-85-200-1137-9

1. Literatura – História e crítica I. Viola, Alan Flavio.

13-1548
CDD: 809
CDU: 82.09

EDITORA AFILIADA

Todos os direitos reservados. Proibidos a reprodução, o armazenamento ou a transmissão de partes deste livro, através de quaisquer meios, sem prévia autorização por escrito.

Este livro foi revisado segundo o novo Acordo Ortográfico da Língua Portuguesa.

Direitos desta edição adquiridos pela
EDITORA CIVILIZAÇÃO BRASILEIRA
Um selo da
EDITORA JOSÉ OLYMPIO LTDA
Rua Argentina 171 – Rio de Janeiro, RJ – 20921-380 – Tel.: 2585-2000

Seja um leitor preferencial Record.

Cadastre-se e receba informações sobre nossos lançamentos e nossas promoções.

Atendimento e venda direta ao leitor:
mdireto@record.com.br ou (21) 2585-2002

Impresso no Brasil
2013

Sumário

Apresentação   7
   Alan Flávio Viola

O ideal do crítico   15
   Machado de Assis

Que medo nos contamina?   23
   Ronaldo Lima Lins

Geografias da memória: a literatura brasileira entre história e genealogia   41
   Ettore Finazzi-Agrò

Apropriações da desconstrução pela crítica literária   55
   Carmen Cristiane Borges Losano

História literária: um gênero em crise   81
   Paulo Franchetti

Crítica é cara ou coroa   101
   Luiz Bras

Poesia contemporânea nacional: reincidências e passagens   107
   Mauricio Salles Vasconcelos

A poesia brasileira contemporânea e sua crítica   121
   Renato Rezende

Autoficção e literatura contemporânea 143
   Luciene Azevedo

Horizontes da crítica literária brasileira contemporânea:
Roberto Schwarz e Luiz Costa Lima 165
   Sebastião Marques Cardoso

Dois tempos para a literatura brasileira: Antonio Candido,
Silviano Santiago e o modernismo 185
   Pedro Duarte

Romance, de Fabiano Figueira — O modernovismo e a reinvenção
do modernismo 209
   Carlos Emílio Corrêa Lima

João Almino, o crítico como romancista 235
   José Luís Jobim

Dos benefícios de um piparote 253
   Marta de Senna

O "Ensaio Teórico-Crítico-Experimental" de
Roberto Corrêa dos Santos 265
   Alberto Pucheu

No enveredamento das sertanias 287
   José Carlos Pinheiro Prioste

Crônica, um gênero brasileiro 301
   José Castello

Poesia: escutas e escritas 309
   Antonio Carlos Secchin

A espiral e o sonho dos meninos 325
   Marco Lucchesi

Apresentação
Alan Flávio Viola

O crítico literário é um leitor especializado do texto ficcional. Conjuga análise e interpretação e consegue às vezes submeter o texto a suas visadas inéditas — há obras que ficaram demarcadas por uma leitura quase definitiva. Mesmo que se possa ler com Barthes que nada pode ser mais claro do que as próprias obras, o crítico é um habilidoso leitor por excelência.

O leitor é um coautor silencioso da criação — por ele acende-se a intenção da grafia: o texto. Reunir ensaístas em uma coletânea é uma ousadia de leitor. Mas um leitor de certa forma descompromissado ou não vinculado a visões definidas de correntes de pensamento, um leitor algo apaixonado somente.

Se o texto elaborado e fluente da nossa crítica brasileira consegue despertar interesses, além de reflexões, é porque há nele também uma criação, um certo fulgor que o movimenta, quase à parte da intenção primeira de debater e analisar. O ensaio parece provocar no crítico esse encantamento em criar — e talvez seja essa a sua característica mais atraente.

Pesquisei muitos ensaios na academia, em projetos vinculados às agências Capes e CNPq. Submetido a uma forma definida por recortes (pelos programas dos departamentos), sempre ligados à especialização, sua regência de foco, o ensaio era mais um objeto a ser estudado para confirmar ou refutar teorias, mais uma peça para confirmar teses — leituras.

Quando criei este projeto, minha intenção centrava-se justamente nessa demonstração da diversidade de vozes que nossa crítica literária possui, nessa produção que, muitas vezes, fica restrita a um público-leitor de universidade, mas, e principalmente, buscava a interpretação crítica que se relaciona também com algo de ficcional.

E a escolha dos textos aconteceu seja pela percepção de um vigor (por alguma *anima* que habita o texto) — como uma espécie de força que se encarrega de levar o leitor a outra estância de leitura —, seja provocado por deslocamentos sutis em trechos dos ensaios (imagens), no que já foi designado como estranhamento, no que já foi riscado como solto demais e visto com uma suspeita clareza, ou no que estabelece convencimentos pela inteligência de uma escrita convincente, mas é sobretudo criação textual.

O livro traz como texto de abertura "O ideal do crítico" — texto nada datado, como a maior parte da obra de seu autor, Machado de Assis — que lança ao futuro uma exortação ao crítico literário. E tão atual se apresenta seu texto que qualquer trecho nos revela o presente:

> *Será necessário dizer que uma das condições da crítica deve ser a urbanidade? Uma crítica que, para a expressão das suas ideias, só encontra fórmulas ásperas pode perder as esperanças de influir e dirigir. Para muita gente será esse o meio de provar independência; mas os olhos experimentados farão muito pouco caso de uma independência que precisa sair da sala para mostrar que existe.*

Busquei criar uma narração, como se um texto provocasse o outro, e a sequência traz na abertura um ensaio inédito de Ronaldo Lima Lins: se a banalização da arte não seria, de fato, um caminho que a extinguisse, se a crise da individuação, em um mundo globalizado, anunciasse apenas um vácuo produzido pela massificação do pensamento, como uma doença invisível. O ensaísta lê o contemporâneo, e a ausência de saídas revelada por crises atuais, como a possibilidade de *anúncios de reviravoltas* e sugere que a arte *como local da essência, guardando a autonomia de poder dizer não* seja esse espaço de força: *Voltamos, então, a enfatizar*

APRESENTAÇÃO

o *conceito de liberdade e reconhecer que o mesmo paira, por meio da arte, acima dos dois lados das nossas expectativas.*

Prossegue o livro com a ideia de origem na literatura brasileira, do ensaísta italiano Ettore Finazzi-Agró, pensando a diferença entre história e genealogia na concepção nietzschiana. O ensaísta traduz nossa origem-passado como *uma linhagem interrompida* que nos impossibilitaria *uma história linear* e que somente se estabeleceria *numa disseminação memorial, num percurso caótico e emaranhado que se reflete e encontra a sua possível razão de ser só num discurso novo e outro, oblíquo em relação a qualquer lógica historicista, suspenso entre a verdade e o desejo, entre a coisa e a palavra que a diz, entre a memória e o esquecimento.*

O texto de Carmen Losano investe na discussão do cânone literário, desde a sua formação, com modelos e juízos estéticos, até suas *relativizações na modernidade* — e a posição ocupada pelo consagrado, hoje, nos estudos culturais:

> *No caso da narrativa — e mais especificamente da literatura — podemos nos apropriar da noção de reconstrução da experiência para compreender o valor das reconstruções. Considerando que a cada refazer a experiência é renovada, podemos afirmar que a reconstrução da experiência, além de funcionar como estratégia anticanonização, ainda mantém vivas as obras nas quais permanecem os traços de identidade cultural/nacional de cada sociedade.*

O ensaio de Paulo Franchetti remete à questão da identidade, em uma apresentação crítica sobre nossa historiografia literária:

> *"Nós", os brasileiros, é tão evidentemente uma construção ideológica, ficcional, que todos os discursos destinados a dar-lhe sustentação caem imediatamente em descrédito. Por outro lado, sem esse "nós" no horizonte narrativo, como compor uma narrativa que seja relevante do ponto de vista estético e coerente do ponto de vista histórico?*

A análise do cânone, por outro enfoque, complementa essa discussão — no ensaio "Crítica é cara ou coroa", de Luiz Braz (Nélson de Oliveira), o crítico delimita a escolha de um texto literário, pela crítica, como a escolha de um projeto de civilização: *O tipo de civilização que nos agrada está representado na linguagem, no temperamento e na densidade do livro em questão.*

O livro prossegue com uma leitura de Mauricio Salles Vasconcelos sobre a poesia brasileira no fim do século XX; o autor localiza a mudança de uma dicção na poesia nesse período, que seria a *de oposição à modernidade e à vanguarda concretista (...) para algo fora dos esquadros programáticos do experimental (...)* em direção ao *sentido de ser captado o universo de forças multiculturais.*

Logo a seguir, um ensaio de Renato Rezende sobre a poesia contemporânea, repensa, inclusive, a função da crítica:

> *Evidentemente, a crítica literária, nesse momento contínuo de incertezas e deslocamentos, deve, necessariamente, reconhecer-se também em crise, em jogo, questionando seus valores, instrumentos, metodologias e posições.*

Luciene Azevedo também pensa a crítica diante do contemporâneo e a dúvida que se instaura sobre o conceito de literatura hoje:

> *Para os que apostam nesse panorama desolador, a literatura estaria perdendo sua capacidade adorniana de resistência e se entregando facilmente aos prazeres da superficialidade, regozijando-se com o banal, chafurdando no ordinário e investindo em conteúdos ridículos.*

Os dois ensaios seguintes trazem leituras das obras de quatro críticos literários brasileiros fundamentais em nossa tradição crítica. Tanto os textos de Sebastião Marques Cardoso quanto o de Pedro Duarte estabelecem a discussão sobre parâmetros da crítica brasileira. O primeiro indaga sobre a existência de "um sistema consolidado de crítica literária" em sua leitura da obra de Roberto Schwarz e Luiz Costa Lima:

APRESENTAÇÃO

Nosso intento, a partir de agora, é recuperar e tentar descobrir, através dos trabalhos críticos desenvolvidos por esses dois últimos autores, os rumos da crítica literária brasileira contemporânea.

E o ensaio de Pedro Duarte estuda as perspectivas de Antonio Candido e Silviano Santiago, utilizando o modernismo como referência:

O objetivo deste ensaio é pensar, antes, os dois tempos para a literatura que são defendidos teoricamente por eles, pois suas diferentes concepções de tempo determinaram abordagens distintas da literatura e da tarefa crítica de contar a sua história.

O próximo ensaio, de Carlos Emilio C. Lima, apresenta o modernismo como um conceito, não apenas um movimento:

O modernismo não foi apenas modernismo. (...) Ele é o signo de uma frequência ondulatória, uma ondulação sempre inevitável e necessária que ocorre em momentos de intensa cristalização social, cultural e mental, e econômica, e midiática, em épocas de emparedamento, de tentativa de liquidação dos fundamentos do homem como ser.

A seguir, o ensaio de José Luís Jobim aproxima a crítica da ficção, ensaio e romance — intertextualidade, tendo João Almino e Machado de Assis como referências:

É preciso, para tanto, resgatar as interseções entre a crítica e a criação, em suas várias faces — por exemplo, observando em que medida a avaliação de obras alheias configura opiniões e estratégias que serão usadas na criação própria do crítico-autor.

O próximo ensaio discute leituras críticas sobre a obra de Machado de Assis. O texto da machadiana Marta de Senna reafirma a aproximação de Machado a Sterne:

> Os narradores volúveis de Machado, como os de Sterne, são narradores criados por seus autores para despertarem nos leitores a consciência de que a representação do real é sempre fragmentária e parcial. Mas não seria isso, ainda e inexoravelmente, uma mimese?

Escreve Alberto Pucheu o texto seguinte: "O ensaio teórico-crítico-experimental de Roberto Corrêa dos Santos", sendo seu, também, um ensaio teórico-experimental que ultrapassa recortes para unir a teoria à criação:

> Se as sentenças de Clarice são estarrecedoras, se o mínimo vocábulo nos oferta sua mão sábia, se a beleza está sempre presente no nome, o vigor e a potência de sua obra exigem mais: exigem "que se segure não só a frase", exigem ultrapassar os parágrafos lidos, exigem que se perceba "a barbárie de sensos", exigem o saber de que, escritas ao modo de quem não sabe escrever, suas "palavras não são para a Memória".

O experimental se estende no texto de José Carlos Pinheiro Prioste sobre Guimarães Rosa, um ensaio em que a forma parece buscar o diapasão Guimarães:

> Resumir a sertania ao aspecto reconhecível na imediação do experiencial, ou seja, ao sensorial, é tangenciar o senso comum, agrilhoar-se ao previsível. E é isso o que parece Grande sertão: veredas pôr em questão: a restrição do ser ao apreensível pelo imediato ou pela convenção da mediação.

José Castello escreve sobre a crônica, um gênero brasileiro:

> Gênero fluido, traiçoeiro, mestiço, a crônica torna-se, assim, o mais brasileiros dos gêneros. Um gênero sem gênero, para uma identidade que, a cada pedido de identificação, fornece uma resposta diferente. Grandeza da diversidade e da diferença que são, no fim das contas, a matéria-prima da literatura.

APRESENTAÇÃO

E Antonio Carlos Secchin apresenta uma leitura de sua própria produção poética:

> *Por outro lado, não creio que, no século XXI, se possa ainda praticar o poema do século XIX. Quando minha poesia visita a tradição, o tom, com certa constância, não é de cega reverência, comporta um viés irônico.*

Fechando o livro, o texto do múltiplo Marco Lucchesi, na sua concepção "clássica" e livre de ensaio, aproxima o estudo da matemática à literatura.

> *Sei de casos radicais de assaltos ao espaço literário. Lembro o artigo de um estudioso, que fazia chover uma torrente de números sobre a cabeça de Laura, cuja aritmética rasa levava à conclusão de que a musa de Petrarca não passava de um Pi disfarçado!*

Parte de nossa crítica literária está aqui, em forma de ensaio, esse *gênero híbrido de teorias e narrativas.*

Estes textos formam um painel de nossa crítica brasileira contemporânea — um livro montado nesse interesse revela a complexidade desses leitores especializados. Revela mesmo a qualidade inquestionável de nossa ensaística.

Cheguei a essa seleção, não lastimando alguns ensaios que desejei, para unir a uma narrativa ainda mais tramada, e não vieram, mas agradecendo aos generosos participantes que construíram este livro em capítulos, revelando o enredo: sim, a literatura, a crítica e o leitor estão vivos!

O ideal do crítico[1]
Machado de Assis

---

[1] Machado de Assis, *Obra completa*, Rio de Janeiro, Nova Aguilar, 1994, v. III. Publicado originalmente no *Diário do Rio de Janeiro*, 8/10/1865.

Exercer a crítica afigura-se a alguns que é uma fácil tarefa, como a outros parece igualmente fácil a tarefa do legislador; mas, para a representação literária, como para a representação política, é preciso ter alguma coisa mais que um simples desejo de falar à multidão. Infelizmente é a opinião contrária que domina e a crítica, desamparada pelos esclarecidos, é exercida pelos incompetentes.

São óbvias as consequências de uma tal situação. As musas, privadas de um farol seguro, correm o risco de naufragar nos mares sempre desconhecidos da publicidade. O erro produzirá o erro; amortecidos os nobres estímulos, abatidas as legítimas ambições, só um tribunal será acatado e esse, se é o mais numeroso, é também o menos decisivo. O poeta oscilará entre as sentenças mal concebidas do crítico e os arestos caprichosos da opinião; nenhuma luz, nenhum conselho, nada lhe mostrará o caminho que deve seguir — e a morte próxima será o prêmio definitivo das suas fadigas e das suas lutas.

Chegamos já a essas tristes consequências? Não quero proferir juízo, que seria temerário, mas qualquer um pode notar com que largos intervalos aparecem as boas obras e como são raras as publicações seladas por um talento verdadeiro. Quereis mudar essa situação aflitiva? Estabelecei a crítica, mas a crítica fecunda, e não a estéril, que nos aborrece e nos mata, que não reflete nem discute, que abate por capricho ou levanta por vaidade; estabelecei a crítica pensadora, sincera, perseverante, elevada — será esse o meio de reerguer os ânimos, promover os estímulos, guiar os estreantes, corrigir os talentos feitos; condenai o ódio, a camaradagem e a indiferença — essas três chagas da crítica de hoje — ponde em lugar deles a sinceridade, a solicitude e a justiça — é só assim que teremos uma grande literatura.

É claro que a essa crítica, destinada a produzir tamanha reforma, deve-se exigir as condições e as virtudes que faltam à crítica dominante — e para melhor definir o meu pensamento, eis o que eu exigiria no crítico do futuro.

O crítico atualmente aceito não prima pela ciência literária; creio até que uma das condições para desempenhar tão curioso papel é despreocupar-se de todas as questões que entendem com o domínio da imaginação. Outra, entretanto, deve ser a marcha do crítico; longe de resumir em duas linhas — cujas frases já o tipógrafo as tem feitas — o julgamento de uma obra, cumpre-lhe meditar profundamente sobre ela, procurar-lhe o sentido íntimo, aplicar-lhe as leis poéticas, ver enfim até que ponto a imaginação e a verdade conferenciaram para aquela produção. Desse modo as conclusões do crítico servem tanto à obra concluída como à obra em embrião. Crítica é análise — a crítica que não analisa é a mais cômoda, mas não pode pretender a ser fecunda.

Para realizar tão multiplicadas obrigações, compreendo eu que não basta uma leitura superficial dos autores, nem a simples reprodução das impressões de um momento; pode-se, é verdade, fascinar o público, mediante uma fraseologia que se emprega sempre para louvar ou deprimir; mas no ânimo daqueles para quem uma frase nada vale, desde que não traz uma ideia — esse meio é impotente e essa crítica, negativa.

Não compreendo o crítico sem consciência. A ciência e a consciência, eis as duas condições principais para exercer a crítica. A crítica útil e verdadeira será aquela que, em vez de modelar as suas sentenças por um interesse, quer seja o interesse do ódio, quer o da adulação ou da simpatia, procure produzir unicamente os juízos da sua consciência. Ela deve ser sincera, sob pena de ser nula. Não lhe é dado defender nem os seus interesses pessoais nem os alheios, mas somente a sua convicção, e a sua convicção deve formar-se tão pura e tão alta que não sofra a ação das circunstâncias externas. Pouco lhe deve importar as simpatias ou antipatias dos outros; um sorriso complacente, se pode ser recebido e retribuído com outro, não deve determinar, como a espada de Breno, o peso da balança; acima de tudo, dos sorrisos e das desatenções, está o dever de dizer a verdade e em caso de dúvida, antes calá-la que negá-la.

Com tais princípios, eu compreendo que é difícil viver; mas a crítica não é uma profissão de rosas e se o é, é-o somente no que respeita à satisfação íntima de dizer a verdade.

Das duas condições indicadas acima decorrem naturalmente outras, tão necessárias como elas ao exercício da crítica. A coerência é uma dessas condições e só pode praticá-la o crítico verdadeiramente consciencioso. Com efeito, se o crítico, na manifestação dos seus juízos, deixa-se impressionar por circunstâncias estranhas às questões literárias, há de cair frequentemente na contradição e os seus juízos de hoje serão a condenação das suas apreciações de ontem. Sem uma coerência perfeita, as suas sentenças perdem todo o vislumbre de autoridade e abatendo-se à condição de ventoinha, movida ao sopro de todos os interesses e de todos os caprichos, o crítico fica sendo unicamente o oráculo dos seus inconscientes aduladores.

O crítico deve ser independente — independente em tudo e de tudo — independente da vaidade dos autores e da vaidade própria. Não deve curar de inviolabilidades literárias, nem de cegas adorações; mas também deve ser independente das sugestões do orgulho e das imposições do amor próprio. A profissão do crítico deve ser uma luta constante contra todas essas dependências pessoais, que desautoram os seus juízos, sem deixar de perverter a opinião. Para que a crítica seja mestra, é preciso que seja imparcial — armada contra a insuficiência dos seus amigos, solícita pelo mérito dos seus adversários — e nesse ponto a melhor lição que eu poderia apresentar aos olhos do crítico seria aquela expressão de Cícero, quando César mandava levantar as estátuas de Pompeu: "É levantando as estátuas do teu inimigo que tu consolidas as tuas próprias estátuas".

A tolerância é ainda uma virtude do crítico. A intolerância é cega e a cegueira é um elemento do erro; o conselho e a moderação podem corrigir e encaminhar as inteligências; mas a intolerância nada produz que tenha as condições de fecundo e duradouro.

É preciso que o crítico seja tolerante, mesmo no terreno das diferenças de escola: se as preferências do crítico são pela escola romântica, cumpre não condenar, só por isso, as obras-primas que a tradição clássica nos legou, nem as obras meditadas que a musa moderna inspira; do mesmo modo devem os clássicos fazer justiça às boas obras dos românticos e dos realistas, tão inteira justiça como esses devem fazer às boas obras daqueles. Pode haver um homem de bem no corpo de um maometano, pode haver uma verdade na obra de um realista. A minha admiração pelo *Cid* não me fez obscurecer as belezas de *Ruy Blas*. A crítica que, para não ter o trabalho de meditar e aprofundar, se limitasse a uma proscrição em massa seria a crítica da destruição e do aniquilamento.

Será necessário dizer que uma das condições da crítica deve ser a urbanidade? Uma crítica que, para a expressão das suas ideias, só encontra fórmulas ásperas pode perder as esperanças de influir e dirigir. Para muita gente será esse o meio de provar independência; mas os olhos experimentados farão muito pouco caso de uma independência que precisa sair da sala para mostrar que existe.

Moderação e urbanidade na expressão, eis o melhor meio de convencer; não há outro que seja tão eficaz. Se a delicadeza das maneiras é um dever de todo homem que vive entre homens, com mais razão é um dever do crítico e o crítico deve ser delicado por excelência. Como a sua obrigação é dizer a verdade, e dizê-la ao que há de mais suscetível neste mundo, que é a vaidade dos poetas, cumpre-lhe, a ele sobretudo, não esquecer nunca esse dever. De outro modo, o crítico passará o limite da discussão literária para cair no terreno das questões pessoais; mudará o campo das ideias em campo de palavras, de doestos, de recriminações — se acaso uma boa dose de sangue frio, da parte do adversário, não tornar impossível esse espetáculo indecente.

Tais são as condições, as virtudes e os deveres dos que se destinam à análise literária; se a tudo isso juntarmos uma última virtude, a virtude da perseverança, teremos completado o ideal do crítico.

Saber a matéria em que fala, procurar o espírito de um livro, descarná-lo, aprofundá-lo, até encontrar-lhe a alma, indagar constantemente as leis do belo, tudo isso com a mão na consciência e a convicção nos lábios, adotar uma regra definida, a fim de não cair na contradição, ser franco sem aspereza, independente sem injustiça, tarefa nobre é essa que mais de um talento podia desempenhar, se se quisesse aplicar exclusivamente a ela. No meu entender é mesmo uma obrigação de todo aquele que se sentir com força de tentar a grande obra da análise conscienciosa, solícita e verdadeira.

Os resultados seriam imediatos e fecundos. As obras que passassem do cérebro do poeta para a consciência do crítico, em vez de ser tratadas conforme o seu bom ou mau humor, seriam sujeitas a uma análise severa, mas útil; o conselho substituiria a intolerância, a fórmula urbana entraria no lugar da expressão rústica — a imparcialidade daria leis, no lugar do capricho, da indiferença e da superficialidade.

Isso pelo que respeita aos poetas. Quanto à crítica dominante, como não se poderia sustentar por si, ou procuraria entrar na estrada dos deveres difíceis, mas nobres, ou ficaria reduzida a conquistar de si própria os aplausos que lhe negassem as inteligências esclarecidas.

Se essa reforma, que eu sonho, sem esperanças de uma realização próxima, viesse mudar a situação atual das coisas, que talentos novos! que novos escritos! que estímulos! que ambições! A arte tomaria novos aspectos aos olhos dos estreantes; as leis poéticas — tão confundidas hoje, e tão caprichosas — seriam as únicas pelas quais se aferisse o merecimento das produções e a literatura — alimentada ainda hoje por algum talento corajoso e bem encaminhado — veria nascer para ela um dia de florescimento e prosperidade. Tudo isso depende da crítica. Que ela apareça, convencida e resoluta — e a sua obra será a melhor obra dos nossos dias.

Que medo nos contamina?

Ronaldo Lima Lins

RONALDO LIMA LINS é professor emérito da UFRJ. Foi diretor da Faculdade de Letras da UFRJ por duas vezes. Possui mais de cem artigos publicados no Brasil e no exterior em periódicos e revistas de literatura. É poeta, ficcionista e autor de livros de ensaio, nos quais elabora reflexões envolvendo cultura, literatura e sociedade. Publicou recentemente *Crítica da moral cansada* (Editora UFRJ). Ensaio inédito.

> *Sim, era bem o sentimento do exílio o vazio que carregávamos constantemente em nós, essa emoção precisa, o desejo inconsistente de voltar atrás ou, ao contrário, de apressar a marcha do tempo, essas flechas ardentes da memória.*
>
> Albert Camus, *A peste*[1]

Numa referência em paralelo ao Camus de *A peste*, Philip Roth, em *Nemesis*, elabora a metáfora de uma epidemia de pólio nos Estados Unidos, em Newark, durante a Segunda Guerra Mundial. Tratava-se de uma enfermidade que atingia, sobretudo, as crianças, atacando-lhes o sistema nervoso (com processos de paralisia) e mesmo ocasionando a morte. É uma narrativa clássica, desprovida de invenções formais, como se, nas circunstâncias, a prudência mandasse prosseguir com cuidado.

Cantor, um jovem e dedicado professor de educação física — e por isso cercado de menores —, julga seu dever, apesar do pânico na atmosfera, continuar dedicado ao trabalho. No entanto, a histeria o envolve. Chega um momento em que, apavorado, decide-se por partir. Soa curiosa, aos olhares de hoje, uma narrativa atual a respeito de uma doença que desapareceu e que já não ameaça, como outrora, as crianças contemporâneas, a não ser em recantos mais longínquos do planeta, desprovidos de campanhas de vacinação. De todo modo, sobre o tema, não se fala mais em epidemia. Nêmesis, cabe recordar, é uma deusa grega associada à vingança.

De que vingança seríamos vítimas nos tempos que correm, um momento diferente em quase tudo daquele da Segunda Guerra, quando havia causas e ideais, uns lutando contra os outros? A hipótese de um surto de vírus entre crianças, diante da expectativa impotente da medicina, além do aspecto simbólico, não aparece consistente. Mesmo assim, a situação transposta por Roth para o terreno da literatura faz refletir. Que medo nos contamina a ponto de produzir um ciclo devastador e dentro dele a noção de morte?

Alguém morreu. E, como uma questão torturante e eternamente vã, o eterno afastamento, o vazio intransponível entre o homem e o homem fixa com o olhar aquele que ficou só. Não resta nada a que se possa prender, pois toda ilusão de conhecimento dos homens só se alimenta por novos milagres e as surpresas aguardadas que fornecem o fato de estar constantemente em conjunto, somente eles podem trazer qualquer coisa como realidade ao caráter evaporado, sem orientação, dessa ilusão.[2]

O registro de Lukács lança uma luz sobre o problema posto por Roth. A época da epidemia no romance *Nemesis* revisita a Segunda Guerra e o elemento de destruição implícita, como se quem estivesse fora dela devesse pagar um preço por isso. Cantor, com forte miopia, não pôde ser aceito no Exército. Ao mesmo tempo, quando os casos de morte por pólio começaram a se multiplicar no bairro onde trabalhava, não suportou a pressão da angústia, o fato de se encontrar com os braços atados, e terminou aceitando mudar-se para outro emprego em outro lugar.

Algo aconteceu de lá para cá, como se a epidemia que nos acomete agora, invisível como em *Nemesis*, trouxesse de novo a hipótese da perda e do afastamento, da ausência de sentido para os que permanecem e que vivem a sensação de girar sem sair do lugar. É como se o processo de contaminação, mais feroz do que a terrível doença, se realizasse em tal velocidade e em tal extensão que nos deixasse apáticos, certos de que, pisando no lugar errado, e com escolhas equivocadas, corrêssemos também o risco de ceder. A morte de um indivíduo põe em xeque a existência de todos. É certo que logo a situação se acomoda e o vazio se retrai, ocupado por interesses que surgem e que prendem a atenção. A epidemia hoje, de outra ordem, questiona os valores, como se eles não correspondessem mais às tendências de um tempo que, em constante aceleração, cerca-nos de "milagres" e de novidades, para além da memória. O que resta ao sobrevivente nele se introduz, enquanto mantém a consciência viva, como questionamento de si mesmo. Vale a pena resistir? — parece se interrogar, ao mesmo tempo em que sente a falência gradual de suas energias.

Qualquer morte, como sugere Lukács, faz o coração estremecer e põe em dúvida a vontade de continuar.

No passado, as pestes vinham e desapareciam como se houvessem surgido com uma função específica: a de colocar as pessoas a pensar. Por mais que vitimassem inocentes, deixaram gente para narrar os fatos e, ao fazê-lo, erguer o tema da falta de sentido. Deus se mostrava, em semelhantes circunstâncias, culpado pela ocorrência no silêncio em que se envolvia, a um só tempo espectador e condutor da tragédia. O inexplicável ofuscava a profundidade das ações, jamais ausente por completo do que se passara, uma vez que os homens, como salientaria Kafka, possuem uma culpa que se revela acima de todas as dúvidas.

Talvez Roth sequer haja ligado a metáfora do seu romance à atual situação da literatura no cerco que se estabelece contra ela. É possível que somente tenha pretendido evocar a invisibilidade das ameaças que nos acometem como reféns do processo da existência. Como a pólio, em *Nemesis*, nem todos se deixarão contaminar pela presença do vírus. Haverá quem conserve a consciência e saiba resistir, a despeito do isolamento inevitável a que a "enfermidade" condena. Uma epidemia que atinge valores é de outra ordem, dirá alguém. E teria razão, não fosse o fato de que valores, como a comida ou a paz, garantem a existência dos homens em sociedade. Uma vez enfraquecidos, enfraquecem a vontade de viver e os laços de solidariedade ou de afeto que sustentam a categoria de humanidade.

Ao tratar da ficção enquanto gênero, Lukács se sustenta na ideia de esperança. Mesmo Dostoiévski, nos dramas intensos que tece em suas narrativas, possui algo que se abre para frente, para uma perspectiva que, à sua maneira, retoma expectativas do passado, quando o que nos segurava era a fé em Deus e na possibilidade de salvação. Sem a visão teológica, Lukács não prescinde, no entanto, de um entendimento positivo, capaz de nos conduzir depois a uma situação melhor do que a atual. Não é o que se verifica na mentalidade que nos invadiu com o fim da União Soviética e o capitalismo eufórico que preencheu os espaços disponíveis do jogo político em escala mundial. Pesquisar a função da literatura dentro de semelhante quadro implica aceitar as regras do jogo e estudá-las no interior do tipo de fechamento no qual se circunscreve. Alguns desfechos, como em *Humilhação*, de Philip Roth, põem em cena decisões e suicídios grandiosos que dão cabo da vida como citações de narrativas literárias. É a literatura girando em torno de si mesma, sem perder a noção de que até nos rompimentos radicais, no legado escolhido, o que mais importa continua sendo o conjunto. O definitivo nunca é, então, numa dinâmica em que o curso das coisas está em permanente transformação, realmente definitivo. A opressão encontra os seus meios de destruição exatamente como o gosto pela liberdade, quando dela aparentemente ganhou. Ocorreu assim durante o nazismo, na Segunda Guerra. A única sabedoria inapelável no plano do conhecimento consiste em não ignorar que tudo se transforma e que circunstâncias não persistem pela eternidade.

O que mais escandalizou a teoria crítica, de início, foi constatar que na arte o princípio da autonomia escapava pelos dedos, sem nada que o segurasse. A autonomia dos artistas constitui um dos frutos da implantação da sociedade burguesa, no século XIX. Imaginava-se que ela se configurava como um patrimônio, uma vitória. De repente, com o crescimento do mercado, a conquista se esgarçou, descendo sem muita pressa ralo abaixo. Com a perda da autonomia, perdia-se a capacidade de exercitar, fora do universo exterior, o poder de interferir. Era um temor que transpirava nas observações dos críticos da Escola de Frankfurt, num instante em que, cada vez mais, a história se alienava dos princípios de libertação da humanidade, como o humanismo os havia enunciado. A perda de autonomia, nos seus desdobramentos, gera efeitos secundários, entre os quais o sentimento de impotência diante dos acontecimentos.

Saramago, que ocupava como intelectual um lugar deixado por Sartre, aproveitando o Prêmio Nobel para virar uma figura política, além de seus romances, sentia as limitações da literatura dentre os seus contemporâneos. Valia-se de sua dimensão pública para entrar nos debates. Falava independentemente do fato de o escutarem. Criava espaços de constrangimento, inclusive entre Estados ou povos, o bastante para romper, de algum modo, com o isolamento a que se via relegado. O relevo concedido pela distinção traz a reboque um renome internacional. É como um estadista de uma grande nação, neste caso a da literatura, cujos movimentos chamam a atenção. A época e a tradição de suas instituições permitem isso, diferentemente do que acontecia no século XIX, quando o importante, o que pesava, para lá da individualidade selecionada pelo sucesso, era o tipo de atividade que a constituía.

A imagem da epidemia volta à mente diante de uma situação que apresenta características novas e que, como uma perda sanguínea (diminuição de glóbulos vermelhos ou brancos no organismo, por exemplo), se associa ao enfraquecimento, a uma anemia para a qual ainda não se encontrou remédio. Todas as épocas tiveram as suas epidemias imbatíveis. A do século XX foi a do vírus HIV, agora já mais controlada. A pólio, em Roth, como a peste bubônica, em Camus, entra no campo da observação com um conjunto de sintomas, ainda que, naquele instante, igualmente sem tratamento. No caso que aqui consideramos, instalou-se um vácuo, cega que se acha a crítica para apontar soluções. Prognosticar a morte da literatura soa precipitado. Gente de talento continua produzindo e espantando os leitores na esfera de atuação que lhes compete. Não há como sugerir um estado terminal para uma espécie de criação que, se choca menos do que no passado, não dispõe de leitores completamente apáticos para fechar o espetáculo e vender o teatro ou cedê-lo a uma igreja evangélica. A pólio ou a peste vitimavam pessoas que se retiravam do campo visual, levadas para os hospitais, dos quais saíam para o cemitério ou com sequelas. Mesmo assim a imagem insiste em não deixar a mente, como se, na existência que levamos, saibamos que, para além do visível e do material, não nos desligamos do invisível e do imaterial e tenhamos de lidar com eles. É isso, pela extensão do desafio, que nos torna fascinados, um fascínio que não escapou a Saramago, quer nos discursos, quer no plano das narrativas, nos quais exerceu, enquanto lhe foi possível, a tarefa de construtor de teses, entre histórias que, de certo modo, metaforicamente, retomavam dados da realidade.

A ilusão da verdade! Pense na dificuldade e na lentidão com as quais a poesia renunciou a esse ideal — não, aliás, há muito tempo; podemos mesmo perguntar se seu desaparecimento, realmente, foi apenas útil, se o homem é capaz de querer o que deve atingir, se ele pode avançar além de seu objetivo por vias simples e diretas.[3]

Avançar objetivos por vias simples e diretas representou, não há dúvida, uma ideologia da modernidade. É algo que se vê na arquitetura, onde se substituiu o floreado das invenções pela geometria objetiva e mais barata. Na narrativa, vide Hemingway, condensavam-se os adjetivos em nome de uma hegemonia dos substantivos, pelo prestígio do poder de síntese e da inteligência clara que, entre outras coisas, melhor se comunicava com o mundo. Era uma verdade que se estabelecia, adversária de outra que se abandonava. Custou um tempo para se notar que se trocava a abstração pela matéria concreta do universo dos problemas e que a troca nem sempre enriquecia. Vias simples e diretas não se constituíam afinal nos atalhos de qualidade anunciados, porque, em contrapartida, abandonávamos um complexo de valores que, reavaliados, poderiam indicar direções válidas. Poesia depende de abstração; sem ela, vira bula de farmácia.

A opção pelo simples e direto (algo que lembra a defesa da razão pelos iluministas e até o sistema métrico) revolucionou os costumes e redefiniu perfis. Floreados diziam respeito às práticas da aristocracia, cujo tamanho do tempo ocioso e seu custo não sofriam pressões por respostas imediatas. Por outro lado, não se notou que a libertação, uma vez obtida, implicava novos tipos de opressão. Criou-se um modo de pensar que funcionava de acordo com moldes específicos. Infiltrado na esfera das expectativas, a distância entre o que se espera e o que se faz coloca dilemas que têm de ser enfrentados. A autonomia do artista não consegue deixar de cair nessa armadilha. A liberdade absoluta com que agia deve abrir mão de seus postulados — ou morrer. Ninguém mais suporta o gosto gongórico que, transformado em clichê, outrora provocava suspiros de admiração e manifestações de êxtase. A velocidade dos relógios não oferece disponibilidade para os exageros, o que em si soa saneador. Mas daí a encerrar a criação artística na camisa de força da simplificação, para atender ao gosto da sociedade de massas, vai uma condição inegociável.

Voltemos à epidemia. Nos surtos em que surgem, suas características confundem. A pólio se assemelha, no início, a um resfriado. Ao avançar é que revela a face brutal de seus malefícios, a paralisia dos membros inferiores ou superiores ou do funcionamento do pulmão. Transposta a imagem para o terreno da cultura, as vítimas se alinham em igual intensidade e as que escapam com vida inteligente agem como se estivessem perdidas, sem saber como chegar a algum lugar. Aqui não há sanatórios de isolamento para impedir o contágio. A crítica severa, tida como pessimista e impermeável ao progresso, demonstra uma eficácia comprometida, já que fala para quem não quer ouvir.

Contudo, é preciso não esquecer que a verdade como ilusão afeta os dois lados da moeda, o que afirma e o que nega. Numa fase da história em que as verdades têm duração limitada, com prazo de validade (que na ciência não passa de sete anos), cabe desconfiar dos axiomas. Esse é um papel da literatura. Constituindo ela um polo de discussão, jamais aceita uma ideologia oficial ou consagrada, sem as cunhas de independência com que costuma praticar o exercício da observação. Prefere, às vezes, o peso do isolamento aos vapores do sucesso, que mitifica, digere e descarta sem contemplação. Os jovens, despreparados para a natureza do embate, cedem a tais armadilhas e são levados de roldão se, em tempo, não se dão conta do que devem fazer. Ilusão por ilusão, se vivemos cercados por elas, convém trabalhar a partir de convicções próprias. Adorno defendia a autonomia do filósofo. A seu ver, era uma tarefa para a qual se predispunha quem possuía verdades *a priori*. O filósofo não teria de interromper os seus processos de reflexão para, a partir dos sinais da realidade, escolher o que anunciar. Vinha ao mundo para dizer alguma coisa. Aqueles que não dispusessem de tais qualidades deviam procurar qualquer coisa, menos filosofia. Não se treina um filósofo, como não se treina um artista. A eles se oferece apoio para que desenvolvam o talento com o qual chegaram à existência — e apenas isso. O resto depende do que já existe no interior deles, em processo de amadurecimento, preparando-se para sair.

Lukács lembra uma observação de Friedrich Schlegel segundo a qual a Revolução Francesa, a teoria fichtiana da ciência e o *Wilhelm Meister* de Goethe representaram as três grandes tendências de sua época. Saliente-se a importância que a literatura assumia a seus olhos. Ele juntava um fato (a Revolução) a um filósofo e a um romancista para estabelecer uma unidade reveladora de traços fundamentais. É como se a realidade não pudesse existir sem um alicerce no plano das ideias e outro no campo da abstração artística. Valendo-nos da referência, quais seriam as três grandes tendências do período em curso? A globalização, sim, mas o que significaria exatamente ela? Um processo de uniformização, como um tornado, busca cobrir todos os recantos do planeta. Com sua passagem, cumpre abandonar o princípio da diferenciação, da originalidade, do que fugia ao molde, com seus critérios específicos. O fenômeno não pode deixar de minimizar as minúcias da arte narrativa, a não ser naquilo que diz respeito a muitos e que age em todas as direções. Joyce foi, na primeira metade do século passado, alguém que alinhava uma tendência. A história como pesadelo se abate sobre Dedalus e lhe retira a paz de espírito, enquanto, lá fora, fermentam os demônios da dissidência, à beira de explodir numa guerra. O resultado de tais inquietações desembocou em Hiroshima e Nagasaki. Quase cem anos depois fica difícil, por mais que se alargue a mente, distinguir um nome que atenda às angústias do momento e que nos seja contemporâneo. Ainda segundo Lukács, naquele instante assinalado por Schlegel só havia para a Alemanha uma via para a cultura: a interior, a da revolução do espírito. Hoje, também, talvez seja necessária uma convulsão semelhante. Só que, infelizmente, não está à vista. A epidemia de banalização ergue uma barreira e sufoca possibilidades disso.

Um detalhe interessante no romance de Roth se concentra na postura de Cantor. Esse rapaz, determinado e forte, possuía sólida noção do dever. Órfão de mãe e filho de um ladrão que terminou na cadeia, foi acolhido pelo avô para enfrentar as agruras da vida com honradez, a despeito das situações de desvantagem que porventura viessem a cercá-lo. Quando, instado a isso pela namorada, abandona o emprego para escapar da pólio e se refugia num acampamento de jovens, onde exercerá funções de recreação, não o faz sem sentimento de culpa. A noção de honradez contamina a oportunidade do culto à natureza, do doce contato com a paisagem, como se o ruim e o maléfico, relegados, houvessem ficado no bairro antigo. É como se a consciência da fome impedisse a saciedade. É como se o sofrimento, mesmo a distância, corroesse a satisfação do prazer.

Sentimentos de honradez, levados ao extremo, apontam para rigidez moral. Uma vez vítima da pólio, e com as sequelas que teria de carregar para sempre, não pôde conduzir a sobrevivência com leveza. Achou melhor romper com a noiva a quem amava, e a quem continuaria a amar, a vê-la dispensar a possibilidade de se unir a algum homem que possuísse saúde, a integralidade do equilíbrio físico, o que já não era o seu caso. Uma bobagem, sem dúvida, um preconceito. Nem o exemplo de Franklin Roosevelt se mostrou suficiente para lhe indicar a dimensão do equívoco.

Roth não esconde o gosto pela tragédia provocada pela situação, sem, no entanto, retratá-la com traços de exacerbação. Um conformismo revoltado emana da narrativa que fica, para a mente do leitor, como referência a alguma coisa, ainda que não encontre paralelos na realidade, frente a uma doença que desapareceu.

A rigidez de Cantor, ainda que absurda e sem confirmação nem no amigo cuja paralisia não impediu que constituísse família, oferece matéria de reflexão, uma vez que a epidemia de que aqui tratamos (invisível e de ordem cultural) se insinua pelo resultado oposto, pelo enfraquecimento, e não pelo acirramento dos valores. Não nos esqueçamos de que a moral, esse código não escrito, existe para segurar o comportamento das pessoas. Fragilizadas, entende-se que, se tudo desabou, o último alicerce persista mais sólido e intransigentemente defendido. Transformar-se no diferente, retirar-se da indiferenciação, é o que empurra Cantor para as suas escolhas. Ora, a indiferenciação representa uma das características da sociedade pós-modernista, na mesma medida em que essa admite (e, portanto, dilui) as particularidades de cultura, de temperamento, de gosto, de raça etc. A voz é dada a cada um. Pode ser concedida porque ecoa no vazio. Não se precisa ouvi-la.

É irônico que uma sociedade marcada pela diferença nos seus primórdios, fazendo dela a sua característica, com o elogio à individualidade, tenha evoluído, sem muita demora, e sem se dar conta (até negando o fato), para a dissolução das particularidades. O livro de Roth levanta o problema. Cantor, que desejava transformar-se numa referência em termos de qualidades pessoais, destacando-se por elas, revolta-se contra Deus porque, insensível, Ele atinge crianças, antes de atingi-lo e de usá-lo como transmissor da enfermidade. A ninguém era dado escapar por motivos de natureza moral. Posto contra a parede, o personagem enraíza suas convicções e pega o sofrimento como propriedade sua. É, a despeito de tudo e na solidão, por um truque, o autor do seu destino, como antes havia pretendido.

O que nos sobrou da fase de implantação de tais ideais, do ponto de vista da individuação, é a literatura. Por ela, sentimo-nos especiais, voltamos a nos apropriar dos nossos dramas, esquecidos ou dissolvidos no torpor generalizado. Se mencionarmos o estado de segregação da arte, não há como ignorar o papel que possui no aprofundamento de sondagens interiores e, em última análise, na devolução ao ser da hipótese de continuar se constituindo numa unidade. A pressão da massa no sentido de só se perceber enquanto mercado camufla mal aquilo que permanece no substrato dos acontecimentos. A poética (na acepção de Benjamin, segundo o qual a poesia é a maior manifestação da expressão humana e a prosa a maior manifestação da expressão poética) guarda a irreverência de seus primórdios e infringe a censura tácita, censura que deixou de ser policial e passou à posse das "individualidades" por via do seu latente e continuado conformismo. Está ainda ao alcance das mãos. Isso sem perder de perspectiva as advertências de Jankelevitch e não se arvorar em filosofia. Diz ele:

> A arte pode ter a intenção de se irradiar pela vida inteira e transformá-la: ela perde então seu caráter estético e torna-se mais filosófica, mais moral. O estetismo (a vida inteira é concebida como uma arte) e o realismo (a arte é impregnada pela vida real) são duas concepções que destroem a própria noção de arte.[4]

Nem de todo filosófica, nem de todo realista... Com essa espécie de lei, a arte segue cumprindo o seu papel. Inteiramente realista, desapareceria no interior da tendência geral de desvalorização da interioridade.

Trata-se de um dilema que salienta o aspecto filosófico, de namoro com o ensaísmo, com que se apresenta atualmente de forma cada vez mais nítida. Sem atingir o grande público, é natural que se acomode no nicho dos que esperam que pense e que critique.

Na perspectiva de Sartre, o ser necessita de algo que o instaure como ser. As pessoas não vivem na abstração. É assim que os homens se colocam naquilo que fazem. Um operário que se vale do martelo tem nessa ferramenta um instrumento de autorrevelação, do mesmo modo que um piloto com o avião. Por relacionar-se com ele, incorpora-o no seu psiquismo. No romance *A náusea*, em determinado instante, Roquentin tropeça num papel laminado e pensa em pegá-lo no chão. Depois de hesitar (o papel estava sujo), desiste e segue com as mãos vazias. Logo refletirá: deixei minha liberdade ali. Sartre entende que se trata de um processo ao qual não se escapa. Estamos atrás de uma consciência capaz de nos revelar e nos realizar. Revelar e realizar já denotam uma crítica aos fatos, como se, na indiferenciação, soubéssemos que temos de nos esforçar para romper o vazio. A opção pode não ser no presente, a de transformar o mundo, como sugeria Marx, mas, como queria Rimbaud, a de mudar, de reformular-se, de localizar a fonte das energias, sem as quais ser e valor se separam. O martelo, no processo, em outras dimensões, pode muito bem designar a literatura com a sua capacidade de abrir a mente e depositar luz sobre a realidade senão a de fora, sobre aquela que, no íntimo, desejamos de nós próprios. O existencialismo sartreano insinua, por conseguinte, no meio da alienação, um sinal de alerta compatível com os dramas e as circunstâncias do cotidiano. A práxis não perde aqui a sua importância. Na próxima vez, tropeçar num papel laminado, no meio da rua, desencadeia um exercício de reflexão porque comporta um potencial de liberdade. Não nos esqueçamos de que a categoria de liberdade não paira sempre nas alturas e nas causas fundamentais ou históricas. O minúsculo participa dela, fato que teria gerado o fracasso das experiências do socialismo real cujo esforço, posto no amanhã, abriu mão de ver o agora e suas agruras. Mas, cumpre dizer, Sartre não aceitava se perder no minúsculo e nos seus labirintos. A atenção que propõe é capaz de alçar-se nos voos infinitos, desde que, na viagem, a consciência continue traduzindo o sujeito da ação. A valorização do detalhe defendida pelo autor de *A náusea* exigia a intensidade da atenção. Se ela se divide e resvala para a dispersão, perde por antecipação o laço enunciado pelo ideal de liberdade. Alienados movimentam-se como zumbis. Transmitem a sensação de que são humanos, quando, na verdade, há muito perderam essa condição. Para recuperarmos o legado da liberdade, cumpriria escapar do circuito fechado da opressão e, sobretudo, não virarmos agentes da mesma. Ora, num tipo de sistema econômico no qual os valores giram em torno da metamorfose de interesses, de um celular para um novo celular, de uma geladeira para uma nova geladeira, de um livro para um novo livro, recém-lançado, como esperar que defendamos o nosso histórico estatuto de humanos?

Sartre nota que a obra de arte, fim absoluto, se opõe por essência ao princípio do utilitarismo burguês.[5] É um diagnóstico ousado, uma vez que, como a conhecemos, com as características que apreciamos, resulta justamente da ascensão da burguesia e do rompimento dos laços que a prendiam à aristocracia do antigo regime. O poder de venda que adquiriu deu no início a impressão de permitir que conquistasse terrenos e falasse de modo implícito em autonomia. No século XIX, enfrentou pressões de tipos diferentes, inclusive de ordem moral, quando, para defender-se dos castelos de cartas das "ameaças", os governos se declaravam ultrajados e lhes impunham processos em nome dos bons costumes. A literatura sempre saiu ganhando de tais confrontos. O que seria de Flaubert não fosse o escândalo provocado por Mme. Bovary? Talvez não houvéssemos descoberto a extensão da sua importância. Mas aquele era ainda um instante de afirmação no meio de choques de valores entre um mundo que ruía e outro que se erguia. O pior inimigo (o mercado) estava por surgir. Encontraria a arte desprovida de defesas, enquanto, imperial, provocaria o sucesso ou o fracasso do que lhe chegava aos braços. É assim que, criada pela sociedade burguesa, nos parâmetros que coloca em prática, a manifestação artística, na sua essência, não tem como estar de acordo com o enunciado do utilitarismo acima citado. Novamente Sartre acerta. Como flutua na abstração, com um pé fincado na realidade, não há como se adaptar com conforto nos sofás macios das práticas burguesas. Algo dentro de suas entranhas, em constante estado de atenção, revolta-se contra eles.

O pensador francês destaca o elemento do "utilitarismo" para detectar a raiz do problema. No comunismo dos países do socialismo real de sua época não seria diferente. Posta no meio de uma concorrência internacional, a ênfase na economia da produção decretaria igualmente, e até com mais eficácia, a falência da vocação e da sensibilidade necessárias para que a arte se realizasse. Concebida como alimento do espírito, o que a empurra para baixo, para o terreno da matéria e suas injunções, afeta o oxigênio imprescindível para que respire — e seja. Essa é uma das razões pelas quais se situa, de preferência, nem no topo nem abaixo, mas no meio das camadas sociais. Não agrada aos de cima, porque ocupados em ganhar dinheiro e solidificar o sucesso; e não agrada aos de baixo, porque carecem do tempo e da disponibilidade intelectual para apreciar as sutilezas com que costuma apresentar-se. Nos círculos das camadas médias, nesses, sim, parece bem-vinda com suas peculiaridades. É gente que não se sacia no trabalho ou no dinheiro, com tempo para se perguntar o que é e o que deseja ser. Tropeça em semelhante obstáculo a avidez capitalista do aumento de leitores e dos compradores de livros. Limites nesse plano se associam ao núcleo da essência, lá onde as situações e os personagens estancam diante de certas ausências de saídas.

Lembremos que o homem que lê se despoja de alguma maneira de sua personalidade empírica, escapa a seus ressentimentos, a seus medos, a suas cobiças, para se situar no mais alto de sua liberdade; essa liberdade toma a obra literária como fim absoluto e, através dela, a humanidade; ela se constitui em exigência incondicionada com relação a ela própria, ao autor e aos leitores possíveis.[6]

Alguém já assinalou o fenômeno de recuo psíquico típico de instantes históricos nos quais se deflagra uma vontade de realização pessoal, um contraste entre o que é possível e o que não se enquadra nas aspirações de cada um. Resulta disso uma ausência de identidade entre a pessoa e a coletividade na qual deveria se encaixar. Deslocado, o indivíduo busca refúgio, foge, transporta-se para outro lugar ou simplesmente, imóvel, vale-se do pensamento — e viaja. O artifício representa o tipo de despojamento mencionado por Sartre, um despojamento que ultrapassa a escolha específica e realiza uma contestação implícita a uma situação determinada, a opções que a unidade, no meio da multiplicidade, não considera suas. Posta em tais termos, compreende-se que a arte (como o seu aficionado ou como o leitor de um livro) se configure como local da essência, guardando a autonomia de poder dizer não.

Essas circunstâncias fazem relembrar Camus e a sua ideia de revolta. A revolta não conduziria, necessariamente, a uma revolução. É mais justa e prudente do que ela, segundo as concepções que formulou. Mas permitiria que a expressão da indignação e da insatisfação se consumasse. Flaubert, no estreito espaço da moral hipócrita de seu tempo, dando a impressão de falar sobre os dramas de uma mulher de província que comete adultério e se suicida, não ignora as brechas que se abriam no sistema, como o entenderam as autoridades que o submeteram a um processo por infração aos bons costumes. A "personalidade empírica", mencionada por Sartre, é a camisa de força que vestimos para suportar as condições da realidade. Ela é diversa da personalidade que acalentamos (original e autêntica) e que, em solidão, reconhecemos como nossa. São duas fatias de um ser que interagem, jamais existindo, cada uma, em estado puro. Casos de fracionamento radical da personalidade corresponderiam à loucura — e essa segrega; declara, sem ambiguidades, a impossibilidade de figurar no meio social.

O desafio aumenta se observarmos que a aproximação com a arte depende de um interior, de uma alma sadia, ainda não contaminada pela inquietação a ponto de deslizar para a alienação. Um leitor só lê se sua interioridade abraçar a narrativa numa espécie de distanciamento de si. Em angústia, não consegue desvencilhar-se de seus problemas para debruçar-se sobre outros, ainda que os mesmos iluminem e afaguem os seus. Eis o equilíbrio no qual se instala a ficção e a pergunta que, em algum momento, irá questioná-la: por quê?

Mas não evitemos a contradição. O ambiente empírico nunca pode ser descartado. Ninguém se move apenas entre devaneios salvadores, não obstante abstratos, sem confirmação na prática. O que atravessa e perturba a alma é uma frustração em relação a um mundo que não se encaixa nos sonhos. E, como recorda Bloch, sofremos de uma fome que não se sacia com comida. Não nos refugiamos no canto esquecido de nossa espiritualidade sem acompanhar o que se encontra fora dela e reivindica nossa atenção. Voltamos, então, a enfatizar o conceito de liberdade e reconhecer que o mesmo paira, por meio da arte, acima dos dois lados das nossas expectativas. Trata-se de uma exigência que só se dissiparia se houvéssemos nos instalado, como numa fantasia, num espaço absoluto de equilíbrio. Como, historicamente, evoluímos para uma situação oposta, na qual fazemos das disputas uma paixão e um exercício para o progresso, a liberdade, enquanto aspiração, representa um problema e uma ironia. Ironia na medida em que a escolha política em curso transformou-a numa de suas bandeiras, em confronto com formas de organização alternativas e tidas como autoritárias. No entanto, as aspirações em nome da liberdade insistem como problema porque as diferenças entre os desejos e as possibilidades de testá-los afastam-se pela carência de poder econômico capaz de atendê-los. Quando uns têm e outros não, alimentamos conflitos que o simples recurso à repressão não basta para solucionar. Esse é um motivo que estimula Sartre a abordar o tema como o faz, consciente de que a individualidade não se deixa enganar pelas falsas promessas da propaganda, logo desmentidas.

    Examinando o assunto por semelhante ângulo, verifica-se que as tendências aqui ressaltadas se confirmaram e se acirraram. Talvez o leitor não saiba o que quer com a literatura quando se aproxima dela. Talvez chegue tão longe impelido por uma força que lhe informe em algum nível de sua inteligência que vive em estado de alienação e que deve fazer esforços para recuperar valores desfigurados pelo tipo de organização que lhe movimenta os interesses. Se assim é, algo de autêntico se conserva que o associa ao ambiente das artes e às suas funções. Como, em história, não há vitórias ou derrotas definitivas, é possível que reviravoltas se anunciem no próprio terreno da ausência de saídas.

Notas

1. Albert Camus, *La peste*, p. 1276. "*Oui, c'etait bien le sentiment de l'exil que ce creux que nous portions constamment en nous, cette émotion precise, le désir déraisonnable de revenir en arrière ou au contraire de presser la marche du temps, ces fleches brûlantes de la mémoire.*" (Versão nossa.)
2. Georg Lukács, *L'âme et les forms*, p. 179. "*Quelqu'un est mort. Et, comme une question torturante et eternellement vaine, l'eternel éloignement, le vide infranchisable entre l'homme et l'homme fixe du regard celui que est resté seul. Il ne reste rien à quoi l'on puisse se raccrocher, car toute illusion de connaissance des hommes n'est alimentée que par les nouveaux miracles et les surprises attendues que procure le fait d'être constamment ensemble (des steten Zusammenseins), eux seuls son en mesure d'apporter quelque chose de la réalité au caractère évaporé, sans orientation, de cette illusion.*" (Versão nossa.)
3. Georg Lukács, *L'âme et les forms*, p. 25. "*L'illusion de la verité! Pense à la difficulté et à la lenteur avec lesquelles la poésie a renoncé à cet ideal — il n'y a pas tellement longtemps d'ailleurs; on peut même se demander si sa disparition, réellement, fut seulement utile, si l'homme est capable de vouloir ce qu'il doit atteindre, s'il peut s'avancer au-devant de son but par de voies simples et droites.*" (Versão nossa.)
4. Vladimir Jankélevitch, *Curso de filosofia moral*, p. 42.
5. Cf. Jean-Paul Sartre, *Qu'est-ce que la littérature?*, p. 316.
6. Jean-Paul Sartre, *Qu'est-ce que la littérature?*, p. 325. "*Rappelons-nous que l'homme qui lit se dépouille en quelque sorte de sa personalité empirique, échappe à ses ressentiments, à ses peurs, à ses convoitises pour se mettre au plus haut de sa liberté; cette liberté prend l'ouvrage littéraire pour fin absolue et, à travers lui l'humanité: elle se constitue en exigence inconditionné par rapport à elle-même, à l'auteur et aux lecteurs possibles.*" (Versão nossa.)

Referências

CAMUS, Albert. *La peste*. Paris: Gallimard/Pléiade, 1962.
JANKÉLEVITCH, Vladimir. *Curso de filosofia moral*. Tradução de Eduardo Brandão. São Paulo: Martins Fontes, 2008.
LUKÁCS, Georg. *L'Âme et les formes*. Tradução de Guy Haarscher. Paris: Gallimard, 1974.
SARTRE, Jean-Paul. *Qu'est-ce que la littérature?* Paris: Gallimard/Idées, 1948.

Geografias da memória: a literatura brasileira entre história e genealogia

Ettore Finazzi-Agrò

ETTORE FINAZZI-AGRÒ é, desde 1990, professor titular de literatura portuguesa e brasileira na Faculdade de Filosofia, Letras e Ciências Humanas da Universidade La Sapienza, em Roma. Publicou livros sobre Fernando Pessoa, Clarice Lispector e Guimarães Rosa e organizou (com outros) duas coletâneas de ensaios sobre o "trágico moderno". É ainda autor de outros livros e de muitos artigos sobre vários aspectos das culturas de língua portuguesa. Ensaio publicado na revista *Brasil/Brazil*, nº 22, 1999.

O problema está no início. O problema é o Início: quando e onde é a Origem? E o que é, aliás, uma Origem? Afinal, como é que a gente consegue reconhecer num ato, num gesto, numa palavra ou num texto que é ali, exatamente, que tudo verdadeiramente começa? Um problema, como se vê, que são dois; uma interrogação que se desdobra e que se alastra, abrigando, na verdade, na fissura que se cria no interior dela, um enredo problemático, um enleio duvidoso de elementos heterogêneos que deve ser indagado — sabendo, porém de antemão, que a solução não existe ou existe apenas como hipótese de solução. De um lado, teremos, de fato, a questão substancial da localização, no espaço e no tempo, daquilo que pode ser considerado o Princípio; do outro, teremos a ver com a possibilidade de uma forma originária, isto é, do modo de ser daquilo que consideramos o fundamento de tudo o que virá a ser.

O lugar do início, nesse sentido, só pode ser indicado a partir da forma que ele assume e que o delimita e o institui, do mesmo modo como a forma é função do espaço e do tempo em que tudo começa. Dito isso, porém, deveríamos reiniciar tudo de novo, visto que, afinal de contas, a Origem, entendida na sua forma e na dimensão que a contém e a molda, apresenta-se como uma noção autorreferencial, afigura-se, justamente, como uma torção lógica remetendo para si mesma: o Início seria apenas aquilo que, por convenção, uma pessoa ou um grupo de pessoas decide assumir como Início. Nessa tautologia, em que se revela o caráter decisivo (isto é, produto de um corte arbitrário) e altamente ideológico do Princípio, pode-se, todavia, descobrir uma verdade importante que se encontra em todo Início: ou seja, que a dimensão e a estrutura do Começo são, na sua essência, puramente convencionais e, na sua forma, meramente ficcionais.

Quase todos aqueles — filósofos ou teólogos, cientistas ou historiadores — que refletiram sobre a Origem, por reconhecer que dela só se pode fazer experiência enquanto Mito da Origem; acabaram, em geral, por admitir que aquilo que está no Exórdio só pode se configurar como conto ou como ficção. E isso, repare-se, vale tanto para os que confiam na unicidade do Começo quanto para aqueles que certificam o caráter dual e diferencial do Princípio: em ambos os casos, aquilo que "se esconde desde a fundação" só pode ser inscrito, só pode ser continuamente lido e incessantemente interpretado no interior de uma narração em que os elementos fundamentais e fundacionais pululam e vêm à tona, combinando-se numa constelação mítica, harmonizando-se numa configuração precária e, ao mesmo tempo, cheia de Sentido.

Não sei se vocês repararam que usei o verbo "configurar" e o substantivo "configuração": uma repetição necessária se considerarmos a outra noção decisiva — incorporando a de Mito — para entender o modo de ser do Começo, a forma do Início que está escondida na definição de Figura. De fato, a Figura, segundo um importante filósofo italiano, é

> o próprio movimento de um "outro pensamento" em relação àquele da filosofia clássica, de um pensamento que transita pelas "imagens" literárias e pelos conceitos, que junta as duas "meias verdades" que sempre se manifestam no tempo da modernidade: a abstração máxima do conceito e a máxima força daquilo que foi sucessivamente denominado como mito, desrazão, analogia, imagem.[1]

Uma definição útil, então, para entender a sobrevivência do Mito no interior desse tempo híbrido que é o Moderno, mas que dá conta também de um modo diferente de se aproximar da Origem, que não é nem aquele ligado à filosofia tradicional (digamos, à filosofia que se delineia e toma forma a partir de Platão) nem aquele que a história relegou no âmbito do irracionalismo, do "pensamento" outro e inconsequente, analógico ou mitológico — sendo porém, ao mesmo tempo, uma combinação e uma neutralização dos dois no interior de um "pensar de outra forma", de um relacionar elementos diferentes ou até opostos dentro do enigma fundamental instituído e constituído pela linguagem figural (considerando a expressão enigmática, na esteira de Aristóteles, como um "pôr em conjunto coisas impossíveis").

Tentando traduzir tudo isso no âmbito do historicismo — e da historiografia literária em particular — teremos de tomar consciência da impossibilidade de uma história linear e consequencial, teleológica no sentido mais pontual, que vai desde o Início até o Fim, que explica o futuro a partir do passado e faz do presente uma ponte continuamente reconstruída sobre um tempo que, infinitamente e sem parar, transcorre. Contra esse modo de se reportar à cronologia humana, contra toda "razão historicista", já se pronunciou de modo decisivo Friedrich Nietzsche, na sua condenação dos falsos historiadores, daqueles que vão à procura da Origem assumindo que ela é "aquilo que já era" desde sempre, o princípio imóvel de todas as possibilidades sucessivas, o fundamento único de tudo aquilo que vem a ser depois. A essa história impregnada de metafísica, a esse pensamento que postula um Início absoluto, o filósofo alemão contrapõe a "verdadeira história" (*Wirkliche Historie*), que não sai à procura de Aquilo que está antes de tudo — antes do corpo, antes do tempo, antes do mundo... — mas que trabalha, pelo contrário, para descobrir os "inúmeros inícios" dessa realidade complexa, desse "mundo misturado" em que o homem é jogado sem ter nas mãos nenhum fio de Ariadne que o leve até o centro do labirinto, até descobrir a razão de seu estar no mundo, até explicar o princípio único de que tudo procede.

Esse trabalho paciente e erudito, esse inventário das origens plurais, esse estudo das ordens infinitas que constituem a trama do real (e vale talvez a pena lembrar que o latim *ex-ordium* tem a ver justamente com uma ordem retecida), assume, para Nietzsche, um nome alternativo ao de história, no seu sentido tradicional: para ser verdadeira ou efetiva a história deveria, de fato, se transformar em genealogia, isto é, no estudo da proveniência dos eventos, dos valores, dos conceitos, num caminho ao contrário que (como sublinhou magistralmente Foucault) não tende a descobrir uma evolução ou um destino, mas a "manter aquilo que foi na dispersão que lhe é própria".[2] Assim, o papel do historiador não seria o de remontar o curso do tempo para descobrir no passado uma possível razão de ser do presente, mas o de investigar a "disseminação" dos fatos e das imagens, até recompor uma constelação precária de figuras em que se pode — e nos pode — surpreender um sentido comum (aquele de Nação, por exemplo, escondido na ideia, aparentemente longínqua, de DissemiNation estudada por Homi Bhabha).

Aplicando finalmente tudo isso à cultura brasileira, é fácil verificar como a historiografia mais acreditada tenha descoberto desde cedo — de modo análogo ao de Nietzsche — a impossibilidade de uma história linear e consequencial, provindo duma Origem e prevendo um Fim, isto é, funcionando como um sistema peculiar ou como um organismo autônomo. Para citar apenas um exemplo, basta lembrar as palavras de Sílvio Romero escritas em 1878:

> Na história do desenvolvimento espiritual do Brasil há uma lacuna a considerar: a falta de seriação nas ideias, a ausência de uma genética. Por outros termos: um autor não procede do outro; um sistema não é consequência de algum que o precedeu. (...) Na história espiritual das nações cultas cada fenômeno de hoje é um último elo de uma cadeia; a evolução é uma lei. (...) Neste país, ao contrário, os fenômenos mentais seguem outra marcha.[3]

Pode-se afirmar que decorre dessa constatação negativa a obrigação de usar, em vez de história, a palavra Formação, para pensar e dar conta, exatamente, dessa "outra marcha" seguida pela cultura nacional. Num livro recente (de que tirei a citação anterior) foi justamente estudado o Sentido da Formação presente nas reflexões mais agudas sobre a cultura brasileira, mas aquilo que acho importante sublinhar é a ligação, talvez involuntária, entre esse modo de entender a história e a memória nacionais e a genealogia nietzschiana.

Na obra talvez mais conhecida que traz no título a palavra "formação" (a *Formação da literatura brasileira*), esse parentesco ressalta de modo evidente, até se tornar coincidência no uso do atributo genealógico utilizado para os fenômenos considerados, pelo autor, exordiais da cultura literária brasileira. Tanto na obra maior como em vários outros lugares da sua pesquisa historiográfica e crítica Antonio Candido tem sublinhado, com efeito, a "tendência genealógica" que está inscrita na origem da literatura brasileira — ou melhor, "na história dos brasileiros no seu desejo de ter uma literatura"[4] — e que ele considera "típica da nossa civilização".[5] Tendência essa que ele liga ao afã de ter — ou melhor, de inventar — uma Tradição por parte dos intelectuais da colônia no século XVIII, mas que se transforma, a meu ver (ou já o é, implicitamente, desde o início), em método de análise, na medida em que o próprio Candido, recusando o papel tradicional de historiador, enquanto investigador da Origem e defensor da continuidade entre passado e presente, se torna "genealogista" no sentido nietzschiano, tentando justamente fazer a história daquela "falta", daquela ausência que Sílvio Romero tinha assinalado em 1878.

Paradoxo interessante esse de construir uma história a partir de uma lacuna, de um vazio histórico, mas paradoxo que acaba por fazer sentido no momento em que consideramos a possibilidade — que é obrigação para um país colonial — de instituir um discurso e de seguir um percurso não na direção da homogeneidade e da unidade, mas no da heterogeneidade e da diferença, inventariando as figuras que aparecem no caminho, sem pretender descobrir nelas uma coerência necessária, uma continuidade lógica com uma suposta Origem — que não existe ou que, pelo menos, nunca está aí onde a procuramos — mas considerando os eventos na sua dispersão, na sua singularidade e na sua irredutibilidade ao Uno da metafísica historicista. Para entender e reconhecer a cultura brasileira, em suma, teremos mais uma vez de "pensar de outra forma", inventariando vagarosamente as diferentes figuras que nelas se inscrevem; aviando-nos pelo caminho íngreme de uma indagação assistemática de um objeto que se apresenta, já nas palavras de Romero, como assistemático, fora e longe de qualquer dialética histórica.

Eu poderia, desde já, citar alguns autores que, depois de Candido, empreenderam, a meu ver, esse caminho (Flora Süssekind, por exemplo, em vários lugares do seu trabalho hermenêutico — e em particular quando ela reconstrói os vínculos ficcionais juntando história, genealogia e paisagem na literatura brasileira[6] — ou Raul Antelo, de quem li há pouco um texto magistral intitulado, significativamente, "Genealogia do vazio"). Prefiro, porém, me ater à proposta humilde de estudar o modo com que a cultura brasileira tem enfrentado o problema do Começo e da sua ausência, apontando para alguns, poucos, escritores que, com maior clarividência e com mais aguda consciência, se colocaram diante da questão de representar o sentido e a forma da identidade nacional sem recorrer a hipotéticas reconstruções históricas da Origem, mas, pelo contrário, escrevendo justamente a partir da Falta, ou seja, instalando-se nesse caráter não histórico da história brasileira.

O caso que considero exemplar e paradigmático é, obviamente, o de Euclides da Cunha: brasileiro que, dentro da sua adesão inquieta ao positivismo, teve a coragem de descobrir e denunciar aquilo que outros brasileiros tinham escondido sob o tapete da história e das boas intenções nacionalistas. Ou seja, que sendo, a sua pátria, uma "terra sem a pátria" (o que significa também sem pai, sem descendência ou tradição paterna), sendo um espaço imenso e fundamentalmente sem história, era preciso pensar o país a partir não do tempo que ele ocupa, que ele organiza e pelo qual é supostamente organizado, mas, justamente, a partir do espaço — espaço fundamentalmente vácuo — que ele realmente preenche e que lhe dá sentido. Toda a sua obra maior pode, de fato, ser lida como uma grande tentativa, finalmente consciente, de substituir a história com a geografia e, por isso, de encontrar o Passado no Longínquo, o Antigo no Distante e, sobretudo, de identificar o Princípio histórico com o Centro geográfico. "Finalmente consciente", eu disse e o repito, porque a Paisagem não é tomada, em *Os sertões*, no seu sentido puramente cenográfico ou ambiguamente prosopopeico,[7] como na produção anterior — em que a exaltação do país passava obrigatoriamente pelo enaltecimento das peculiaridades geográficas, metáforas, nem tanto disfarçadas, da autonomia histórica —, mas pela primeira vez se tenta reescrever a geografia como história, interpretando o "ao lado" como um "antes", numa adesão implícita àquela "ideologia do progresso" (fundamental para a leitura da obra de Euclides) que "privilegia a não contemporaneidade do que é contemporâneo".[8] O Homem, de fato, é função e produto da Terra que o age e o deserto (que é aqui o sertão como o será depois a selva) é o espaço emblemático e "ignoto" de uma Luta ímpar, na qual um presente degradado, opaco, mestiço destrói o seu passado anacrônico, porém ainda incrustado de *mythos*, todavia incontaminado e "cristalino", condenando o brasileiro a ficar suspenso num tempo sem tempo, num lugar marginal que é apenas uma beira, uma orla, uma borda sem dentro.

O sertanejo, nesse *epos* negativo, é o *mostrum*, fascinante e terrível, que ocupa um Centro medonho onde se manifesta e, ao mesmo tempo, se oculta o Passado nacional: ele é o mito racionalizado da Origem, ele é o ser irracional que logicamente, como todo Fundamento, "vai ao fundo e some",[9] deixando no seu lugar apenas e sempre um vazio. Desse espaço que está no começo dos tempos, desse homem primordial que fica à margem da história, só um geógrafo disfarçado de cronista, só um autor épico mascarado de cientista tenta manter viva a lembrança, tenta dar voz ao seu silêncio, tenta recuperá-lo, justamente, como "figura", isto é, como presença de uma ausência. E não estamos muito longe, como se vê, de outra obra fundacional da literatura brasileira, dado que no Epílogo de *Macunaíma* temos a ver, basicamente, com os mesmos elementos, os mesmos temas, só que, nesse caso, a figura não é a de um sertanejo, mas a de um indígena. Um índio, repare-se, que é tão longe de Peri ou de Iracema como o sertanejo de Euclides o é do sertanejo do mesmo Alencar ou de Bernardo Guimarães: em ambos os casos a história mítica e/ou o mito historicizado deixam lugar a uma genealogia da falta, a uma linhagem interrompida, a uma história que, na sua imperfeição e na sua abertura, fica a única possível história, verdadeira e efetiva, do ser brasileiro. *Wirkliche Historie* que nos conta, de fato, uma identidade que é apenas uma paródia da identidade, visto que

> o plural a habita, almas inumeráveis disputam nela, os sistemas se entrecruzam e se dominam uns aos outros. (...) E em cada uma dessas almas a história não descobrirá uma identidade esquecida, sempre prestes a renascer, mas um sistema complexo de elementos, por sua vez multíplices, distintos, e que nenhum poder de síntese domina.[10]

Nessa constelação de coisas diferentes "Então Pauí-Pódole teve dó de Macunaíma. Fez uma feitiçaria. Agarrou três pauzinhos jogou pro alto fez em encruzilhada e virou Macunaíma com todo o estenderete dele, galo galinha gaiola revólver relógio, numa constelação nova. É a constelação da Ursa maior"¹¹, nessa combinação precária de elementos heterogêneos — que se faz "figura" da identidade e da sua origem implausível — resta a considerar evidentemente o papel e o uso da memória. A cultura e a literatura brasileiras estão, de fato, literalmente ensopadas de memorialismo: mas que tipo de memória atua nesse lugar do esquecimento, nessa terra sem história descrita por Euclides e por Mário? A resposta talvez mais lúcida e mais elucidativa se encontra num famoso poema de Drummond:

> *Já não coleciono selos. O mundo me inquizila.*
> *Tem países demais, geografias demais.*
> *Desisto.*
> *(...)*
> *Agora coleciono cacos de louça*
> *Quebrada há muito tempo.*
> *Cacos novos não servem.*
> *Brancos também não.*
> *Têm de ser coloridos e vetustos,*
> *Desenterrados — faço questão — da horta.*
> *(...)*
> *Lavrar, lavrar com mãos impacientes*
> *Um ouro desprezado*
> *Por todos da família. Bichos pequeninos*
> *Fogem do revolvido lar subterrâneo.*
> *Vidros agressivos*
> *Ferem os dedos, preço de descobrimento:*
> *A coleção e seu sinal de sangue;*
> *A coleção e seu risco de tétano;*
> *A coleção que nenhum outro imita.*
> *Escondo-a de José, porque não ria*
> *Nem jogue fora esse museu de sonho.*¹²

Numa terra sem pátria ou numa pátria que "devorou" os seus pais, a memória só pode recolher os restos ocultos de uma tradição extinta, de uma civilização sepulta, que por sua vez se espelha, com todas as suas falhas e lacunas, num "museu de sonho". Tanto quanto numa Europa sacudida pelo vento que arrasta consigo o Anjo da modernidade, assim como num Brasil cujo passado se apresenta desde sempre como um "cúmulo de ruínas", a única figura que nos fala de uma redenção possível desse tempo em frangalhos, dessa memória esfarrapada, é o Colecionador, aquele para quem, segundo Benjamin, a história "se torna objeto de uma construção cujo lugar não é o tempo vácuo, mas aquela determinada época, aquela determinada vida, aquela determinada obra": a sua tarefa é a de tirar "a época do âmbito da continuidade histórica reificada, e assim a vida da época, e assim a obra da obra de uma vida".[13]

O memorialismo, nesse contexto, representa o trabalho minucioso de quem desenterra da "horta" — não, repare-se, de uma indeterminada terra sem pátria, mas de um lugar delimitado e paterno, do *hortus clausus* da tradição familiar — os indícios dispersos da sua existência presente, num movimento que é, ao mesmo tempo, arqueológico e genealógico e que pode fazer sentido se, graças a ele, se consegue reconstruir a origem plural e o destino incerto de uma Comunidade que não tem, na verdade, nada em comum senão, justamente, o Nada que a institui, o Esquecimento que a funda. A memória, por isso, sai à procura da identidade, mas volta trazendo consigo apenas fragmentos do tempo vivido, segmentos do espaço percorrido: "cacos coloridos e vetustos" que cada um recompõe a seu modo em tantos, pessoais, museus de sonho, nas mil pátrias que não fazem uma pátria.[14]

O exemplo mais próximo dessa tentativa falhada de desvendar a Origem, e de assentar nela uma eventual Comunidade, é-nos oferecido por um amigo de Drummond: aquele Pedro Nava que tentou, justamente, construir um monumento à memória pessoal e através dela, por via analógica, à do grupo a que pertencia, tendo talvez em mente o modelo "perfeito" do *Theatrum memoriae* renascentista, mas seguindo um método genealógico, uma atitude de colecionador, que o levou, afinal, a se extraviar num labirinto sem saída de coisas, pessoas, imagens, eventos heterogêneos, em que lhe era, no fim, impossível recuperar e recompor o sentido fundador da identidade — tanto da individual quanto da coletiva.[15]

O resultado, mais uma vez, é que a procura do Princípio e a tentativa de instituir uma continuidade e uma comunidade a partir dele se concretizam apenas numa disseminação memorial, num percurso caótico e emaranhado que se reflete e encontra a sua possível razão de ser só num discurso novo e outro, oblíquo em relação a qualquer lógica historicista, suspenso entre a verdade e o desejo, entre a coisa e a palavra que a diz, entre a memória e o esquecimento. Num contexto, aliás, em que a dialética histórica tende a se resolver na estaticidade de uma descrição geográfica; numa terra em que o passado se espelha apenas numa coleção de coisas diferentes, juntadas e reconstruídas de modo subjetivo, a única possibilidade (para citar ainda Foucault, parafraseando mais uma vez Nietzsche) fica a de "fazer da história uma contramemória — e de desenvolver nela, por conseguinte, uma forma de tempo totalmente diferente".[16] Uma forma plural e esgarçada, em que a identidade não se recompõe na sua perfeição e integridade, mas se mantém (como acontece na obra de Nava) na maravilhosa complexidade e opacidade das suas origens, na dissipação de um espaço heterogêneo, na forma inacabada e arbitrária de uma genealogia que se ramifica e se disperde em vez de se concentrar num Fim, de se recolher numa Coerência, de se solidificar num Sentido.

Sobre as ruínas, de fato, sobre os vazios que se entreabrem na compacidade ilusória do espaço e do tempo, não se pode — nunca, talvez, foi possível — construir uma História, decifrar um Destino, supor uma Origem única. Aquilo que resta são, de fato, apenas os restos: os míseros restos de um tempo morto e irrecuperável na sua inteireza, de um passado que só com amor e paciência, com os dedos feridos e com o desencanto irônico do genealogista, pode ser desenterrado e reorganizado em novas constelações de sentido, em muitas pequenas "pátrias". Em figuras precárias, enfim, nas quais a razão coabita com o seu contrário, nas quais a identidade convive com a pluralidade, nas quais cada Presença esconde uma Ausência, nas quais o Início guarda a forma antiga e enigmática de uma interrogação sem resposta.

Notas

1. Franco Rella, *Miti e figure del Moderno*, p. 10.
2. Michel Foucault, "Nietzsche, la généalogie, l'histoire", in: *Hommage à Jean Hyppolite*, p. 152.
3. Otília Beatriz Fiori Arantes e Paulo Eduardo Arantes, *Sentido da Formação*, p. 15.
4. Antonio Candido, *Formação da Literatura Brasileira*, p. 25, 1975.
5. Antonio Candido, "Estrutura Literária e Função Histórica", in: *Literatura e Sociedade*, p. 171.
6. Flora Süssekind, *O Brasil não é longe daqui*. Idem, "O Escritor como Genealogista", in: *América Latina. Palavra, Literatura e Cultural*.
7. Antonio Candido, "Literatura de dois gumes", in: *A Educação pela Noite & outros ensaios*, p. 170.
8. Franco Moretti, *Opere Mondo. Saggio sulla forma epica dal Faust a Cent'anni di Solitudine*, p. 49.
9. Giorgio Agambem, *Il Linguaggio e la Morte*, p. 49.
10. Michel Foucault, "Nietzsche, la généalogie, l'histoire", in: *Hommage à Jean Hyppolite*, p. 168, 169.
11. Mário de Andrade, *Macunaíma*, p. 166.
12. Carlos Drummond de Andrade, *Nova Reunião, 19 Livros de Poesia*, p. 734, 735.
13. Walter Benjamin, p. 83.
14. Wander Melo Miranda, "Imagens de Memória, Imagens de Nação", Scripta I, 2, p. 132-35.
15. Davi Jr. Arrigucci, "Móbile da Memória", in: *Enigma e Comentário*, p. 83-88.
16. Michel Foucault, "Nietzsche, la généalogie, l'histoire", in: *Hommage à Jean Hyppolite*, p. 167.

Referências

AGAMBEN, Giorgio. *Il Linguaggio e la Morte*. Turim: Einaudi, 1982.

ANDRADE, Carlos Drummond de. *Nova Reunião, 19 Livros de Poesia*. 2ª ed. Rio de Janeiro: José Olympio, 1985.

ANDRADE, Mário de. *Macunaíma — o herói sem nenhum caráter* (Ed. crítica organizada por Telê Porto Ancona Lopez). 2ª ed. Madrid/Paris/México/BuenosAires/São Paulo/Rio de Janeiro/Lima: ALLCA XX, 1996 (Col. Arquivos, 6).

ANTELO, Raul. "Genealogia do Vazio", *Studi Portoghesi e Brasiliani*. I,1 (no prelo).

ARANTES, Otília Beatriz Fiori; ARANTES, Paulo Eduardo. *Sentido da Formação*. São Paulo: Paz e Terra, 1997.

ARRIGUCCI, Davi Jr. "Móbile da Memória." In: _____. *Enigma e Comentário*. São Paulo: Companhia das Letras, 1987, p. 67-111.

BHABHA, Homi K. "DissemiNation: Time, Narrative, and the Margins of the Modern Nation", *Nation and Narration* (org. de H. Bhabha). Londres/Nova York: Routledge, 1990, p. 291-322.

CANDIDO, Antonio. *Formação da Literatura Brasileira: momentos decisivos*. 6ª ed. Belo Horizonte: Itatiaia, 1959, vol. I.

_____. "Estrutura Literária e Função Histórica". In: _____. *Literatura e Sociedade*. 7ª ed. São Paulo: Companhia Editora Nacional, 1985, p. 169-92.

_____. "Literatura de dois gumes". In: _____. *Educação pela Noite & outros ensaios*. 2ª ed. São Paulo: Ática, 1989, p. 163-80.

FOUCAULT, Michel. "Nietzsche, la généalogie, l'histoire". In: *Hommage à Jean Hyppolite*. Paris: PUF, 1971, p. 145-72 [agora republicado em: FOUCAULT, M. *Dits et Écrits*, Paris, Gallimard, 1994, vol. II (texto nº 84), 136-56].

MIRANDA, Wander Melo. "Imagens de Memória, Imagens de Nação", *Scripta I*, 2 (1º semestre 1998), p. 125-39.

MORETTI, Franco. *Opere Mondo. Saggio sulla forma epica dal Faust a Cent'anni di Solitudine*. Turim: Einaudi, 1994.

RELLA, Franco. *Miti e figure del Moderno*. 2ª ed. Milão: Feltrinelli, 1993.

SÜSSEKIND, Flora. *O Brasil não é longe daqui. O Narrador, a Viagem*. São Paulo: Companhia das Letras, 1990.

_____. "O Escritor como Genealogista", *América Latina. Palavra, Literatura e Cultura* (organizado por Ana Pizarro). São Paulo/Campinas: Memorial/Unicamp, 1994, v. II, p. 451-85.

Apropriações da desconstrução pela crítica literária

Carmen Cristiane Borges Losano

CARMEN CRISTIANE BORGES LOSANO é doutoranda em literatura comparada/ poéticas da modernidade pela UFMG, sob a orientação do professor Dr. Georg Otte. Pesquisa e orienta trabalhos na UEMG, na área de literatura, teoria literária e crítica da cultura. É líder, com o professor Dr. Renato de Melo, do Grupo de Pesquisas em Escola de Frankfurt e Educação (GPEFE); conduz a linha de pesquisa Walter Benjamin. Ensaio publicado na revista *Em Tese* — Programa de Pós-Graduação em Letras: Estilos Literários/Faculdade de Letras/UFMG, n° 3, 2010.

> *Canonizar um objeto significa isolá-lo do seu condicionamento histórico e social para afirmar, assim, sua singularidade fora dos limites espaciais e temporais.*
>
> Georg Otte

Não é por acaso que Walter Benjamin elegeu Paris como a capital do século XIX, o período da história que se afirmou como o século da modernidade[1] — a fase do progresso do espaço urbano e da consequente transformação dos seres humanos em fantoches do sistema capitalista. A convicção de Walter Benjamin, quando "denunciava" a modernidade evidente em Paris, de certa forma previa o que viria em seguida: o mundo contemporâneo, da automatização e do imediatismo proporcionado pela técnica.[2]

Tantas transformações provocaram consideráveis alterações na sociedade, visto que os vários campos do conhecimento não ficariam imunes — era de se esperar que os estudos literários também sofressem alterações. Uma dessas alterações diz respeito ao lugar do cânone. Até meados do século XX, as obras de arte feitas por homens brancos/europeus/falecidos poderiam ter a chance de ingressar na lista de obras canônicas, ou seja, das obras que seriam universalizadas, imortalizadas. Considerando-se tais critérios, fica claro que muitas obras de arte, no decorrer da história da literatura, permaneceram fora do universo de obras consideradas canônicas.

E hoje, no século XXI, os teóricos dos estudos culturais dedicam suas pesquisas à valorização das manifestações artísticas e culturais consideradas marginais, através da valorização da identidade cultural presente em cada produção — considerando-se a identidade cultural como o sentimento de um indivíduo para com o seu grupo cultural, na medida em que é influenciado pelo contexto em que vive. É pela identidade cultural que se desenvolve o sentimento de pertencimento a uma comunidade, sociedade ou nação. Daí o desmembramento do conceito em outros, como identidade nacional, ou seja, o vínculo pessoal do indivíduo com sua nação, por meio da cultura.

Entretanto, diante da longa trajetória de desvalorização das obras consideradas marginais (feitas por não brancos, por não europeus, por mulheres, gays e outras "minorias"), como poderíamos propor uma alteração dessa perspectiva? Com base nas teorias de Walter Benjamin, particularmente a noção de *Erfahrung* ("experiência"), que pode ser compreendida pela transmissão de conhecimentos e vivências sociais, mantidos e repassados com base nas tradições. A tradição se constitui, pois, por celebrações, costumes, lendas, narrativas e rituais que são vivenciados e transmitidos, de geração a geração, por meio das releituras ou mesmo reconstruções das experiências.

Assim sendo, podemos afirmar que o refazer — as releituras — pode se aplicar ao que Georg Otte considera "reconstrução da experiência": "A ininterrupta reconstrução da experiência pelas gerações sucessivas evita que ela caia em *desuso* e que ela passe a fazer parte de um cânone autoritário, tornando-se um corpo estranho para uma determinada atualidade."[3]

No caso da narrativa — e mais especificamente da literatura — podemos nos apropriar da noção de reconstrução da experiência para compreender o valor das reconstruções. Considerando que a cada refazer a experiência é renovada, podemos afirmar que a reconstrução da experiência, além de funcionar como estratégia anticanonização, ainda mantém vivas as obras nas quais permanecem os traços de identidade cultural/nacional de cada sociedade. Dessa forma, tais obras adquirem e mantêm seu valor cultural, segundo os critérios de valoração analisados pelos estudos culturais. Essa reconstrução proposta passa, por assim dizer, pela desconstrução, "apropriada" pelos estudos culturais, que reavaliam as manifestações artísticas e/ou culturais, independentemente dos velhos critérios de consagração das obras.

A "Escola do Ressentimento" — como Harold Bloom ironicamente denomina os teóricos culturalistas — passa a rever e a reconstruir os conceitos acerca das obras ditas marginais. Toda essa renovação teórica estremece, por assim dizer, o lugar das obras canônicas, deslocando o canônico para um entre-lugar, para uma condição de desconforto em relação à valorização das obras feitas pelas minorias, não canônicas.

Considerando que a academia é o lugar onde se discutem as questões relevantes para as ciências — e, no presente caso, para as ciências humanas, sociais e as artes — entendemos que tal discussão contribui para o meio acadêmico, pois nos permite uma revisão desse histórico da crítica de arte, mais precisamente da arte marginal, de forma a redefinirmos seu valor na atualidade. A história da arte pode nos revelar muito acerca da linha divisória entre o canônico e o marginal. É nessa história que se concentram os elogios aos grandes feitos, aos grandes nomes, dos grandes artistas; o que fica escondido, ou "marginalizado", ou seja, a "arte menor", não é objeto de elogios mas, ainda assim, faz parte dessa mesma evolução histórica.

1. Comparativismo literário: aportes teóricos

Para iniciar, consideremos a literatura comparada o estudo da literatura além das fronteiras de um país específico e o estudo das relações entre, por um lado, a literatura e, por outro, diferentes áreas do conhecimento e da crença, tais como as artes (...). Em suma, é a comparação *de uma literatura com outra ou outras e a comparação da literatura com outras esferas da expressão humana.*[4]

Verificar que o estudo de literatura comparada envolve a ultrapassagem das fronteiras leva-nos a considerá-la disciplina de interseção, de troca de influências entre diferentes literaturas e entre diferentes culturas. Nesse sentido, precisamos dissecar o conceito em subconceitos: literatura nacional, literatura mundial e literatura geral. O primeiro se confunde com o próprio conceito de literatura comparada, pelo fato de ela poder lidar com autores de diferentes nacionalidades. Já no que tange à literatura mundial, há nesse conceito um sentido de permanência, de sobrevivência à passagem do tempo, normalmente referindo-se aos clássicos da literatura mundial, que exerceram e ainda exercem influência sobre os novos escritores. Por último, o conceito de literatura geral, que lida com tendências, problemas e teorias passíveis de interesse por parte da literatura como um todo, independentemente de fronteiras.

Ao tratar das literaturas de diferentes países, a literatura comparada, na qualidade de disciplina, parece abordar simplesmente as influências entre autores. Nesse sentido, falar em influência é tocar em um ponto frágil dos estudos comparativos, pois o termo pode ser visto sob um ângulo pejorativo, como se um autor estivesse produzindo por paráfrase ou mesmo por cópia de outro. Sabemos que a visão sobre a influência deve ser outra: ela tem de ser vista com critérios e sem preconceitos, a fim de que se possam fazer estudos comparativos confiáveis. Sobre a abordagem comparativa, Victor Zhirmunsky afirma que a atenção centrada nas "influências literárias" ignora fatos relevantes, "como a personalidade criativa do autor e a conexão da obra com a vida social que ela reflete, sua origem nacional e histórica e as adaptações ao tempo, lugar e individualidade, aos quais tais 'empréstimos' necessariamente se sujeitam".[5]

Sobre a questão da influência, Leyla Perrone-Moisés afirma que:

> Estudando relações entre diferentes literaturas nacionais, autores e obras, a literatura comparada não só admite, mas comprova que a literatura se produz num constante diálogo de textos, por retomadas, empréstimos e trocas. A literatura nasce da literatura: cada obra nova é uma continuação, por consentimento ou contestação, das obras anteriores, dos gêneros e temas já existentes. Escrever é, pois, dialogar com a literatura anterior e com a contemporânea.[6]

Podemos verificar que os indícios de absorção de influências, percebidos durante a análise da produção de um autor, são parte integrante de sua obra, indícios de que ele está em interação com a produção artística que floresce no meio onde está inserido e até com a produção que floresce em outros países. Tal interação denota o interesse do autor pela produção de outros autores, o que vem a qualificar positivamente o autor em questão, como também sua obra.

No que tange aos estudos referentes às influências, Perrone-Moisés retoma teóricos que trabalharam tal questão, os quais, de certa forma, colaboraram para a desmistificação do aspecto negativo da influência. O primeiro teórico do qual a autora trata é Mikhail Bakhtin, que, tendo estudado Dostoiévski, verificou a polifonia existente na obra — e entre a obra e outras obras — de forma a desenvolver a teoria do dialogismo. Sua teoria se baseia no diálogo entre sujeitos do discurso, o que no comparativismo se traduz, basicamente, como o diálogo entre obras literárias.

Em continuidade a Bakhtin, Julia Kristeva desenvolveu a chamada teoria da intertextualidade, a qual continua em desenvolvimento por estudiosos da linguagem. A pesquisadora, tendo chegado a considerar o texto "como um mosaico de citações",[7] trabalhou com a noção de fontes, tendo afirmado que "as fontes deixam de interessar por elas mesmas; elas só interessam para que se possa verificar como elas foram usadas, transformadas".[8] Afirmou, ainda, que as influências são produtos de um "confronto produtivo com o Outro",[9] ou seja, são frutos de leituras e interpretações que ocorrem em vários sentidos e direções e que geram uma nova rede de autores e obras, em um processo contínuo de produção de novos "mosaicos".

Percebemos que tanto Bakhtin quanto Kristeva formularam e desenvolveram teorias bastante úteis para uma nova concepção da noção de influência;[10] suas teorias relativizaram as noções de "novo" e de "original", de forma a provocar uma nova postura por parte dos comparatistas. Mas ainda havia uma questão incômoda na análise das obras — a questão da tradição. Os teóricos que se debruçaram sobre essa questão foram Tiniánov, Jorge Luis Borges e T.S. Eliot (esse último não citado por Perrone-Moisés, mas sim por Carvalhal).

O nome de Tiniánov é mencionado por Perrone-Moisés como um dos precursores na revisão do conceito de tradição. O formalista russo, também lembrado na obra de Jean-Yves Tadié,[11] trata da evolução literária, referindo-se à tradição como um "conceito falso, que deve ser visto sob outro ponto de vista"[12] — o que denota sua fuga ao formalismo ortodoxo. Nesse sentido, Tiniánov define que a obra se relaciona com um conjunto de séries culturais, como também com as outras obras literárias, anteriores e contemporâneas. Ou seja, sua teoria estimula uma nova forma de análise, redimensionando a concepção de tradição. Além disso, Tiniánov ainda retoma a noção de "influência", trazendo a noção de "convergência", ou seja, "coincidências de temas e de soluções formais que nada têm a ver com as influências, mas com a existência de certas condições literárias em determinado momento histórico".[13]

Perrone-Moisés menciona também o nome de Jorge Luis Borges, quando trata da noção de tradição. Em termos gerais, Borges redimensiona a ideia, afirmando que se trata de uma questão de leitura (recepção) e como a leitura muda constantemente, a tradição está constantemente sendo revista. Em outras palavras, "ele observa como uma obra forte nos obriga a uma releitura de todo um passado literário".[14] Podemos verificar que a tradição, antes vista como um conceito estático, firme como as paredes dos museus, torna-se flexível e mutante, a partir da teoria de Borges. Carvalhal lembra-nos de que ele conseguiu mais do que isso. Ela afirma que, no que tange à questão da influência, Borges desloca o ângulo de observação, afirmando que se há alguma dívida (de influência), ela é do texto anterior com aquele que o descobriu — e não o contrário, como se pensava. Daí seu famoso texto "Pierre Menard, autor do Quixote" representar uma quebra com as noções de originalidade e de autoria.

Mais escritor do que teórico, o modernista Oswald de Andrade é lembrado por Perrone-Moisés[15] devido à antropofagia cultural, proposta como uma devoração crítica do Outro, ideia inspirada nos costumes dos índios canibais, os quais acreditavam que, ao devorar um outro humano, seriam detentores das qualidades da vítima. Nesse sentido, existe aqui uma analogia com a teoria da intertextualidade. No que se refere à tradição, a autora afirma que a antropofagia, na qualidade de um projeto filosófico e cultural, pretende nossa liberação de dívidas para com o passado europeu (o que para nós representaria um rompimento com a tradição não nacional, uma busca de nossa própria identidade).

Ainda sobre a tradição, devemos mencionar o ensaio "A tradição e o talento individual", de T.S. Eliot. O crítico foi lembrado por Carvalhal porque sustenta, no texto, noções básicas para uma renovação dos estudos comparados. Nele, Eliot afirma que o que o leitor busca de diferente no poeta acaba por ser o elemento que o relaciona a seus antecessores; dessa forma, conclui que nenhum escritor tem valor isolado, porque estará sempre relacionado à produção poética anterior. Sobre as teorias relativas às noções da influência e da tradição, Perrone Moisés conclui:

> Essas propostas teóricas do século XX nos convidam a rever os pressupostos e os objetivos da literatura comparada. Comparar é sempre ver semelhanças e diferenças. O que se pode propor, agora, como transformação dos objetivos da literatura comparada, é uma mudança na ênfase que se pode dar ou às semelhanças ou às diferenças.[16]

E por falarmos em "transformação dos objetivos da literatura comparada", Carvalhal traz à tona a questão da literatura comparada em relação à dependência cultural, propondo uma solução — "um novo discurso crítico que esqueça e negligencie a caça às fontes e influências e estabeleça como único valor a diferença".[17] A diferença, nesse caso, seria um fator de afirmação da identidade nacional, abrindo caminhos para a inserção do nacional no universal. Nesse sentido, a autora retoma o projeto oswaldiano da antropofagia, para inverter a velha direção colonizador/colonizado: passar de devorado a devorador, selecionar do alheio somente o que interessa. Assim, passamos por uma superação constante de complexos, com a finalidade de tentarmos concluir o nosso processo de "descolonização literária".

Essa questão é abordada por Silviano Santiago, em sua obra *Uma literatura nos trópicos*, a qual contém ensaios relativos à questão da dependência cultural. Santiago, da mesma forma que Perrone-Moisés, propõe o estabelecimento do critério da observação da diferença como nova postura dos estudos literários:

Se os etnólogos ressuscitaram por seus escritos a riqueza e a beleza do objeto artístico da cultura desmantelada pelo colonizador — como o crítico deve apresentar hoje o complexo sistema de obras explicado até o presente por um método tradicional e reacionário cuja única originalidade é o estudo das fontes e das influências? Qual seria a atitude de um artista de um país em evidente inferioridade econômica com relação à cultura ocidental, à cultura da metrópole e finalmente à cultura de seu próprio país? Poder-se-ia surpreender a originalidade de uma obra de arte se institui como única medida as dívidas contraídas pelo artista junto ao modelo que teve necessidade de importar da metrópole? Ou seria mais interessante assinalar os elementos da obra que marcam sua diferença?[18]

Tocando especificamente no conteúdo da obra do escritor latino-americano, que sofre — em todos os sentidos — a influência da expressão artística da metrópole, Silviano Santiago aborda a questão do procedimento da crítica ante essa obra, enfatizando a necessidade do escritor de conhecer e de trabalhar sobre o texto-fonte, de forma a combatê-lo melhor. Dessa forma, o trabalho da crítica seria o de analisar, primeiramente, o uso que o escritor fez do texto-fonte e, em segundo plano, a "descrição da técnica que o mesmo escritor cria em seu movimento de agressão contra modelo original, fazendo ceder as fundações que o propunham como objeto único e de reprodução impossível".[19]

Para melhor exemplificar a teoria apresentada, Santiago retoma o conto (já mencionado neste trabalho) "Pierre Menard, autor do Quixote", de Borges. Menard representa, no caso, a metáfora do escritor latino-americano, que produz suas obras a partir do já-escrito, em um jogo de combate cultural contínuo. E seria, pois, justamente entre o que lê e o que produz, entre o que sofre e o que expressa, o lugar onde acontece, nas palavras de Santiago, "o ritual antropofágico da literatura latino-americana".[20] Portanto, após essa rápida passagem pelas teorias que circulam no campo da literatura comparada, e ainda, pelas críticas a posições centradas em tradicionalismos, podemos nos encaminhar para um estudo comparativo entre as leis da tradição canônica e as tendências desconstrutoras que se insurgem na pós-modernidade.

2. O sagrado lugar do cânone

Para compreendermos a sacralidade do lugar do cânone, é preciso compreender como se constituiu, no passado, a formação desse lugar. O termo é originário do grego (*Kanón*), tendo passado pelo latim *canon*, com o significado de "regra". No decorrer do tempo, o termo passou a compreender o conjunto de textos considerados modelos de perfeição. Segundo a doutrina católica, canonizados são os santos reconhecidos pela autoridade maior do catolicismo, o papa. No caso da literatura, canonizados são os autores (e suas respectivas obras) que são considerados os mestres da tradição.

Segundo Leyla Perrone-Moysés,[21] a palavra *cânone*, na qualidade de representação de uma relação de escritores consagrados, ocorreu, pela primeira vez, no século IV e, a partir de então, foi adotada por escritores e críticos, em diferentes países da Europa, particularmente Itália e França, onde "o conceito francês de cânone clássico só se abala no século XVIII, com a abertura para os autores ingleses e alemães e com a adoção do conceito de *Weltliteratur*, de Goethe".[22] A autora afirma, ainda, que foi a partir do século XVIII que o juízo estético deixou de ser considerado universal, de forma que os autores "clássicos" se tornaram "exemplos de uma regra universal impossível de enunciar".[23] Já no século XX, os escritores valorizados passaram a ser classificados pelo viés do gosto da crítica, o que se justificava pela prática:

> Suas escolhas não são ditadas por nenhuma autoridade institucional, mas pelo gosto pessoal, justificado por argumentos estéticos e pela própria prática; é o que a modernidade herdou do romantismo teórico-crítico. Apesar de assumirem a precariedade de suas escolhas, os escritores-críticos modernos têm a preocupação pedagógica de fornecer aos mais jovens um currículo mínimo de leituras formadoras; e esse traço pedagógico está presente em qualquer listagem de autores, desde a antiguidade.[24]

Dessa forma, depreendemos que, da antiguidade à modernidade, a preocupação de se estabelecer o lugar do cânone sempre foi uma constante. Não se poderia conceber uma literatura de qualidade sem que se pudesse fazer referência a um modelo, um padrão de produção de obras literárias que servisse como guia, seja para os estudantes, seja para a crítica profissional.

Para o iniciante cultural, atormentado pela total falta de orientação, saber o que há de sagrado pode conferir uma certa segurança psicológica. Embora essa submissão voluntária ao cânone oficial possa ser questionada, ela se justifica, ao mesmo tempo, enquanto etapa necessária rumo à emancipação do indivíduo, pois não é o desconhecimento do cânone que garante a independência dele.[25]

Portanto, seja o cânone considerado uma lista sagrada de obras literárias, ou mesmo uma garantia psicológica para iniciantes culturais, o referencial canônico da literatura universal não se perde no tempo nem no espaço. Sua autoridade existe e é mantida pela tradição cultural universal. Segundo Harold Bloom, crítico americano — ferrenho defensor da manutenção do lugar do cânone — "o cânone é de fato um metro de vitalidade, uma medida que tenta mapear o imensurado. A antiga metáfora da imortalidade do escritor é relevante aqui e renova o poder do cânone para nós (...). Sem o cânone, deixamos de pensar."[26]

Ao tratar da questão do cânone como uma representação da tradição literária, reportamo-nos ao ensaio de T.S. Eliot "Tradição e talento individual".[27] O referido ensaio demonstra como o apoio na tradição pode formar um grande poeta e como o conhecimento da tradição se harmoniza com o talento individual para essa formação. Nesse sentido, Eliot deixa claro que, por mais que o leitor esteja em busca do traço individual de cada poeta, sua diferença em relação aos outros, a influência dos seus antecessores deveria se fazer conhecer, no sentido de tornar possível averiguar-se, em suas obras, o conhecimento (bem como a influência) da tradição literária:

> (...) se nos aproximarmos de um poeta sem esse preconceito, poderemos amiúde descobrir que não apenas o melhor, mas também as passagens mais individuais de sua obra podem ser aquelas em que os poetas mortos, seus ancestrais, revelam mais vigorosamente sua imortalidade (...).[28]

Ou seja, o crítico deixa claro que o apego à tradição — e, portanto, ao cânone literário — seria um fator de valorização do poeta. Contudo, esclarece que esse apego não deveria se constituir sobre uma mera aderência à geração literária imediatamente anterior, mas sim a um sentido histórico de tradição, o que compreende uma abordagem temporal bem mais ampla:

> (...) o sentido histórico implica a percepção, não apenas da caducidade do passado, mas de sua presença; o sentido histórico leva um homem a escrever não somente com a própria geração a que pertence em seus ossos, mas com um sentimento de que toda a literatura europeia desde Homero e, nela incluída, toda a literatura de seu próprio país têm uma existência simultânea e constituem uma ordem simultânea (...)[29]

Nesse trecho, podemos verificar a necessidade de o poeta se colocar em uma condição temporal unificada, em que presente e passado não se formariam numa linearidade, mas num mesmo plano, no qual a simultaneidade da produção poética seria uma referência. Eliot ainda demonstra, aqui, uma tendência a se pensar na literatura nacional, ou seja, na identidade nacional do poeta, que se formaria no diálogo entre suas obras e as de seus antecessores, de mesma nacionalidade.

Eliot esclarece: "Esse sentimento histórico, que é o sentido tanto do atemporal quanto do temporal e do atemporal e do temporal reunidos, é que torna um escritor tradicional."[30] Segundo o crítico, os ajustes e reajustes, entre as obras que compõem a tradição e as obras novas, poderiam se fazer a partir de uma leve alteração da ordem existente entre elas, de forma que tais reajustes possam abrigar, harmonicamente, o antigo e o novo. Seria a tradição aceitando a novidade, desde que seja de forma ajustável à sua ordem, já consolidada no tempo e no espaço.

Nessa busca de conhecimento do passado, bem como nessa incorporação do passado pelo presente, em um plano atemporal, ocorre uma contínua entrega do poeta, num processo de despersonalização, em prol da tradição. Suas emoções pessoais não devem se integrar à sua produção poética; ao contrário, na produção poética a emoção deve ser algo bem mais complexo, resultado de um trabalho poético que permita a expressão de sentimentos que não se confundam com as emoções, tais como são reconhecidas e vivenciadas.

A partir do exposto pelo crítico, o poeta poderia ser considerado um retransmissor da tradição, que conseguisse aliar esse conhecimento da produção literária anterior a um talento individual — o qual pudesse ser notado através da capacidade de trabalhar as emoções humanas até o ponto de transformá-las em arte.

Visto que a tradição requer a leitura e o conhecimento das obras dos grandes mestres do passado, podemos compreender a dedicação de Italo Calvino pela defesa dos clássicos. Calvino, na qualidade de escritor-crítico moderno, valorizava as múltiplas dimensões de significados que uma obra poderia conter: "O que conta para nós na obra literária é a possibilidade de continuar a desfolhá-la como uma alcachofra infinita, descobrindo dimensões de leitura sempre novas."[31]

Dentre as qualidades de uma obra clássica, a oferta de várias possibilidades de significados é relevante; talvez porque, com o decorrer do tempo e a evolução da cultura, a obra com tal característica seja continuamente lida, compreendida e vivificada através dos leitores de cada época (ao passo que outras obras não alcançam a geração seguinte à de sua produção). Dessa questão podemos desenvolver a *reconstrução da experiência*, no tópico que se segue.

3. A tradição na modernidade: relativizações do cânone

Relativizar valores já consagrados, em qualquer cultura, não constitui uma tarefa das mais fáceis. Como pode ser notado neste trabalho, a tradição é um conjunto de valores que se consolidam no tempo e no espaço, de forma que tendências contrárias nem sempre são bem recebidas. Uma das novidades do mundo moderno que alterou valores tradicionais foi a reprodutibilidade técnica das obras de arte; não é possível abordar, por exemplo, a recepção da arte no século XX sem passar pela técnica. Da pintura e escultura à fotografia e ao cinema, a produção de arte, bem como sua recepção, passou por profundas alterações.

Walter Benjamin, em seu ensaio "A obra de arte na era de sua reprodutibilidade técnica",[32] tratou dessa questão, tendo perpassado os momentos da história da humanidade em que a arte passou a ser reproduzida; Walter Benjamin focou sua abordagem no momento em que a reprodução, ao passar pela técnica, passou a ser instrumento de divulgação, em massa, da obra de arte — o que favoreceu o acesso às obras, por assim dizer. Por outro lado, a técnica serviu (e serve, até os dias atuais) ao desenvolvimento e à consolidação da comunicação de massa e, na mesma esteira, do sistema capitalista.

Ao dedicarmos nossas análises à questão do cânone, e de seu lugar na sociedade, poderíamos nos perguntar: como a reprodutibilidade técnica poderia interferir nessa questão? Ora, o cânone é uma expressão de um padrão cultural, que se mantém valorizado através das gerações, servindo de modelo para a produção e referência para a recepção da arte, na sociedade. Assim, a obra canônica contém um valor de culto, assim definido por Benjamin:

> O valor de culto, como tal, quase obriga a manter secretas as obras de arte: certas estátuas divinas somente são acessíveis ao sumo sacerdote, na cella, certas madonas permanecem cobertas quase o ano inteiro, certas esculturas em catedrais da Idade Média são invisíveis, do solo, para o observador.[33]

Da mesma forma, o acesso às obras canônicas deveria se restringir apenas a uma elite letrada; mesmo que a obra pudesse ser acessível, sua compreensão não o seria. Porém, com o decorrer do tempo, algumas modalidades de obras de arte passaram por adaptações, permitindo sua exponibilidade. Vejamos a diferença entre a exposição de um busto (que pode ser deslocado facilmente) e a de uma estátua; entre a exposição de um quadro e a de um afresco; entre a exposição de uma fotografia e um quadro; entre a exposição de uma obra arquitetônica *in loco* e sua imagem, através de um filme. Em todos os casos, o valor de culto cede ao valor de exposição.

Nesse sentido, reconhecemos o valor de exposição das obras como uma nova possibilidade, advinda das mudanças na produção — o que muda, também, a recepção da arte: a exponibilidade de uma obra de arte cresceu em tal escala, com os métodos de sua reprodutibilidade técnica, que o valor de culto cedeu lugar a um valor de exposição da obra, como arte para ser vista e divulgada. Portanto, célebres obras de arte, que deveriam ser cultuadas, perdem seu valor de culto, para ser valorizadas pela exponibilidade. Em outros termos, perdem sua "aura", o aqui e agora da obra de arte, substituído pela reprodução.

No ensaio benjaminiano, não percebemos referências diretas à obra literária; porém, entendemos que, no caso da obra literária canônica, é possível relacionar a perda da aura a vários mecanismos de reprodução, tais como: adaptações, traduções, encenações, filmagens. O cânone pode ser lido e relido, visto e revisto sob diferentes releituras, que subvertem a tradição e, assim, dessacralizam a obra, tornando-a mais acessível à sociedade. Nos dias atuais, a peça shakespeariana *Romeu e Julieta* pode ser encontrada na literatura infantil, nas versões para adolescentes, em traduções diversas, nos palcos do mundo inteiro e até no cinema, sob os mais diversos tratamentos. Após a reprodutibilidade técnica, o cânone do século XVII está ao alcance do receptor comum, da sociedade em geral.

Georg Otte[34] nos auxilia na compreensão de uma relativização do lugar do cânone na literatura, a partir de outro ensaio benjaminiano, intitulado "O narrador: considerações sobre a obra de Nikolai Leskov". Nele, Benjamin se refere mais detidamente à tradição oral, com a nítida indignação com o fato de a narrativa oral ter se perdido no tempo, em função da escrita, mais precisamente do romance. Otte comenta o tratamento dado por Benjamin à preservação da narrativa oral:

> Se, no ensaio sobre a aura, o "interesse em conservar" ainda era algo suspeito, pois levava à formação de uma aura distanciadora, Benjamin defende a preservação de uma espécie de tesouro de narrativas no caso do Narrador. O "interesse em conservar o que foi narrado" partiria de um cânone sem culto e sem aura, pois falta à narrativa oral uma característica que parece ser indispensável para a formação da aura: sua concretização como obra materialmente fixada. A narrativa, por ser oral, tem que circular entre os membros de uma determinada comunidade; parando de circular, ela para de existir. (...) É, portanto, a própria oralidade que obriga narradores e ouvintes, que por sua vez, se transformam em narradores, a se juntar para participar da "experiência" coletiva.[35]

A partir dessa citação, entendemos como a narrativa oral "escapou" do processo de canonização: além de não possuir materialidade física, era transmitida a partir de uma condição que permitia constantes releituras; cada narrador, que se apropriava de uma determinada narrativa para transmiti-la, dava-lhe um contorno próprio, sua marca, seus vestígios.

Visto que o vestígio e a aura[36] são considerados por Benjamin conceitos opostos, então podemos concluir que a narrativa oral, por conter incontáveis vestígios de narradores, não poderia, de forma alguma, desenvolver uma aura — nem poderia, portanto, se tornar canônica.

> O *uso* artesanal faz com que a narrativa, como a argila do oleiro, seja constantemente modelada e remodelada conforme as particularidades de cada presente. A ininterrupta reconstrução da experiência pelas gerações sucessivas evita que ela caia em *desuso* e que ela passe a fazer parte de um cânone autoritário, tornando-se um corpo estranho para uma determinada atualidade.[37]

Sendo assim, é possível compreender como a reconstrução da experiência, própria da narrativa oral, pode ser considerada um mecanismo de manutenção da obra sob o poder dos produtores e receptores, de forma a evitar seu isolamento e, portanto, sua canonização. Dado o exposto, cogitamos a possibilidade de estender tal reconstrução a outras formas de manifestação da arte e da cultura, a partir do ato de reler e reinterpretar obras canônicas, trazendo-as para o uso da coletividade.

Antes mesmo da técnica, as adaptações de narrativas, pelo mero ato de narrar, já evitavam a formação de uma crosta canonizante; vejamos o caso das peças teatrais: cada montagem também é uma releitura; vejamos as adaptações: cada adaptação de uma obra também é uma releitura; no caso das traduções, essas obras são releituras.

Se observarmos que toda releitura contém vestígios de um novo produtor — e de novos leitores, na recepção — então as releituras são relativizações constantes do cânone constituído. Nesse sentido, a reprodutibilidade técnica não seria só um mecanismo de perda da aura; mais do que isso, seria a evolução das releituras, de todos esses mecanismos de dessacralização do lugar do cânone.

4. O entre-lugar do cânone na pós-modernidade

No contexto cultural contemporâneo, em que a obra marginal e o cânone se encontram sob a égide da teoria da desconstrução e que as múltiplas identidades culturais se entrelaçam em um contexto maior, cabe-nos entender que o valor cultural das manifestações originadas de diferentes sociedades não se concentra mais nos velhos critérios de canonização das obras, mas também na valorização das identidades culturais/nacionais.

A questão das identidades está contida em uma série de pesquisas feitas pelos teóricos adeptos dos estudos culturais. A disciplina, por assim dizer, constitui-se como uma vertente da antropologia cultural, tendo por abordagem uma empenhada defesa do discurso das minorias, das obras ditas "marginais". Tais estudos têm evoluído consideravelmente, desde o fim do século XX, principalmente sob o impacto do fenômeno da globalização, compreendido como uma integração das sociedades globais em um conjunto unificado, no qual não existem fronteiras para os intercâmbios culturais, gerando uma homogeneização cultural no globo. O antropólogo jamaicano e renomado culturalista Stuart Hall explica que a globalização é um processo cujas raízes se concentram na modernidade; desde então, abriga os processos, atuantes numa escala global, que atravessam fronteiras nacionais, "integrando e conectando comunidades e organizações em novas combinações de espaço-tempo, tornando o mundo, em realidade e em experiência, mais interconectado".[38]

Perante a ação da globalização sobre a sociedade como um todo, está acontecendo uma reação contrária; segundo Stuart Hall, "as identidades nacionais e outras identidades 'locais' ou particularistas estão sendo *reforçadas* pela resistência à globalização".[39] A afirmativa confirma nossa hipótese: as produções "locais", geralmente marginalizadas, em função dos cânones consolidados, revigoram-se nesse momento histórico. Na mesma esteira, o vasto conjunto das obras ditas marginais está em pauta.

Com os estudos culturais, podemos verificar a valorização das obras marginais, o que se constitui, em termos gerais, pela análise da identidade cultural, de forma a se localizar e compreender as características peculiares de cada produção, contextualizada no tempo e no espaço. Tal valorização pode ser compreendida: segundo Hall, "ao lado da tendência em direção à homogeneização global, há também uma fascinação com a diferença e com a mercantilização da etnia e da 'alteridade'". Há, juntamente com o impacto do 'global', um novo interesse pelo 'local'."[40]

Em síntese: da modernidade, que valorizava o cânone, à atualidade, que valoriza as culturas locais, percebemos uma considerável mudança na concepção de valor das obras. Algumas manifestações artísticas e/ou culturais tornam-se, inclusive, marcos de ruptura com a tradição, pela novidade e ousadia com que são concebidas, sendo valorizadas com base nos traços culturais que demonstram a identidade de grupos sociais.

Nesse contexto, o que se apresenta como objeto de estudos da literatura comparada é o conjunto das literaturas marginais — um vastíssimo leque de opções de trabalhos feitos no mundo não canônico, como a América Latina, a Ásia, a África e a Oceania. Juntem-se a esse grupo os grupos de minorias, tais como as mulheres e os gays. A literatura póscolonial é um dos grandes focos de atenção da literatura comparada, ante os estudos culturais, vindo a ser trabalhada em pesquisas acadêmicas e discutida em congressos de literatura comparada em todo o mundo — contrariando, por assim dizer, a tradição do cânone.

Uma forma de se rever o que se encontra consolidado pela tradição seria a inversão dos valores, costumes, ritos e mitos já consolidados. Jorge Luis Borges,[41] quando questiona a noção de autoria, através de seu célebre ensaio "Pierre Menard, autor do Quixote", de certa forma comete uma afronta à tradição do cânone. Sabemos que o autor de *Dom Quixote* é Miguel de Cervantes — um dos maiores, se não o maior cânone da literatura em língua espanhola. Borges reinventa o Quixote, através de Menard, um possível segundo autor, que rompe com a constituição original da obra de Cervantes. Mais do que isso, subverte a ordem da tradição canônica, ironizando a glória do autor, a originalidade da obra, a cristalização de uma pessoa, na qualidade de autor (original).

Outra maneira de se rever a tradição seria através da valorização de gêneros de obras considerados menores, em todo o decorrer da história da arte. Esse é o caso da arte cômica, basicamente o teatro cômico. Para analisar e demonstrar essa possível mudança tomamos por base a teoria benjaminiana, da qual extraímos a noção de *experiência*, que se aplica às releituras de obras de arte. Vejamos o caso de duas peças teatrais cômicas, escritas por dois dramaturgos que vivenciaram a modernidade, a saber: Oscar Wilde e Arthur Azevedo.

Visto que a obra desses dramaturgos é bastante vasta, entendemos que seria sensata a opção pela amostragem. Selecionamos duas peças, as quais se destacaram na época de suas produções, tendo criado polêmicas variadas no decorrer dos anos e chegado ao século XXI com considerável repercussão: *The Importance of Being Earnest*, de Oscar Wilde, e *A capital federal*, de Arthur Azevedo.

Com algumas adaptações, *The Importance of Being Earnest* foi representada pelo Grupo Tapa no Rio de Janeiro, no início de 2004, sob o título *A importância de ser fiel*. Enquanto isso, *A capital federal* também permaneceu nos palcos cariocas, tendo sido modificada em poucos aspectos.[42] Tais trabalhos, além de representar a identidade cultural de seus autores de forma evidente, são representados até os dias atuais, possibilitando a demonstração da teoria de Benjamin, particularmente da noção de *experiência* — noção que, para nós, é o fundamento da valorização do cômico na atualidade.

Existem inúmeras maneiras de se rever a tradição e o incômodo entre-lugar do cânone na pós-modernidade. Seria impensável citar e exemplificar todas (!), mas podemos entender um ponto comum entre elas: o questionamento. Para toda e qualquer revisão e/ou releitura do cânone constituído através da tradição, existe um questionamento a orientar as discussões, com a sensatez de se investigar objetos de valor cultural, cuja importância poderá ser considerada pelas futuras gerações.

5. Considerações finais

Apesar de nossa atenção às obras marginais, nossa proposta não se faz sobre o extremismo da destruição do cânone, mas sobre uma relativização do valor cultural das produções, de forma a criar uma nova postura diante de produções que não tiveram o devido reconhecimento. Georg

Otte, ao analisar a questão do cânone em Walter Benjamin, esclarece que pode haver um equilíbrio entre o poder do culto e o da destruição:

> Queremos deixar claro, porém, que existe um meio termo entre esses dois extremos, entre a destruição e o culto, e que há uma certa necessidade de questionar o culto existente. Pois, ao contrário da opinião defendida por Benjamin (...), não achamos que a solução da questão da aura — e também do cânone — seja sua destruição, porém a conscientização de que ela é algo construído no passado que precisa ser reconstruído no presente.[43]

Essa reconstrução proposta passa, por assim dizer, pela desconstrução (a teoria-chave de Foucault e Derrida), "apropriada" pelos estudos culturais, que reavaliam as manifestações artísticas e/ou culturais, independentemente dos velhos critérios de consagração das obras. A Escola do Ressentimento passa a rever e a reconstruir os conceitos acerca das obras ditas "marginais" — como é o caso da literatura pós-colonial, da literatura feminina, da literatura gay e da obra cômica.

Apesar de toda a evolução que as obras marginais já conquistaram, desde as últimas décadas do século XX, há um amplo espaço a ser conquistado, principalmente nesse momento de desconstruções e reconstruções de conceitos, ideias e métodos, defendidas a partir das bases teóricas desenvolvidas pelos filósofos Michel Foucault e Jacques Derrida, "apropriadas" pelos estudos culturais. Nesse sentido, a tradição não se perde; ela se renova, através da retomada de obras que, acessíveis pela técnica, não ficam mais confinadas em um isolamento "museal"... Afinal, "é citando o cânone que destruímos sua aura".[44] E é citando a tradição que renovamos a cultura — e a sociedade.

Notas

1. *Modernidade* é um termo polissêmico, portanto complexo. Empregamos tal termo no sentido usado por Walter Benjamin ao fazer suas análises e seus escritos sobre o poeta francês Charles Baudelaire.
2. É preciso ter em mente que Benjamin não tinha uma visão tão negativa da técnica como Adorno.

3. Georg Otte, "A obra de arte e a narrativa — reflexões em torno do cânone em Walter Benjamin", in: *Mosaico crítico: ensaios sobre literatura contemporânea*, p. 14 (grifo do autor).
4. Henry H. H. Remak, "Literatura comparada: definição e função", in: *Literatura comparada: textos fundadores*, p. 175.
5. Victor Zhirmunsky, *Sobre o estudo da literatura comparada*, p. 199.
6. Leyla Perrone-Moisés, "Literatura comparada, intertexto e antropofagia", in: *Flores na escrivaninha: ensaios*, p. 94.
7. Leyla Perrone-Moisés, "Literatura comparada, intertexto e antropofagia", in: *Flores na escrivaninha: ensaios*, p. 94.
8. Ibidem.
9. Ibidem.
10. Sobre a questão da influência, tanto Carvalhal quanto Perrone-Moisés mencionam a obra denominada *The Anxiety of Influence*, de Harold Bloom (1973).
11. A obra em questão é *A crítica literária do século XX*, tradução de Wilma Freitas e Ronald de Carvalho, São Paulo, Bertrand Brasil, 1992.
12. Leyla Perrone-Moisés, "Literatura comparada, intertexto e antropofagia", in: *Flores na escrivaninha: ensaios*, p. 94.
13. Leyla Perrone-Moisés, "Literatura comparada, intertexto e antropofagia", in: *Flores na escrivaninha: ensaios*, p. 95.
14. Ibidem.
15. Ibidem.
16. Leyla Perrone-Moisés, "Literatura comparada, intertexto e antropofagia", in: *Flores na escrivaninha: ensaios*, p. 96.
17. Eduardo F. Coutinho e Tânia F. Carvalhal, *Literatura comparada — textos fundadores*.
18. Silviano Santiago, *O entre-lugar do discurso latino-americano*, p. 17.
19. Ibidem, p. 21.
20. Ibidem, p. 26.
21. Leyla Perrone-Moisés, *Altas literaturas — escolha e valor na obra crítica de escritores modernos*.
22. Ibidem, p. 62.
23. Immanuel Kant, citado por Leyla Perrone-Moisés. *Altas literaturas — escolha e valor na obra crítica de escritores modernos*, p. 63.
24. Leyla Perrone-Moisés, *Altas literaturas — escolha e valor na obra crítica de escritores modernos*, p. 63.
25. Georg Otte, "A obra de arte e a narrativa — reflexões em torno do cânone em Walter Benjamin", in: *Mosaico crítico: ensaios sobre literatura contemporânea*, p. 9.
26. Harold Bloom, *O cânone ocidental: os livros e a escola do tempo*, p. 46, 47.

27. T.S. Eliot, "Tradição e talento individual", in: *Ensaios*.
28. T.S. Eliot, "Tradição e talento individual", in: *Ensaios*, p. 38.
29. Ibidem, p. 39.
30. T.S. Eliot, "Tradição e talento individual", in: *Ensaios*, p. 39.
31. Italo Calvino, *apud* Leyla Perrone-Moisés, *Inútil poesia*, p. 285.
32. *Obras escolhidas I — Magia e técnica, arte e política*: ensaios sobre literatura e história da cultura.
33. Walter Benjamin, "A obra de arte na era de sua reprodutibilidade técnica", in: *Obras escolhidas I — Magia e técnica, arte e política: ensaios sobre literatura e história da cultura*, p. 173.
34. Georg Otte, "A obra de arte e a narrativa — reflexões em torno do cânone em Walter Benjamin", in: *Mosaico crítico: ensaios sobre literatura contemporânea*.
35. Ibidem, p. 13, 14.
36. Considerando o vestígio um traço de identidade que cada artista deixa na sua obra, tal como as marcas das mãos do oleiro permanecem no vaso; e considerando a aura como a característica intrínseca à obra de arte original, que impõe ao receptor uma espécie de culto, ou veneração.
37. Georg Otte, "A obra de arte e a narrativa — reflexões em torno do cânone em Walter Benjamin", in: *Mosaico crítico: ensaios sobre literatura contemporânea*, p. 14. (Grifos do autor)
38. Stuart Hall, *Da diáspora: identidades e mediações culturais*, p. 67.
39. Ibidem, p. 69. (Grifo do autor.)
40. Ibidem, p. 77.
41. Jorge Luis Borges, "Pierre Menard, autor do Quixote", in: *Ficções*, p. 29-38.
42. Um dos aspectos é a apoteose (na peça inaugural fez-se uma apoteose à vida rural; na peça adaptada fez-se uma apoteose à vida urbana, como homenagem à cidade do Rio de Janeiro).
43. Georg Otte, "A obra de arte e a narrativa — reflexões em torno do cânone em Walter Benjamin", in: *Mosaico crítico: ensaios sobre literatura contemporânea*, p. 10.
44. Idem, p. 15.

Referências

BENJAMIN, Walter. *Obras escolhidas I — Magia e técnica, arte e política: ensaios sobre literatura e história da cultura*. 6ª ed. Tradução de Sérgio Paulo Rouanet. São Paulo: Brasiliense, 1993.

BLOOM, Harold. *O cânone ocidental: os livros e a escola do tempo*. Tradução de Marcos Santarrita. Rio de Janeiro: Objetiva, 2001.

BORGES, Jorge Luis. "Pierre Menard, autor do Quixote". Tradução de Carlos Nejar. In: _____. *Ficções*. Porto Alegre: Globo, 1970.

CANDIDO, Antonio. *Literatura e sociedade: estudos de teoria e história literária*. São Paulo: Companhia Editora Nacional, 1975.

CARVALHAL, Tânia Franco. *Literatura comparada*. São Paulo: Ática, 1986.

COMPAGNON, Antoine. *O demônio da teoria — literatura e senso comum*. Tradução de Cleonice P.B. Mourão e Consuelo F. Santiago. Belo Horizonte: Editora UFMG, 2003.

CONNOR, Steven. *Teoria e valor cultural*. Tradução de Adail U. Sobral e Maria Stela Gonçalves. São Paulo: Loyola, 1994.

COUTINHO, Eduardo F.; CARVALHAL, Tânia F. (orgs.). *Literatura comparada — textos fundadores*. Rio de Janeiro: Rocco, 1994.

DERRIDA, Jacques. *A escritura e a diferença*. Tradução de Maria Beatriz M.N. Silva. São Paulo: Perspectiva, 1971.

ELIOT, T.S. "Tradição e talento individual". In: _____. *Ensaios*. Tradução de Ivan Junqueira. São Paulo: Art Editora, 1989, p. 37-48.

FONTES DOCUMENTAIS. Acervo de textos do GPEFE — Grupo de Pesquisas em Escola de Frankfurt e Educação (UEMG-Barbacena).

GEERTZ, Clifford. *A interpretação das culturas*. Rio de Janeiro: LTC, 1989.

HALL, Stuart. *A identidade cultural na pós-modernidade*. Tradução de Tomaz T. Silva e Guacira L. Louro. Rio de Janeiro: DP&A, 1998.

_____. *Da diáspora: identidades e mediações culturais*. Tradução de Adelaine La Guardia Resende *et al*. Belo Horizonte/Brasília: Editora UFMG/Unesco, 2003.

JOHNSON, Richard; ESCOSTEGUY, Ana Carolina; SCHULMAN, Norma. *O que é, afinal, estudos culturais?* Organização e tradução de Tomaz T. Silva. Belo Horizonte: Autêntica, 2000.

KOTHE, Flávio R. (org.). *Walter Benjamin*. São Paulo: Ática, 1985.

MARQUES, Reinaldo; VILELA, Lúcia H. (orgs.). *Valores: arte, mercado, política*. Belo Horizonte: Editora UFMG/Abralic, 2002.

MARQUES, Reinaldo; BITTENCOURT, Gilda Neves (orgs.). *Limiares críticos: ensaios sobre literatura comparada*. Belo Horizonte: Autêntica, 1998.

NASCIMENTO, Evando. *Derrida e a literatura*. Niterói: Eduff, 1999.

NASCIMENTO, Evando; GLENADEL, Paula (orgs.). *Em torno de Derrida*. Rio de Janeiro/Niterói: 7Letras Eduff, 2001.

OTTE, Georg. "A obra de arte e a narrativa — reflexões em torno do cânone em Walter Benjamin". In: OTTE, Georg; OLIVEIRA, Silvana Pessôa de (orgs.). *Mosaico crítico: ensaios sobre literatura contemporânea*. Belo Horizonte: Autêntica/UFMG, 1999, pp. 9-15.

_____. *Linha, choque e mônada — tempo e espaço na obra tardia de Walter Benjamin*. Tese de doutorado. Belo Horizonte, UFMG, 1994.

PEREIRA, Maria Antonieta; REIS, Eliana Lourenço de L. (orgs.). *Literatura e estudos culturais*. Belo Horizonte: UFMG, 2000.

PERRONE-MOISÉS, Leyla. "Literatura comparada, intertexto e antropofagia". In: _____. *Flores na escrivaninha*: ensaios. São Paulo: Companhia das Letras, 1990.

_____. *Altas literaturas* — escolha e valor na obra crítica de escritores modernos. São Paulo: Companhia das Letras, 1998.

_____. *Inútil poesia*. São Paulo: Companhia das Letras, 2000.

REIS, Eliana L. de L. "Descentrando a crítica: a literatura das minorias". *Revista de Estudos Germânicos*, Belo Horizonte, v. 9, n° 1, p. 22-29, dez./1988.

REMAK, Henry H. H. "Literatura comparada: definição e função". In: COUTINHO, Eduardo F.; CARVALHAL, Tânia F. *Literatura comparada: textos fundadores*. Rio de Janeiro: Rocco, 1994, p. 175-190.

SANTIAGO, Silviano. *Uma literatura nos trópicos: ensaios sobre dependência cultural*. Rio de Janeiro: Rocco, 2000.

_____. "O entre-lugar do discurso latino-americano". In: _____. *Uma literatura nos trópicos: ensaios sobre dependência cultural*. Rio de Janeiro: Rocco, 2000, p. 9-26.

_____. *Cosmopolitismo do pobre*. Belo Horizonte: Editora UFMG, 2005.

SOUZA, Eneida Maria de. "Literatura comparada: o espaço nômade do saber". *Revista Brasileira de Literatura Comparada*, São Paulo, n° 2, p. 19-24, maio/1994.

_____. "Os livros de cabeceira da crítica". In: ANTELO, Raul *et al.* (orgs.). *Declínio da arte — ascensão da cultura*. Florianópolis: Abralic, 1998, p. 15-25.

_____. "A teoria em crise". In: _____. *Crítica cult*. Belo Horizonte: Editora UFMG, 2002, p. 67-78.

WILLIAMS, Raymond. *Cultura*. Tradução de Lólio Lourenço de Oliveira. São Paulo: Paz e Terra, 1992.

YUDICE, George. *Conveniência da cultura — usos da cultura na era global*. Tradução de Marie Anne Kramer. Belo Horizonte: Editora UFMG, 2004.

ZHIRMUNSKY, Victor. "Sobre o estudo da literatura comparada". In: COUTINHO, Eduardo F.; CARVALHAL, Tânia F. *Literatura comparada: textos fundadores*. Rio de Janeiro: Rocco, 1994, p. 199-214.

História literária: um gênero em crise

Paulo Franchetti

PAULO FRANCHETTI é crítico literário, escritor e professor titular do Departamento de Teoria Literária da Universidade Estadual de Campinas. Publicou, no Brasil, entre outros livros, os ensaios *Alguns aspectos da teoria da poesia concreta* (Editora da Unicamp, 1993), *Nostalgia, exílio e melancolia — leituras de Camilo Pessanha* (Edusp, 2001) e *Estudos de literatura brasileira e portuguesa* (Ateliê Editorial, 2007) e organizou o volume *Haikai — antologia e história* (Editora da Unicamp, 1996). Preparou, para a Ateliê Editorial, edições comentadas de *O primo Basílio*, de Eça de Queiroz (1998), *Iracema*, de José de Alencar (2007), *A cidade e as serras*, de Eça de Queiroz (2007), *Dom Casmurro*, de Machado de Assis (2008), *Clepsidra*, de Camilo Pessanha (2009), e *O cortiço*, de Aluísio de Azevedo (2011).

1. Apogeu e declínio da história literária

Dentre todas as formas narrativas que dominaram os últimos dois séculos, nenhuma parece ter tido mais prestígio intelectual nem sofrido maior desgaste do que a narrativa histórica. Hayden White, escrevendo em 1966, diagnosticava a existência de uma "atual hostilidade contra a história", que ele atribuía ao caráter conservador da disciplina, cujos praticantes continuavam a propor a narrativa histórica como discurso produzido a partir de um plano médio e neutro, no qual se harmonizavam os procedimentos e os pressupostos da arte (no caso, literatura) e da ciência. No diagnóstico de White, à medida que se foi evidenciando o caráter construtivista das formulações científicas e que a narrativa moderna foi explorando maneiras de narrar distintas do modelo oitocentista, a reivindicação dos historiadores de que a sua disciplina sintetizava campos antitéticos foi minada por dois pontos de vista. Primeiro porque ao longo do século XX a ciência e a arte passariam a se conceber como muito menos antitéticas do que em meados do século XIX. Segundo porque a mediação do discurso histórico foi sendo coerentemente postulada como sendo não a mediação entre arte e ciência, mas entre duas concepções de arte e ciência ultrapassadas. Nas palavras de White, "uma combinação da ciência social *do fim do século XIX* e da arte *de meados do século XIX*".[1]

O que White diz da história em geral também vale para um tipo especial de história, que é a história literária. Essa disciplina desfrutou, de fins do século XVIII até, pelo menos, a época de Gustave Lanson (1857-1934), de enorme prestígio. A ponto de a redação da história de uma literatura nacional representar, até o fim do XIX, o coroamento da carreira de um homem de letras.

Entretanto, a partir do início do século XX, sob as críticas dos formalistas russos, da Nova Crítica americana, do idealismo crociano e dos estruturalistas, a história literária passou a declinar em prestígio e em respeitabilidade científica.

O resultado desse período de desgaste pode ser visto num texto famoso de 1967, intitulado "A história da literatura como provocação à teoria literária". Nele, Hans Robert Jauss fazia esta constatação pessimista:

> A história da literatura vem, em nossa época, se fazendo cada vez mais mal-afamada — e, aliás, não de forma imerecida. Nos últimos 150 anos, a história dessa venerável disciplina tem inequivocamente trilhado o caminho da decadência constante. (...) Em nossa vida intelectual contemporânea, a história da literatura, em sua forma tradicional, vive tão somente uma existência nada mais do que miserável, tendo se preservado apenas na qualidade de uma exigência caduca do regulamento dos exames oficiais.

E continuava:

> Como matéria obrigatória do currículo do ensino secundário, ela já quase desapareceu na Alemanha. No mais, histórias da literatura podem ainda ser encontradas, quando muito, nas estantes de livros da burguesia instruída, burguesia que, na falta de um dicionário de literatura mais apropriado, as consulta principalmente para solucionar charadas literárias.[2]

Jauss, historiando a decadência do gênero e apontando as razões para isso, tinha como objetivo a sua reabilitação em novas bases. O texto é bem conhecido e dispensa apresentação longa. Mas vale ressaltar o esforço de Jauss para, por meio do conceito de "horizonte de expectativas", propor uma nova história imune à aporia básica apontada por Wellek e que diz respeito à questão do julgamento. À pergunta se devemos avaliar um texto ou acontecimento do passado do ponto de vista do presente ou do "juízo dos séculos", Jauss respondia com a proposta de uma história concebida como narrativa da fusão dos vários e sucessivos horizontes de expectativa. Com isso, seu objetivo era dessubstancializar as categorias históricas: a história seria não mais a narração da "transformação" de formas e conteúdos literários, mas do lugar estrutural deles, da "reocupação" de posições no horizonte de perguntas e respostas de cada momento isolado pela análise.

Não há como negar que a história literária, do ponto de vista acadêmico ao menos, teve um novo florescimento com a "estética da recepção" e com as novas histórias com ela aparentadas.

De tal forma que o próprio Jauss, num texto escrito em 1987, pôde ter um diagnóstico otimista do futuro da disciplina, baseado na esperança de que as histórias particulares da recepção pudessem dar origem um dia a uma história narrativa sintética, semelhante em nível e prestígio, às obras clássicas do gênero.[3]

Cinco anos depois, em 1992, David Perkins, num livro denominado *Is Literary History Possible?*, também detectou uma renovação do interesse pela historiografia literária, principalmente no campo das histórias não canônicas, como as ligadas à afirmação dos estudos de gênero, etnia etc., mas não só. Entretanto, Perkins não era otimista quanto ao futuro. Na contramão do revivalismo que detectava na história literária, e que atribuía, entre outras razões, às necessidades de organização departamental e ao interesse de vários grupos em criar genealogias, Perkins procedia a uma rigorosa análise dos ideais que moldaram e constituíram as bases do prestígio da disciplina.

Integrando o amplo leque da crítica originada da virada pós-linguística na filosofia, o livro de Perkins, esmiuçando as contingências e as contradições das formas do discurso da história literária, defendia a tese de que nenhuma história literária pode ter a ilusão de representar um entendimento objetivo do passado. Não obstante, a história literária cumpriria funções precisas, dentre as quais ele listava a de aumentar, numa determinada época, o entendimento e o prazer da leitura e, principalmente, a de servir como uma espécie de antídoto seja à absolutização do presente seja à cristalização de uma dada visão do passado.[4]

Esse apanhado, embora sumário, permite constatar que a disciplina da história literária viveu, desde o fim do século XIX até o fim do século XX, um longo período de crise e que o gênero passou por questionamentos vários que se não diminuíram a sua importância prática, ao menos alteraram profundamente o seu lugar, relevo e escopo no quadro das ciências sociais. De narrativa modelar, que englobava e conciliava o conhecimento de outras narrativas igualmente prestigiosas, e que tinha uma função de primeiro plano na construção das autovisões nacionais, o gênero passou a ocupar um lugar modesto no campo intelectual, exigindo contínuo reinvestimento e redefinição dos seus princípios e metodologia.

No Brasil, o período de ouro da história literária é um pouco mais tardio do que o apresentado nos textos que têm como objeto a literatura europeia: começa no fim do XIX e termina (se é que termina) no último quarto do século XX. Seu primeiro grande monumento é a obra de Romero e o último é um dos livros mais populares do seu gênero, a *História concisa da literatura brasileira*, de Alfredo Bosi.[5] Na sequência, ainda houve tentativas de sínteses individuais de afirmação canônica, de que o melhor exemplo é talvez o livro de José Aderaldo Castello *A literatura brasileira — origens e unidade*, publicado em 1999.

Desde há alguns anos, aqui também, na esteira do prestígio crescente dos estudos culturais, é sensível um renovado interesse pela perspectiva histórica, mas agora descentrada do cânone ou aplicada à sua corrosão. São as histórias que visam à construção de linhagens alternativas, em que a clivagem é definida por outras balizas, como o gênero, a etnia, a orientação sexual ou outro fator percebido como anteriormente recalcado na historiografia que tinha por objeto o cânone estético dominante. Também merecem destaque, nesse quadro, os florescentes domínios conexos das práticas de leitura, da construção do gosto e do papel e das formas do ensino da literatura.

Finalmente, num volume recentemente publicado nos Estados Unidos, deparamos com um projeto de escrita histórica que responde a algumas preocupações contemporâneas e do qual trataremos logo mais. Refiro-me a *Brazil 2001 — A Revisionary History of Brazilian Literature and Culture*, coletânea organizada por João Cezar de Castro Rocha.

2. O lugar atual da história literária no Brasil

Na topografia das bibliotecas brasileiras, a expressão "história literária" designa um conjunto de textos pouco extenso, que divide as estantes com a "teoria literária" e com os conjuntos majoritários da "crítica literária" e da "literatura", entendida como conjunto das obras, usualmente separadas de acordo com os estados nacionais a que pertencem os autores. Nos currículos acadêmicos, essa expressão apenas dá nome a disciplinas específicas, de caráter mais teórico ou metodológico, dividindo o espaço com a teoria literária e com os grandes conjuntos nacionais: literatura brasileira, portuguesa, francesa, inglesa etc.

Mas esse lugar discreto ocupado pelo nome é enganoso. Em ambos os espaços — isto é, nas bibliotecas e nas salas de aula — a "história literária" ocupa um lugar muito mais proeminente e vasto. Nos cursos da maior parte das universidades brasileiras, inclusive, é ela a forma privilegiada de trabalho com as obras literárias, pois as séries denominadas de acordo com as literaturas nacionais são usualmente cursos panorâmicos. É certo que muitas disciplinas de estudo da literatura se organizam de forma também monográfica: ou como trabalho exclusivo sobre um autor ou como uma série de momentos, centrados em obras e autores representativos. Mas na medida em que apresentam o contexto histórico-cultural das obras e organizam os autores e os momentos segundo uma perspectiva cronológica mais ou menos linear, a maior parte dessas disciplinas monográficas termina por ser também história literária. Da mesma forma, na sua maioria, são também modalidades da história várias disciplinas que, nos últimos tempos, foram criadas sob as denominações "literatura comparada" ou "estudos comparados".

Assim, no espaço de desenvolvimento da reflexão erudita, que é a universidade, a forma institucional predominante de trabalho com a literatura ainda é, como sempre foi, a história literária. E como a universidade não só forma os professores do ensino médio, mas ainda estabelece os critérios de seleção dos pretendentes ao diploma universitário, e como o exame vestibular aparece hoje como uma das principais razões objetivas para a existência de uma disciplina específica sobre literatura nos cursos de ensino médio, acabamos por ter, neles, uma duplicação da história literária ensinada na universidade.

3. História, explicação e canonização

Até há pouco tempo, não pareceria tão importante refletir sobre o fato de que a moderna experiência institucional com a literatura é basicamente uma experiência de história literária. O historicismo e a explicação contextual parecem ter sido encarados, durante longo tempo, como formas mais ou menos naturais de aproximação à obra literária. E tanto mais natural e necessária parecia essa forma de compreensão quanto mais distante ou mais próximo se encontrava o tempo de produção do objeto. Para um objeto produzido num passado não familiar, ler historicamente era basicamente contextualizar. E um dos pressupostos do historicismo é que o melhor entendimento e a melhor avaliação de uma obra de arte são os que se obtêm com o conhecimento das condições socioculturais em que foi produzida e recebida, quando não da intencionalidade que a originou. Por outro lado, mesmo para um objeto contemporâneo a perspectiva histórica sempre pareceu a mais rica, pois ler historicamente é antes de tudo buscar parâmetros para mapear o campo da ocorrência e nele buscar uma justificação, bem como critérios de eleição e de recusa, a partir da identificação da origem.

A perspectiva histórica propriamente literária, dessa forma, aparece sempre tensionada pela questão da eleição estética. Isto é, da construção do cânone e do gosto. Se ignora a discussão do cânone ou o critério do gosto, é apenas história, não é literária. E se é apenas uma celebração de um cânone ou a afirmação de um gosto, pode ser literária, mas sem dúvida não será respeitada como história. História literária, tal como se afirmou entre o início do século XIX e o início do XX, era, portanto, uma maneira muito específica de narrar o passado: uma narrativa que não se ocupava apenas, nem necessariamente, de obras literárias singulares, mas que era balizada pela ocorrência de um conjunto de obras, autores e escolas literárias, considerando-os de uma dupla perspectiva. Por um lado, buscava expor um contexto de produção (e recepção) para as obras ou escolas, que de alguma forma as determinava; por outro, construía ou modificava um cânone e, consequentemente, celebrava e erigia um padrão de gosto.

Recentemente, porém, em várias instâncias se tem feito ouvir uma pergunta até há pouco tempo pouco provável, cuja simples possibilidade de enunciação já demonstra uma mudança no quadro de valores culturais relacionados à história e à literatura. Trata-se da indagação de por que manter, na escola média, o ensino da literatura (entendido como história literária).[6]

Minha intuição é que há um nexo profundo entre o refinado questionamento teórico dos limites, das funções e dos métodos da disciplina história literária e as preocupações práticas dos docentes secundários. Esse nexo repousa, por um lado, na tensão entre valor histórico, gosto ou uso contemporâneo; por outro, no lugar da história literária no conjunto dos conhecimentos necessários à cidadania.

Do ponto de vista dos conteúdos, história literária na escola brasileira (tanto na superior quanto na média) é basicamente estudo de "estilos de época" e/ou de história social, segundo as grandes sínteses históricas dos anos de 1950 a 1970.

Aqui, para não haver injustiça, é necessário um duplo movimento. Por um lado, é preciso destacar o fato de que as grandes obras de história literária não podem ser responsabilizadas pela má aplicação que delas se faz e muito menos pela miséria geral do ensino médio no que toca às humanidades; por outro lado, é certo que a sua banalização escolar permite evidenciar facilmente concepções de literatura e história literária que hoje podem parecer desinteressantes ou insustentáveis.

Vejamos, portanto, os princípios e os métodos das principais sínteses produzidas na segunda metade do século passado e que são as matrizes altas das formas de trabalho hoje levadas a cabo na maioria das escolas médias e superiores no Brasil.

3.1. Coutinho: estilos de época e nacionalidade

A que talvez seja a forma de trabalho mais difundida hoje no ensino tem o seu paradigma brasileiro na perspectiva de Afrânio Coutinho, de que a *Introdução à literatura no Brasil* é um texto modelar. Sua explicação para a concretude histórica é de cariz fortemente idealista, pois cada mudança de estilo de época é uma revolução que ocorre primeiro no espírito e depois passa à vida. Na identificação das características literárias, há duas formas principais de argumentação: a que identifica traços que provêm da "influência" dos chefes de escola e, mais importante, a que identifica traços formais correspondentes ao ideário do tempo. Ao contexto cultural, portanto. Nesse modelo de história, as tendências e as escolas, embora integrem o movimento geral das ideias, movem-se também por energia própria, obedecem a uma dinâmica interna e constituem momentos particulares de uma eterna oscilação pendular da consciência humana entre o subjetivismo e o objetivismo.

Mas nesse universalismo abstrato em que Coutinho enquadra a evolução literária, como bem observou João Hernesto Weber, o nacionalismo, que foi expulso pela porta da frente, retorna pela porta dos fundos.[7] Esse retorno se dá pela retomada da teoria da obnubilação, de Araripe Júnior. Ou seja, o nacional é entendido como a particularização (operada por circunstâncias várias, que incluem a natureza, o clima etc.) de um universal concreto, que é um dado estilo de época. Dessa forma, o que se aprende e se ensina com a história de Coutinho é tanto o movimento geral dos "estilos de época" quanto a especificidade brasileira da realização de cada um deles. Especificidade essa, por sua vez, que é suposta *a priori*, como determinação lógica.

3.2. Sodré: os fundamentos econômicos

O segundo caso, o da história da literatura entendida como parte da história social, encontra realização paradigmática na segunda versão da *História da literatura brasileira*, de Nelson Werneck Sodré, que traz como adequado subtítulo "Seus fundamentos econômicos". Sodré aceita que a literatura é parte da "ideologia" e, portanto, condicionada pela base material da sociedade (p. 7). Entretanto, recusa-se tanto quanto possível a operar sobre a literatura a partir do ponto de vista da causalidade estrita e simplista que atribui ao "materialismo vulgar". Daí uma história da literatura que tenha muito pouco de análise de obras e quase nada de consideração de procedimentos. Lendo Sodré, é evidente a estrutura profunda da sua obra e de seu pensamento: o texto do seu livro é basicamente história social e política; a reflexão sobre a cultura se reduz usualmente à sociologia dos públicos e dos meios de produção, divulgação e conservação; já as informações e as reflexões específicas sobre as obras literárias e sobre a vida dos escritores ocupam o paratexto: as extensas notas aos capítulos. O que se estuda e aprende no seu livro é, assim, a simples postulação e a defesa da literatura como processo de interpretação e reflexo da realidade social, sendo essa última, de pleno direito, o objeto central e quase único do seu discurso.

Entre esses dois extremos, situam-se as outras sínteses historiográficas que dominaram o panorama intelectual brasileiro na segunda metade do século XX e que até hoje constituem pontos de referência para a reflexão sobre a literatura brasileira e a base teórica do seu ensino.

3.3. *De Carpeaux a Bosi: das metamorfoses do espírito à dialética colônia/metrópole*

No mesmo universo de Coutinho, por exemplo, se move a reflexão de Otto Maria Carpeaux. Na "Introdução" à sua *História da literatura ocidental*, o autor defende a validade dos rótulos como barroco, realismo, naturalismo etc., porque entende que essas denominações são os nomes modernos para precisas conjugações de estilos e ideologias. A renovação da história da literatura no século XX teria sido, aliás, justamente substituir a "história literária das nações e autores" pela "história literária dos estilos e obras, como expressões da estrutura espiritual e social das épocas" (I, 35). O binômio estilo/ideologia, que se desdobra no sintagma "estrutura espiritual e social", revela o ponto em que Carpeaux traz algo a mais do que Coutinho. Esse algo a mais é o método eclético, que ele mesmo denominou "método estilístico-sociológico" e que responde pelo grande dinamismo narrativo da sua *História*. Primeiro porque, apoiando-se em dois polos, pode fazer passagens variadas entre autores, épocas e nações, transitando de um para outro, ora através do estilo, ora através de alguma formulação política, ora por alguma anotação sociológica. Em segundo lugar porque o ponto de vista pode ser constantemente deslocado entre o presente do historiador, que esboça em traços rápidos coordenadas sociais e intelectuais do período, e o presente da obra comentada, com a apresentação do que seria a "visão de mundo" que a estrutura. Já a consideração dos estilos de época como "expressão estilística do Espírito objetivo, autônomo, e ao mesmo tempo como reflexo das situações sociais" (idem) mostra o ponto em que ele se aproxima e se afasta de uma perspectiva lukacsiana ortodoxa como a de Sodré.

Embora Carpeaux não seja uma presença marcante nos estudos de literatura brasileira, talvez pelo fato de não ter escrito uma obra centrada exclusivamente nela, sua perspectiva se encontra representada na mais popular síntese historiográfica da literatura brasileira, a *História concisa*, de Alfredo Bosi, que lhe é justamente dedicada.

Esse livro não traz uma introdução teórico-metodológica, mas o primeiro capítulo estabelece claramente as coordenadas sobre as quais opera. Trata-se do "complexo colonial de vida e pensamento", que também fornecerá a base para o recente *Dialética da colonização*.

Entendendo que o processo da literatura e da cultura brasileira é a progressiva assunção do papel de sujeito da sua própria história, Bosi constrói a sua narrativa histórica de modo a iluminar, como traço especificamente brasileiro, o afastamento, a diferença em relação a um modelo ideal do desenvolvimento do Espírito, construído a partir da consideração do conjunto das literaturas europeias. Dizendo de outra maneira, de modo a iluminar as marcas do "processo colonial", que se revelam como carência de organicidade, de recursos expressivos ou pleno exercício da "consciência possível" num dado tempo.

Sua história, do ponto de vista da explicação das mudanças e da valorização das obras, opera a partir de conceitos como "ideário", "ruptura mental", "complexo ideo-afetivo", "complexo mental", "visão de mundo" e cansaço e hipertrofia do gosto (p. 181, 186, *passim*). Ou seja, basicamente a partir de uma concepção da literatura como *expressão*. As remissões ao contexto político e econômico, ao universo da técnica e à estrutura social que ocorrem no seu discurso, assim, estão sempre a um passo de se reduzir a instrumentos de crítica prescritiva, pois são as balizas de uma linha ascendente que vai de um ponto de partida a um ponto de chegada. O ponto de partida é a "condição colonial"; o de chegada, a superação da dependência espiritual, com a "exploração feliz das potencialidades formais da cultura brasileira" (p. 343). Entre esses dois polos ficam as estações de passagem, determinadas pelas modalizações do "complexo colonial" e pelas aporias da situação de país de "extração colonial".[8]

3.4. Candido: o sistema literário

Finalmente, completando o quadro, temos o livro que até hoje fornece a estrutura do pensamento histórico mais influente e mais rico em desdobramentos: a *Formação da literatura brasileira*, de Antonio Candido.

A perspectiva de Candido nesse livro, como ele mesmo explicita no "Prefácio da 2.ª edição", é, no limite, funcionalista. A estratégia de estabelecer o "sistema literário" como conceito que permitisse dar sustentação à ideia de que a produção literária na colônia tinha uma especificidade relevante do ponto de vista nacional (antes mesmo de existir a nação como entidade política) não é nova. Está num dos principais ideólogos do romantismo, o chileno Santiago Nunes Ribeiro, que assim escrevia em 1843, combatendo a ideia, depois repetida por Álvares de Azevedo, de que sem língua à parte não há literatura à parte:

> Não é princípio incontestável que a divisão das literaturas deva ser feita invariavelmente segundo as línguas em que se acham consignadas. Outra divisão talvez mais filosófica seria a que atendesse ao espírito, que anima, à ideia que preside aos trabalhos intelectuais de um povo, isto é, de um sistema, de um centro, de um foco de vida social.[9]

O livro de Antonio Candido se organiza para atender a um duplo objetivo. Por um lado apresenta-se como uma série de ensaios sobre autores e obras importantes da literatura de língua portuguesa. Em

1962, durante os debates que se seguiram ao lançamento do livro, esse objetivo se afirma como o mais relevante para o autor. A *Formação*, diz então Candido, é "sobretudo um estudo de obras". Ao mesmo tempo, seu desígnio último, reiterado em vários momentos, é traçar a constituição do sistema literário brasileiro não apenas do ponto de vista da sua objetivação orgânica na tríade autor-obra-público, mas também do ponto de vista da história da ação consciente dos atores históricos nesse sentido. A história daquilo que o autor definiu, no mesmo prefácio, como a diferença dos intelectuais latino-americanos em relação aos europeus: "A consciência, ou a intenção, de estar fazendo um pouco da nação ao fazer literatura". (p. 18) Ou, para retomar uma passagem célebre da "Introdução", seu objetivo narrativo foi compor uma "história dos brasileiros no seu desejo de ter uma literatura" e o ponto de fuga do quadro traçado na *Formação* era o momento em que o "sistema" brasileiro se concretizava, em que a literatura adquiria um funcionamento orgânico.

Acima das diferenças de método, princípio e orientação política, o que une as histórias de Sodré, Coutinho, Candido e Bosi é uma aposta na possibilidade de narrar uma série de ações que conduzam à constituição de um ser "nacional". Isto é, uma aposta em que é possível compor uma narrativa em que uma personagem suprapessoal, relevante para a definição dos contornos da nação, apareça como herói. Essa personagem-conceito, em cada uma das sínteses aqui mencionadas, caminha em direção à plena realização, numa série de peripécias em que vai triunfando sobre adversidades várias. A forma profunda desse discurso é, sem dúvida, épica. Sua realização particular, uma modalidade do romance de formação.

A personagem central dessa narrativa tanto pode ser a consciência nacional, a sociedade, a cultura ou a literatura brasileira. O que distingue essas narrativas e lhes tem garantido maior ou menor adesão dos leitores é, está claro, a natureza da construção dessa personagem central, bem como as modalizações no tratamento do seu contexto ou ambiente. O que as embasa a todas, o que lhes dá aos olhos de hoje o mesmo ar de família, é também o que lhes garantiu a eficácia persuasiva: a postulação de que tanto o autor da história literária quanto o seu leitor imediato participam de alguma forma da natureza do herói coletivo nacional.

O argumento básico para que se fizesse ou se lesse essa história é, no fundo, romântico, pois glosa a necessidade moral do autoconhecimento, com especial atenção para as contingências formativas que definem a particularidade. Está magnificamente expresso na formulação de Antonio Candido:

> Comparada às grandes, a nossa literatura é pobre e fraca. Mas é ela, não outra, que nos exprime. Se não for amada, não revelará a sua mensagem; e se não a amarmos, ninguém o fará por nós. (...) Ninguém, além de nós, poderá dar vida a essas tentativas muitas vezes débeis, outras vezes fortes, sempre tocantes, em que os homens do passado, no fundo de uma terra inculta, em meio a uma aclimatação penosa da cultura europeia, procuravam estilizar para nós, seus descendentes, os sentimentos que experimentavam, as observações que faziam — dos quais se formaram os nossos.[10]

Hoje uma tal redação seria pouco provável, ou impossível. A ideia de um "nós" desmarcado de classe, gênero, etnia e extração cultural, cuja unidade repousa apenas no fato de ser um "nós" brasileiro, está justamente relegada ao esquecimento intelectual e só sobrevive no discurso demagógico. Qualquer pós-graduando afinado com o discurso pós-colonialista logo perguntaria "nós, quem?"; ou: por que devo supor que a literatura feita por ou para os senhores escravocratas ou os próceres do PRP paulista me exprime? Poderia perguntar ainda: em que se baseia a postulação de uma solidariedade prospectiva, que faz de todos "nós", além de descendentes, destinatários da ação dos "homens do passado"? Finalmente, sem dúvida poderia acrescentar: por que devo centrar a atenção e me esforçar para amar e compreender uma série literária que o próprio historiador descreve como pobre e fraca?

4. O fim da história

Voltemos agora às questões que nos levaram a este voo de pássaro sobre a história literária brasileira recente: a do valor histórico *versus* o gosto ou o uso contemporâneo; e a utilidade e o lugar da história literária no conjunto dos conhecimentos necessários à cidadania.

Quanto à questão do gosto e do valor, parece-me evidente que, da forma como foi descrita em meados do século passado, a evolução da literatura brasileira é sempre realizada a partir de um ponto de descentramento, incompletude ou simples impropriedade. Num caso, a distância em relação à plenitude é função da obnubilação do ambiente novo; noutro, da ausência de organicidade e de sistema cultural; num terceiro, do estreitamento da consciência possível, decorrente do complexo colonial; num quarto, do deslocamento de formas ou ideias do seu lugar original.

O vetor do processo histórico é a adaptação da "literatura europeia" às condições brasileiras e a adaptação das condições brasileiras ao "modelo europeu". Por isso mesmo, a construção da nacionalidade e a realização estética tendem a coincidir nos momentos privilegiados da narrativa.

Ora, nesse quadro, pode fazer sentido a suposição de que vale mais a pena, como educação do gosto e de absorção de modelos históricos, ir logo à fonte. Afinal, não era o próprio Antonio Candido quem garantia que era perceptível à primeira vista, segundo ele, o "gosto provinciano e falta do senso de proporções" das pessoas educadas apenas nos quadros da literatura brasileira (e portuguesa)? E não é verdade que tanto Candido quanto Bosi repetidas vezes explicam o sucesso dos autores mais queridos pelo público (por exemplo, Bilac) como efeito de uma limitação desse mesmo público?[11] Se assim é, que tipo de educação do gosto ou de respeito pelo valor histórico se poderia esperar da narrativa que situa as obras do passado literário?

Quanto à questão da utilidade e do lugar da história literária, o primeiro ponto a destacar é que a base do prestígio imenso que a disciplina teve no Brasil se encontra muito diminuída, na medida mesma em que é cada vez mais difícil postular um "nós" transistórico, como o fazia

Candido. "Nós", os brasileiros, é tão evidentemente uma construção ideológica, ficcional, que todos os discursos destinados a dar-lhe sustentação caem imediatamente em descrédito. Por outro lado, sem esse "nós" no horizonte narrativo, como compor uma narrativa que seja relevante do ponto de vista estético e coerente do ponto de vista histórico?

Não foi outra a percepção com que se abriu a mais recente tentativa de história da literatura brasileira, o volume organizado por João Cezar de Castro Rocha, *Brazil 2001*. De fato, o texto de apresentação, assinado pelo organizador, intitula-se precisamente "There is no Brazil" e testemunha, com essa escolha, o fim de um ciclo histórico que começou com as primeiras tentativas românticas de fazer um bosquejo da alma nacional brasileira:

No caso de *Brazil 2001: A Revisionary History of Brazilian Literature and Culture*, o desafio é escrever história cultural e literária, ao mesmo tempo que se evita a tautologia da busca da identidade nacional.[12] É apenas em relação a essa tautologia que o projeto *Brazil 2001* se constituiria como história alternativa e revisionista. Nas palavras do organizador, "alternativa precisamente porque busca afastar-se de qualquer preocupação com tal identidade".[13]

A concepção e a organização do volume resultam no que Perkins denomina "enciclopédia pós-moderna": um livro organizado cronologicamente, porém lacunar; e, por abrigar textos de autores diferentes, possivelmente contraditório em vários pontos. A vantagem desse tipo de organização é que ela evidencia, na própria forma material do livro, a renúncia ao que sempre foi o objetivo básico da disciplina: a busca de um quadro totalizante do passado.

Não vou comentar o volume organizado por Castro Rocha, mas registro que não me parece que o resultado final consiga eliminar a aporia do título, que traz duas vezes o determinante nacional. Nos ensaios ajuntados, a questão da identidade nacional repetidamente emerge e a literatura brasileira desenha-se como personagem central. O que a leitura mostra, do meu ponto de vista, é que o alcance do adjetivo "*revisionary*" diz mais respeito à forma geral de organização do volume, que apresenta voluntariamente uma história lacunar, do que ao texto e às ideias das contribuições individuais.[14]

Ainda quanto à questão da utilidade e do lugar da história literária, uma última pergunta que se impõe neste momento é: "Há algum conhecimento específico a que se pode chegar de maneira exclusiva ou mais efetiva por meio do estudo e do ensino da história literária?" Quanto a mim, a resposta oferecida pela consideração das grandes sínteses narrativas elaboradas em meados do século XX é *não*. Desde que a construção da identidade nacional deixou de ser o objeto e o objetivo principal do discurso histórico, a história literária passou a ter pouco a oferecer, além do uso que ironicamente lhe atribuía Jauss no texto de 1967: repositório de informações. Ou, eu diria, vendo por um ângulo mais favorável: documentos vivos das sobrevivências da ideologia nacionalista romântica, que propunha o literário como domínio privilegiado para a manifestação, reconhecimento e defesa do "nacional".

Gênero do passado, objeto de crítica sistemática nos últimos decênios, sem apelo nem respeitabilidade intelectual no presente, a história literária narrativa sofre ainda, no Brasil, do envelhecimento e do descrédito do seu pressuposto, que era a identificação (melhor dizendo, a construção) do "nacional". Sem as vantagens e sem os inconvenientes de ter de lidar com a problemática estética, concorrem hoje em dia, para atender a esses mesmos objetivo e desejo, a história social e a história das mentalidades e dos costumes.

Desse breve percurso historicista, e das reflexões aqui alinhavadas, resulta a minha conclusão possível. Diferentemente de Jauss, e mais próximo de Perkins, penso que a história literária narrativa é um gênero em processo acentuado de desgaste, ao qual estará reservado, daqui para a frente, um lugar bastante secundário nos estudos literários.

Até onde vejo, portanto, a Sherazade que vem narrando há tantas décadas a história literária está perdendo seu poder de sedução. Mas não penso que disso virão dramas ou tragédias, exceto do ponto de vista da organização futura das ementas e dos departamentos de letras. Nem creio que teremos muitas saudades dessa tagarela. É que, no quadro dessa alegoria, o sultão é que está aos poucos desaparecendo. Isto é, o imperativo moral de afirmar a nacionalidade e a glorificar com histórias repetidas. Ela ainda lhe recita ritualmente (e recitará por um bom tempo), tentando

HISTÓRIA LITERÁRIA: UM GÊNERO EM CRISE

mantê-lo no mundo, as suas histórias preferidas. E é por isso que não teremos saudades de nenhum dos dois: porque ainda conviveremos longamente com os seus vultos fantasmáticos e ouviremos os ecos (embora cada vez mais fracos) da sua conversa diária, na qual se sucedem e confundem as velhas fábulas maravilhosas, verossímeis e tão engenhosamente inventadas.

Notas

1. Hayden White, "O fardo da história", in: *Trópicos do discurso*, p. 56.
2. Hans Robert Jauss, *A história da literatura como provocação à teoria literária*, p. 5.
3. Hans Robert Jauss, *A história da literatura como provocação à teoria literária*, p. 78: sua esperança, em 1987, é exatamente "que das histórias até agora particulares da recepção resulte a ainda inexistente forma sintética, necessariamente narrativa, de uma história das artes que alcance novamente o nível perdido do historicismo clássico".
4. David Perkins, *Is literary history possible?*, p. 185.
5. Silvio Romero, *História da literatura brasileira*. Alfredo Bosi, *História concisa da literatura brasileira*.
6. É o caso de "Repensando o ensino da literatura", publicado por Aldo Bizzocchi na *Folha de S.Paulo* em 10/7/2000, que, na época, mereceu majoritariamente desqualificação como barbárie ou provocação simplista.
7. João Hernesto Weber, *A nação e o paraíso — a construção da nacionalidade na historiografia literária brasileira*, p. 95.
8. "Condição colonial" é o termo que Bosi usa para denominar o primeiro capítulo da sua *História*; "países de extração colonial" é o termo que ocorre na p. 342, quando explica o movimento das elites inovadoras, na "ânsia de superar o desenvolvimento que as sufoca"; "dependência e superação" é o nome de uma seção do capítulo final, "Tendências contemporâneas", p. 431.
9. Santiago Nunes Ribeiro, "Da nacionalidade da literatura brasileira", in: Afrânio Coutinho (org.), *Caminhos do pensamento crítico*, v. I, p. 46.
10. Antonio Candido, *Formação da literatura brasileira — momentos decisivos*, v. I, p. 10.
11. Antonio Candido, *Presença da literatura brasileira*, v. II, p. 200 passim; *Iniciação à literatura brasileira*, p. 61, 68; Alfredo Bosi, *História concisa da literatura brasileira*, p. 256; *O pré-modernismo*, p. 19-20.
12. No original: "*In the case of Brazil 2001: A Revisionary History of Brazilian Literature and Culture, the challenge is to write cultural and literary history while avoiding the tautology of searching for national identity*" (p. xxi).

13. No original: "*alternative precisely because it aims at detaching itself from any concern with such identity*" (p. xxiii).
14. Basta ler, por exemplo, entre outros, o ensaio assinado por David Jackson.

Referências

BIZZOCHI, Aldo. "Repensando o ensino da literatura". *Folha de S.Paulo*, São Paulo, 10/7/2000.

BOSI, Alfredo. *História concisa da literatura brasileira*. 2ª ed. São Paulo: Cultrix, 1975.

_____. *O pré-modernismo*. 4ª ed. São Paulo: Cultrix, 1973.

CANDIDO, Antonio. *Formação da literatura brasileira — momentos decisivos*. 4ª ed. São Paulo: Livraria Martins Editora, 1971.

_____. *Iniciação à literatura brasileira*. 3ª ed. São Paulo: Humanitas, 1999.

CARPEAUX, Otto Maria. *História da literatura ocidental*. 2ª ed. Rio de Janeiro: Editorial Alhambra, 1978.

CASTELLO, José Aderaldo. *A literatura brasileira — origens e unidade*. São Paulo: Edusp, 1999.

CASTELLO, José Aderaldo; CANDIDO, Antonio. *Presença da literatura brasileira*, v. II. 5ª ed. São Paulo: Difusão Europeia do Livro, 1974.

COUTINHO, Afrânio (org.). *Caminhos do pensamento crítico*. Rio de Janeiro: Pallas, 1980.

COUTINHO, Afrânio. *Introdução à literatura no Brasil*. 7ª ed. Rio de Janeiro: Editora Distribuidora de Livros Escolares Ltda., 1972.

JAUSS, Hans Robert. *A história da literatura como provocação à teoria literária*. São Paulo: Ática, 1994.

ROCHA, João Cezar de Castro (ed.). *Brazil 2001 — A Revisionary History of Brazilian Literature and Culture — Portuguese Literary & Cultural Studies 4/5*. Dartmouth: University of Massachusetts, 2001.

SODRÉ, Nelson Werneck. *História da literatura brasileira — seus fundamentos econômicos*. 6ª ed. Rio de Janeiro: Civilização Brasileira, 1976.

WEBER, João Hernesto. *A nação e o paraíso B — a construção da nacionalidade na historiografia literária brasileira*. Florianópolis: Editora da UFSC, 1997.

WHITE, Hayden. *Trópicos do discurso* (1978). São Paulo: Edusp, 1994.

Crítica é cara ou coroa
Luiz Bras

LUIZ BRAS (*alter ego* do escritor Nelson de Oliveira) nasceu em 1968, em Cobra Norato (MS). É doutor em letras pela USP e sempre morou no terceiro planeta do sistema solar. É de leão e no horóscopo chinês, cavalo. Na infância ouvia vozes misteriosas que lhe contavam histórias secretas. Adora filmes de animação, histórias em quadrinhos e gatos. Com os felinos aprendeu a acreditar em telepatia e universos paralelos. Já publicou diversos livros, entre eles a coletânea de contos *Paraíso líquido*, a coletânea de crônicas *Muitas peles*, os romances juvenis *Sonho, sombras e super-heróis* e *Babel Hotel* e, em parceria com Tereza Yamashita, os infantis *A menina vermelha*, *A última guerra* e *Dias incríveis*. Mantém uma página mensal no jornal *Rascunho*, de Curitiba, intitulada Ruído Branco. Também mantém o blog Cobra Norato: http://luizbras.wordpress.com. Ensaio publicado no jornal *Rascunho* e no livro *Muitas peles* (São Paulo, Terracota, 2011).

Livros são propostas de civilização. Cada livro publicado é, antes de tudo, uma atitude política. Por isso boa parte da crítica literária parece tão desnorteada, tão inconsistente. Estou falando da crítica que acredita que um livro possa ser intrinsecamente bom ou ruim. Essa visão restritiva não condiz com os fatos.

Lá na década de 30 do século passado, o jovem crítico Antonio Candido analisou *Perto do coração selvagem* e concluiu que se tratava de um bom romance de estreia. Já o não tão jovem crítico Álvaro Lins disse o contrário: que o livro da jovem Clarice Lispector era uma experiência muito malsucedida. Incomodaram-no a forma fragmentária do romance, o narrador volúvel e subjetivo, a onipresença do monólogo interior e a substituição do tempo cronológico pelo tempo psicológico. Aborreceu-o tudo o que agradou a Antonio Candido.

Em meados da década de 50 do século passado, o crítico Wilson Martins analisou *Grande sertão: veredas* e concluiu que se tratava de um equívoco ficcional, uma obra que logo perderia o fôlego e morreria. Incomodaram-no a linguagem enviesada do jagunço narrador, os neologismos poéticos, a mitologia sertaneja e a teologia bruta. Aborreceu-o tudo o que agradou a outros críticos.

Quando você, eu, todos os leitores e todos os críticos dizemos "este livro é excelente", na verdade estamos dizendo "este livro legitima o tipo de mundo no qual eu quero viver". Então, falar bem do livro em questão, promovê-lo, fazer com que seja lido por muita gente e passe a integrar o cânone literário, tudo isso se torna uma missão política. O tipo de civilização que nos agrada está representado na linguagem, no temperamento e na densidade do livro em questão. Um tipo de civilização que ainda não existe e precisa ser construído. Ou que existiu no passado e precisa ser recuperado. Ou que está existindo neste exato momento e precisa ser defendido a qualquer custo de outros potenciais projetos de civilização.

Para o jovem Antonio Candido o modelo de mundo proposto por *Perto do coração selvagem* era o melhor. Para o não tão jovem Álvaro Lins era o pior. Com o passar das décadas, forças sociais, econômicas e políticas incontroláveis e aleatórias deram a vitória ao romance da jovem Clarice Lispector. E tempos depois ao romance do veterano Guimarães Rosa.

Isso não significa que Álvaro Lins e Wilson Martins estavam errados, que o juízo emitido por ambos "estava em desacordo com a realidade observada" (sentido primeiro do vocábulo *errado*). Significa apenas que ambos perderam no cara ou coroa, ao jogar com outros críticos. A sorte decidiu que o modelo hegemônico de mundo e de cultura seria o modelo que eles não aprovavam. Poderia ter sido o contrário. Tudo é acaso, probabilidade.

Em meados da década de 1990, o poeta Bruno Tolentino iniciou uma guerra feroz contra os concretistas e os compositores mais celebrados da MPB: Caetano Veloso e Chico Buarque. Incomodavam-no principalmente as traduções e toda a poética dos irmãos Campos. Irritavam-no os romances de Chico Buarque e as teses acadêmicas a respeito do que ele, Tolentino, considerava um tema pouco refinado para os corredores das universidades: as letras das canções de Caetano Veloso. O tipo de civilização que o concretismo propõe não é o tipo de civilização que Tolentino admirava. Tampouco é o tipo de civilização que ele admirava esse tipo tão contemporâneo, tão atual, que leva certas expressões artísticas populares para dentro dos gabinetes eruditos. Por isso ele esbravejou.

O contra-ataque veio rapidamente. Muitos foram os escritores, professores e compositores que revidaram com igual violência. Uma década e meia depois desse combate, penso que o modelo de civilização desejado por Tolentino está perdendo terreno para o modelo proposto pelos concretistas e pela alta cúpula de nossa MPB. O cara ou coroa é implacável

Exemplos contemporâneos: Jerônimo Teixeira rejeitando *Encarniçado*, de João Filho, *Contos negreiros*, de Marcelino Freire, e *O paraíso é bem bacana*, de André Sant'Anna; Alcir Pécora rejeitando *Do fundo do poço se vê a lua*, de Joca Reiners Terron, e *A arte de produzir efeito sem causa*, de Lourenço Mutarelli...

Certamente o exemplo contemporâneo mais ilustrativo tem sido o ataque radical, vigoroso e pormenorizado do crítico Flávio Kothe ao cânone modernista. Da obra de Bandeira, Drummond, João Cabral, Clarice, Rosa e tantos outros não fica pedra sobre pedra. Na verdade, o crítico aponta sua artilharia para um alvo muito mais amplo. Seu ataque é contra todo o cânone brasileiro, "bastião das verdades oficiais", "espaço de cristalização dos valores opressivos das classes dominantes".

Razões emocionais e irracionais parecem mover as pessoas. As letradas e as iletradas. Mesmo os modelos de civilização mais equilibrados e consistentes nunca permaneceram intactos por mais de cem anos. Como a vida biológica, as civilizações também nascem, atingem o apogeu e morrem.

Neste exato momento, os valores humanistas estão sendo substituídos pelos pós-humanistas, sem que haja qualquer garantia de que tudo vai melhorar (ou piorar). Principalmente porque, dentro e fora das instituições públicas e privadas, pouca gente sabe exatamente o que a etiqueta *pós-humanista* quer dizer. Mas se a mudança — qualquer mudança — é sempre algo muito assustador, por que a maioria das pessoas escolhe o assustador, o aterrador, em vez do conforto do já conhecido?

Álvaro Lins, ao rejeitar o romance de estreia de Clarice Lispector, rejeitava o estranhamento, a obscuridade, a incerteza. Wilson Martins, ao rejeitar o romance de Guimarães Rosa, também rejeitava o disforme, o esquisito, o desarmônico. Bruno Tolentino, idem. Para esse, a miscigenação artística espalha impurezas. Ele via um colorido imoral na mistura erótica de elementos da cultura popular com elementos da cultura erudita. Perdeu a partida porque, para seu azar, o pós-humanismo parece ser exatamente isso: miscigenação.

Hoje a biologia está se misturando com a cibernética, o racionalismo ocidental está comungando com a intuição oriental, a alta cultura está copulando vigorosamente com a baixa cultura, gerando criaturas incomuns.

A pergunta feita aí em cima não é meramente retórica. Eu realmente não sei por que as pessoas escolhem o assustador, o aterrador, em vez do conforto do já conhecido. Sei apenas que os modelos culturais que triunfaram no século passado e continuam coordenando a civilização foram os modelos do estranho e do disforme. A *arte degenerada*, como diziam os nazistas. O classicismo foi forçado a recuar para um plano secundário. Venceu o maneirismo (Curtius). O grotesco romântico (Bakhtin).

As leis do desejo parecem ser mais vigorosas do que as da razão, porque continuam vencendo. É claro que racionalmente as pessoas preferem a luz e o equilíbrio às trevas e ao desequilíbrio. Mas, na hora agá, o brilho profundo da escuridão é mais sedutor, atrai mais. Vai entender o bicho humano...

Por mais que todas as pessoas afirmem que amam o livro de papel, que jamais conseguirão viver sem esse objeto centenário, sem o cheiro e a textura de suas páginas, em pouco tempo o livro eletrônico dominará o mundo. Uma força irracional e irresistível impulsiona a tecnologia e a ciência. Ninguém pode deter esse fluxo. E por *irracional* entendam: *imprevisível*. Não dá para saber para onde irá. Diferentemente do que Einstein pensava, o universo joga dados. De previsível na natureza e na cultura, apenas o imprevisível.

Voltando ao ponto de partida: livros são propostas de civilização. Cada livro publicado é, antes de tudo, uma atitude política. E crítica literária é cara ou coroa, num mundo definido pelo acaso. Ao elogiar ou condenar um livro, o crítico não está dizendo aos seus leitores o que o livro é. Ele não está revelando sua essência oculta, simplesmente porque não há essência oculta a ser revelada, nunca há. O crítico está, na verdade, defendendo ou atacando o tipo de civilização que o livro propõe.

O primeiro equívoco de um crítico é crer que os livros têm uma essência oculta, intrínseca, perene, que precisa ser colocada no foco para que os leitores míopes consigam enxergar. Nunca têm. O segundo equívoco, o maior deles, é acreditar que seu ataque ou sua defesa fará diferença a favor ou contra o tipo de civilização proposto pelo livro. Nunca faz. A probabilidade é sempre de 50% para o sim e para o não. Um cara ou coroa.

Poesia contemporânea nacional: reincidências e passagens

Mauricio Salles Vasconcelos

MAURICIO SALLES VASCONCELOS é autor de *Ela não fuma mais maconha* (romance, Editora E, 2011), *Stereo* (ficções, Ciência do Acidente, 2002) e do ensaio *Rimbaud da América e outras iluminações* (Estação Liberdade, 2000). Em 2001, dirigiu o vídeo *Ocidentes*, tendo por base seu livro *Ocidentes dum sentimental* (1998), uma recriação do poema "O sentimento dum ocidental", do português Cesário Verde. Publicou, também, outros livros de poesia: *Lembrança arranhada* (Fontana, 1980); *Tesouro transparente* (Anima, 1985) e *Sonos curtos* (Massao Ohno, 1992). É professor livre-docente de estudos comparados de literaturas de língua portuguesa (Universidade de São Paulo). Fez pesquisa transdisciplinar de pós-doutorado nas áreas de literatura, filosofia e tecnologia na New York University (2000-2001), sob a supervisão de Avital Ronell. Ensaio publicado na revista *Aletria*, UFMG, 1999.

Antes de ser pensada a contemporaneidade poética do Brasil, é preciso que se indague: o que vigorava como moderno, como uma tradição da qual podemos partir para rastrear as matrizes da poesia de agora? Depois do modernismo, o que era moderno, a partir dos anos 1950, e com um rastro de influência que vai até a década de 1970, concentrava-se em João Cabral de Melo Neto e na vanguarda — o concretismo (a tendência hegemônica e com maior prospecção, entre outros movimentos/experimentos). Como se observa na produção de João Cabral, a leitura de poetas do século XX não contemplados pelos modernistas (os modernos da primeira hora), poetas surgidos e amadurecidos ao longo desse século, compõe um repertório de referências no que diz respeito aos critérios de invenção, de rigor, do sentido composicional da *linguagem* da poesia, enfim, impondo-se como realidade incontornável e convergente. Realidade que João Cabral e os concretistas irão explorar de modos diferenciados, mas a partir, sempre, do nome de risco atribuído à poesia autônoma, radical/espacial/atônica, no que se refere à captação da dinâmica musical, da palavra que se centra e se descentra na página, no verso (e com relação ao verbo): Mallarmé. A contar desse nome do século XIX, são acrescidos outros representativos desse século, já em seu fim: Valéry, Guillén, Stevens, Marianne Moore, Ponge (no caso de João Cabral). No caso de Augusto e Haroldo de Campos, de Décio Pignatari: Pound, Maiakóvski, Cummings (para citar alguns dos muitos referenciais do famoso paideuma concretista).

  Dentro ainda da modulação moderna de vanguarda, os poetas de São Paulo estabelecem programas, manifestos, que acabam por atualizar produções de linguagem — no mesmo sentido atualizador dos modernistas — essenciais à modernidade poética do século XX no território brasileiro, àquela altura, fins dos anos 1950, tomados pela onda passadista da chamada Geração de 45. Ocupavam os concretistas um lugar fundamental de informação e de invenção (posto também extensivo a Mário Faustino, um experimentador entre a autonomia e a reverência à vanguarda paulista).

Passado o período utópico — como hoje os próprios concretistas o definem —, período de experimentações e plataformas rigorosas de criação poética, que mantém ainda os traços modernos, tanto em seus produtos quanto na forma de lançá-los, de inseri-los em palavras de ordem da ruptura, os poetas concretistas representam até hoje a linha hegemônica da poesia do Brasil. Uma linha hegemônica que poetas mais novos, surgidos nos 1960-1970, acabariam por confirmar, caso de Leminski, Bonvicino, Alice Ruiz e Antonio Risério, e que, a partir dos anos 1980, constitui-se em uma nítida retomada, dentro de um contexto cultural que não mais lidaria, em tese, com os pressupostos historicamente dados da vanguarda; é o que se nota nas produções de Josely Vianna, Nelson Ascher, Frederico Barbosa, entre outros.

Para que se entenda a continuidade dos procedimentos da vanguarda, no caso dos poetas mais novos citados, mostra-se necessário dar ênfase a alguns dados. De início, a presença não totalmente descartada da arte moderna na produção contemporânea, o que se dá em todo um debate — muito conhecido — entre moderno e pós-moderno, capaz de traçar diferenças, rupturas, mas a partir sempre de um legado a que se opõe, em um sentido no mais das vezes de uma radicalização antes de ser a instauração de um novo tempo, de uma cultura inteiramente outra, como ocorreu na passagem entre o século XIX e o século XX.

Outro fator importante para o entendimento dessa hegemonia da vanguarda no Brasil está no papel cultural desempenhado pelos irmãos Campos, porta-vozes muito bem aparelhados da arte não apenas poética, e não apenas moderna, do pensamento crítico-teórico existente sobre o critério da invenção. Entretanto, o *novo* privilegiado por esses tradutores, teóricos e poetas mostra-se formatado dentro de uma dicção que obstrui, sob o signo da defesa do território conquistado na história da poesia nacional, o fluir de um encontro desarmado, multifacetado, com a linguagem e o mundo contemporâneos.

Há um outro dado no percurso da poesia brasileira, entre fins dos anos 1950 e os anos 1990, que vão chegando ao fim, capaz de iluminar, seja pelo contraste, seja pelo fator controverso de sua novidade, o debate sobre o contemporâneo. O dado trazido com a chamada *poesia marginal*: o fato de oferecer — a despeito de todo um tributo prestado à vanguarda concretista (caso claro de Torquato Neto e Waly Salomão, mas também perceptível em Chacal) — elementos para uma dicção próxima dos procedimentos pós-modernos. Embora se note tanto em Chacal quanto em Ana C. o *"risinho modernista arranhado na garanta"* (como diz um verso de Ana), não se pode esquecer que o poema-piada modernista, assim como certos veios paródicos típicos, tomou dimensão virtuosística em poetas dos anos 1970, como Cacaso, Francisco Alvim e o bissexto Roberto Schwarz. O que ganha espaço nesses textos é a "incorporação sistemática de formas linguísticas casuais e não poéticas (cartas, diários, conversas, anedotas, notícias de jornal)", da maneira como Steven Connor detecta os traços pós-modernos na literatura.[1]

O que, enfim, marca a entrada de nossa poesia em um tempo mais próximo de valores pós-utópicos, daquilo que o instrumental crítico-teórico existente sobre o conceito de pós-moderno pode revelar para entendimento da criação contemporânea, encontra-se nessa poesia *desprogramada*, reveladora, em estado bruto, direto — com o ritmo e os índices, muitas vezes, de uma anotação — da experiência, do trânsito cotidiano, ilegitimado, da cultura. Marca da historicidade, do presente, que define para muitos teóricos do pós-moderno o sentido atualizador de uma época e de uma cultura apartadas dos programas, dos sistemas de valores que legislavam a ordem do tempo, as direções do futuro — as evoluções vanguardistas no campo da poesia.

No caso do Brasil, a poesia de jovens anônimos aos poucos difundida em publicações alternativas, em formatos precários e inventivos de livro, soa como o testemunho de muitas gerações na contracorrente do militarismo, um depoimento pouco ou muito elaborado (na gradação que vai de um nome novíssimo, àquela hora, como Charles, a um não tão novo, mais experiente, como Chico Alvim). Poesia em estado bruto, à altura da apreensão do "contingente, do não formado, do solto, do incompleto na linguagem e na experiência".[2] De tudo o que define, para Connor, a literatura pensada em termos de oposição à modernidade e à vanguarda concretista, para sermos precisos e brasileiros.

Não parece ser por acaso, mas, antes, manifestação de sincronia, que Haroldo de Campos escreva uma das séries mais significativas de sua poesia, ao lado de *A educação dos cinco sentidos* (1985), na passagem dos anos 1960 para os 1970 — *Galáxias*. É a obra que, mesclada com a prosa (na tradição de Joyce e de neobarrocos como Rosa e Lezama Lima), Haroldo lança como um diálogo para fora dos esquadros programáticos do experimental, da forma como encerrava os versos descorporificados, atomizados do concretismo. Na linha de uma pura poesia nascida impuramente de seu processo aleatório, associativo, Haroldo mostra-se já afinado com os traços de uma dicção do contemporâneo, na qual desponta o poder de visualização, de presentificação da imagem, dado agora pelo corpo verbal de uma prosa-poesia compactada em blocos caóticos de fala, a despeito do referendamento aos *streams* joycianos.

Em busca da imagem e do som de uma poesia, captada com antecipação pelos modernos como integrante de uma rede intersemiótica, multicultural, plurilinguística, é que Haroldo e Augusto de Campos, assim como poetas por eles formados — o exemplo nítido, icônico, representado pelo artista da imagem que é Arnaldo Antunes — têm se colocado em movimento, na tentativa de um afinamento com o contemporâneo que não comportaria mais a reedição de posturas e procedimentos da vanguarda histórica dos anos 1950 e 1960.

Lendo-se, vendo-se, ouvindo-se as produções de Arnaldo, evidenciamos o som, a imagem, a técnica de uma poesia, enfim, concretizada como peça plena intersemiótica, galáxia sonhada no horizonte do Brasil sob o toque modernizante do homem-sigla JK. Unindo o vídeo à experiência com poemas visuais, e mais toda uma gestação performática ocorrida em estúdios de TV e de gravação de discos, Antunes surge como uma refinada cria do concretismo, sem se esquecer do toque *punk pancada* de suas apresentações e formulações verbais (o punk, como se sabe, é um movimento oriundo das ruas, de Londres ao subúrbio paulista, e fornece uma outra concretude, outra mescla à cena descorporificante das mentações *avant-garde*).

Arnaldo dá acabamento ao projeto técnico-icônico-sinfônico da palavra na rede — seja na produção de discos seja nos poemas projetados em neon na paisagem da Avenida Paulista ou no contato com a textualidade propiciada pela tecnologia digital. Em vídeos-poemas-canções como *Nome*, o poeta renomeia o universo, crava na matéria de seres e coisas, na textura das letras o dizer-ver-ouvir do signo, viabilizando uma reeducação dos sentidos e do alcance desses enquanto escrita dimensionada no campo multimediático do presente.

Em seu livro mais recente, *2 ou + corpos no mesmo espaço*, que se faz acompanhar de um CD contendo leituras de alguns dos poemas, já se pode notar, seja na leitura seja na audição, a circularidade dos conceitos sobre o fazer e o desfazer da palavra, dispostos em construções gráficas datadas do concretismo. Sem risco da poesia, sob a sentença icônica *Poesia é risco*, timbrada por Augusto de Campos: o silêncio e sua contraface — no preto e branco da página — dispõem-se em um jogo de relações biunívocas — a afirmação e a negação, o dito e o não dito, a letra e a imagem, a voz e o livro — desdobradas em antíteses e paronomásias previsíveis e em uma saturação da iconografia semioticista típica dos anos 1970. *2 corpos apenas*, e não o turbilhão e a espiral capazes de lançar *Agora/Agouro*, por exemplo, para fora do buraco negro planificado da vanguarda, que salvaguarda o poeta de rumores outros, como os sintonizáveis pelas cifras de John Cage — a quem alude, sub-repticiamente, como aval para sua autofagia concretista — o músico em estado de risco, sob o silêncio, verdadeiramente zen, e muito além das esquadrinhadas linhas programáticas de ler/dizer.

O que se faz notar, a partir dos anos 1980, é a tendência de uma poesia citacional, o que nem sempre resulta em um texto autônomo, com a potência inaugural encontrável no modelo, mas no *referendum*, no aval culto para a manutenção das *cosas mentales* de uma vanguarda cuja cena se desenrola na biblioteca, cada vez mais entendida como biblioteca *multimeios* (e não no corpo a corpo dos lugares fraturados, moventes, da cultura atual, reavaliadores de linguagens e identidades).

Brevidade, autorreferencialidade, secura expressional, conceitualismo no sentido abstratizante, tautológico (o *não sujeito* legado pela poesia de João Cabral se ressente, no caso contemporâneo, da ausência de um solo orgânico, territorial, do qual possa se nutrir): essas são as marcas predominantes do poético agora, tal como perseguidas por um grande número de novos autores, sob o auxílio da mídia impressa — como também da universidade — hegemonicamente comandada por muitos desses poetas.

Nos anos 1980, dá-se início à tendência — predominante na atual década — de uma poesia "culta", guiada pelo vago princípio do *rigor*, que se pode ler como oposição aos perigos do sujeito no espaço poético, da subjetivação indiscriminada dos escritos produzidos em massa, através de mimeógrafo e de xerox durante os anos 1970. Aquilo que viria a expandir os limites da *fala marginal*, dar maior elaboração e trato através da aliança com vertentes poéticas imprescindíveis deste século, transformou-se em dogma, em modelo monocórdico de poeta e de poesia. Poesia e poetas autorreferentes, presas de uma verdadeira fôrma: clichês de paródia pós-modernista dentro de uma série de conceitos mais e mais desgastados (como os de ironia, autocentramento nos processos de realização da linguagem e permanência aí na circularidade de um pretenso rigor, que reedita, sem vigor, dicções reconhecíveis da grande poesia deste século e sob o *tonus* mais do que conhecido da vanguarda, no caso dos chamados pós-concretistas). O que resulta na citação, autocitação e, enfim, recitação de um mundo livresco — e não no risco, no descentramento da linguagem e do poeta (náufrago dos *logos*, do verbo), seguindo-se a prática de Mallarmé. A produção recente não conduz a uma poética forte, definidora da multiplicidade de táticas expressionais confrontadas com a história, a cultura e a experiência.

Mais importante do que seguir a linhagem seria o desbravamento de linhas não programáticas (não mais restritas ao universo literário, ao código tão somente lingual), de programas intempestivos de vida, para dizer com Gilles Deleuze, no sentido de ser captado o universo de forças multiculturais, transdisciplinares da atualidade, para o bem da amplificação do critério de invenção.

Em vez da poesia irrevelada, surpreendente em seu pulsar no tempo, e de um modo inédito, vemos a carreira literária de autores jovens tidos como prontos pela mídia, significativos apenas historicamente como nomes prontamente reconhecidos, catalogados e aí guarnecidos, pois assumem apenas um lugar autoral dentro de um círculo fechado de prestígios, que só espelham a velha política literária, mesmo sob o ditame da vanguarda: imagens do mesmo tipo de poeta e poesia, apesar da ampliação do repertório e dos meios técnicos. Poesia "traduzida", protegida pelo virtuosismo de dicções nobres, modernas ou pós-modernas, transladadas sem a ganga potente, possante de um corpo-imagem-som-linguagem que se diz para fora do conforto do já dito e do *redito*.

Descarta-se, assim, todo o poder de "uma nova convocação do mundo múltiplo", como diria Claude Esteban em *Crítica da razão poética*:

> (...) em verdade, uma espécie de "opção pela presença" (...) ligada ao poeta singular — e, em consequência, a uma pessoa mais que verbal, carnal e espiritual ao mesmo tempo, em quem outras pessoas (não apenas CONSCIÊNCIAS...) conseguirão se reconhecer e se reunir. Penso — *diz o crítico* — numa linguagem que voltasse a ser virtualidade de troca (...). A poesia cuja necessidade sentimos deve romper com os dogmatismos que sobrevivem à morte das ideologias e que não passam de sua poeira irrisória.[3]

A contar do que exibe a cena contemporânea como realidade monossignificante (pálidos ecos, frágeis jogos frasais da grande poesia moderna), mostram-se inevitáveis cânones outros, diferenciados, de uma poesia de invenção. Urgente se torna uma releitura produtora de signos autônomos, frente às linguagens (e não somente à linguagem da poesia) e seu trânsito no mundo (como agora se mostra o mundo da *mundialização* em seu crescente chamado à redefinição de território, técnica, economia e cultura, redefinição/remapeamento do mundo e seus sistemas de signos).

Outros signos parecem querer aflorar, outros riscos com seu lugar-corpo-escrita no cotidiano Brasil e na dimensão de um contato, também, com o cosmo, pela via de um irrefutável visionarismo, êxtase órfico renovado, irreprimível, da lírica, em verso ou vídeo (como diz Waly Salomão, de corpo inteiro, no vídeo *Trovoada*, de Carlos Nader). Com urgência: os riscos de uma dicção, da conquista de uma voz própria sob tantos sistemas de signos e autorias.

Poesia é dicção, é verbo, ainda que desafiado, descentrado, mediatizado por luz/som/cor, pela velocidade com que se configura agora. Dizer é dizer o corpo (como assinala o pensador brasileiro Laymert Garcia dos Santos, no ensaio "A experiência da agonia"), a voz mínima, a que surge contra os sistemas acabados, contra os organismos, e não aquela, enorme, cultural, do autor, do eu antisséptico, só aparentemente banido das obras contemporâneas de poesia.

É nesse sentido que um poeta como Waly Salomão, formado pelo concretismo, pelo princípio construtivista em arte, mas também pelo cinema desconstrutor de Godard e pela obra bárbara e formalista de Hélio Oiticica, mostra em *Algaravias* (1996) a contraluz da poesia programada pela brevidade, pela reiteração de um pseudorrigor incapaz de lançar dados ao acaso.

Com Waly se desenha a irrupção da poesia livre e de corpo presente no acontecer do mundo contemporâneo; aquela que, cada vez mais culta, aponta o inacabamento e a urgência de um tempo que vibra e pede um *soma* de sentido e escrita, de conceito e ritmo, que pede um *corpo*, uma *linguagem* na qual emerja o poeta em ato, no tempo, através de palavras-clarões de significado, versos de risco/trovoadas. A voz em sua potência plena, o *dizer* em todas as direções sígnicas e culturais. É o que se vê em *Trovoada*: o pensar o tempo, o pensar no tempo da fala e o ressurgimento de corpo/voz/pensamento do poeta. Esse marcado pela gestualidade e pela dicção, em contato discursivamente direto e demiúrgico com o *mundo* e a *terra*.

A produção de Waly parece conter — para além do sentido de grupo *fundassentado* (como diria João Cabral) em um repertório/cânone/paideuma compreendido apenas como círculo de citações, referendamentos, recitações — indícios de um universo mais largo para a linguagem poética em sua modulação na cena de agora, tomada aqui como espaço de redefinições do fazer literário e da construção de uma nova cultura (nova não mais pela tradução linear do mundo tecnológico, tal como legada pela vanguarda concretista). Nova por sua abertura ao campo maximal de forças, acontecimentos e linguagens, que reconfiguram as redes do conhecimento e da arte hoje.

Em "A fábrica do poema", por exemplo, uma espécie já de clássico, muito estudado em faculdades de letras, muito difundido pela versão musical feita por Adriana Calcanhoto, Waly como que escancara o sonho do poema construído — de "arquitetura ideal" — construtivista das vanguardas, por meio de uma desmaterialização de seus suportes conceituais mais rígidos, aqueles que estampam um objeto acabado, dado iconicamente, mas ainda modernamente concebido como obra fechada, compacto visual dotado de leis de construção e de leitura (e de precursores tomados como referendadores, no caso brasileiro da vanguarda).

Na vertigem do sono/sonho e da construção, o poeta encontra suas leis mais secretas (e Mallarmé, autor de *Igitur*, está citado neste texto sem a fácil reencenação de seus procedimentos irrepetíveis). O poeta encontra o vórtice no qual o poema eclode e se mascara sob camadas e camadas de aparições, arquiteturas e esvaimentos, por meio da montagem aberta a quem o lê — abandono da torre de vigia, de autor, fantasma — de forma a incidir nos processos e nos enfrentamentos de risco da linguagem, em seus múltiplos dimensionamentos (a noite/o tempo/o esquecimento/o fim/o silêncio, sob as máscaras da arte, sob as marcas do corpo).

Inevitável é ler os melhores poemas desta hora — não importando onde estejam: no formato ainda possante do livro (o mínimo e extraordinário volume de gestualidade e dicção que é *Algaravias*, de Waly), na obra pouco comentada do paraense Max Martins, nos hologramas de

Eduardo Kac, nas ruas cariocas de Norberto Soares, poeta-ambulante de muros cinematografados com giz, nos inúmeros acertos de uma poesia visual consolidada por Sebastião Nunes (MG), nos "sem nome", de *agora*, para além da hegemonia dos poetas que controlam as mídias. Mais do que nunca se mostra urgente o desvio dos modelos; necessário é surpreender-se, surpreender o contemporâneo. Tudo o que aguça o não visto, o ainda não dito, no tempo acirrado de *passagem*, como é o deste *agora*, no findar de um século de modernidades.

Depois da falsa impessoalidade da *poesia-linguagem* (como se não o fosse toda poesia, como se não envolvesse uma multiplicidade de linguagens, quando se considera uma ampla e mista concepção semiótica, não apenas linguística), da *poesia-conceito* (cheia de egolatria, de marcações antifoucaultianas de autoria e sem lastro conceitual pregnante, impactante, desprovida que está do contágio por outros campos do saber, como a filosofia mais recente), que circulam sobre a pista do *mesmo* suporte cultural disseminado em trilhas multimídias, talvez venha a despontar, sob o signo da inquietação e da prospecção finisseculares, a dicção própria, desbravadora do poeta em sua rajada de sentido e presença, misto de linguagem/corpo/suporte de grafias e música-sem-nome da inscrição e do silêncio. Uma escrita que saia de si, um poeta *fora de todo lugar situável* — *invaginário lugar* (no dizer de Lu Menezes), que seja capaz, enfim, de revelar (para além dos jogos intersticiais, tão previsíveis, do dito/não dito) e faça estremecer a língua da letra e dos programas já assentados do ver/fazer/viver o tempo e a poesia.

Notas

1. Steven Connor, *Cultura pós-moderna*, p. 102.
2. Ibidem, p. 102.
3. Claude Esteban, *Crítica da razão poética*, p. 222, 223.

Referências

ANTUNES, Arnaldo. *2 ou + corpos no mesmo espaço*. São Paulo: Perspectiva, 1997.
CESAR, Ana Cristina. *A teus pés*. São Paulo: Brasiliense, 1982.
CONNOR, Steven. *Cultura pós-moderna. Introdução às teorias do contemporâneo*. 2ª ed. Tradução de Adail U. Sobral e Maria Stela Gonçalves. São Paulo: Loyola, 1993.
DELEUZE, Gilles; PARNET, Claire. *Dialogues*. Paris: Flammarion, 1977.
ESTEBAN, Claude. *Crítica da razão poética*. Tradução de Paulo Azevedo Neves da Silva. São Paulo: Martins Fontes, 1991.
FOUCAULT, Michel. *O que é um autor?* 3ª ed. Tradução de António Fernando Cascais e Eduardo Cordeiro. Lisboa: Vega, 1992.
MENEZES, Lu. *Abre-te Rosebud!* Rio de Janeiro: 7Letras, 1996.
SALOMÃO, Waly. *Algaravias*. São Paulo: Editora 34, 1996.
SANTOS, Laymert Garcia dos. *Tempo de ensaio*. São Paulo: Companhia das Letras, 1989.

A poesia brasileira contemporânea e sua crítica[1]
Renato Rezende

RENATO REZENDE, poeta, é autor de *Aura* (2AB, 1997), *Passeio* (Record, 2001, Bolsa da Biblioteca Nacional para obra em formação), *Ímpar* (Lamparina, 2005, Prêmio Alphonsus de Guimaraens da Fundação Biblioteca Nacional) e *Noiva* (Azougue, 2008), além dos romances *Amarração* (Circuito, 2012) e *Caroço* (Azougue, 2012). É autor também de, entre outros, *Guilherme Zarvos por Renato Rezende* (Coleção Ciranda da Poesia, EdUERJ, 2010), *Coletivos* (com Felipe Scovino, Circuito, 2010) e *No contemporâneo: arte e escritura expandidas* (com Roberto Corrêa dos Santos, Circuito, 2011). Em 2010 apresentou o poema visual *Eu posso perfeitamente mastigar abelhas vivas*, e em 2011 a interferência urbana MY HEART IN RIO, em parceria com Dirk Vollenbroich, ambos no Oi Futuro de Ipanema, Rio de Janeiro.

Apenas aqueles muito jovens ou muito ingênuos ignoram que obras de arte, sejam elas literárias ou de qualquer outro gênero, não são entidades universais e autônomas, nascidas do nada, ou *Nonada* (como Guimarães Rosa inicia sua obra máxima),[2] indiferentes às condições históricas que as produzem e aos valores das classes sociais que as canonizam e fruem. No entanto, não é fácil enxergar com clareza a extensão dos laços viscerais entre os sistemas de pensamento, percepção e desejo inerentes a essas obras e a ideologia dominante, o meio de cultura que situa a todos no emaranhado das estruturas e relações de poder da sociedade em que vivemos. São conhecidas as relações entre ideologia e estética, e não são poucos os autores contemporâneos que têm se dedicado a estudar as implicações do advento da *estética* na cultura ocidental e suas relações com a política, a estrutura social e a forma como o homem experimenta o mundo e a si mesmo. Desse modo, o crítico literário marxista Terry Eagleton pode afirmar:

> Meu pensamento, *lato sensu*, é de que a categoria do estético assume tal importância no pensamento moderno europeu porque falando de arte ela fala também dessas outras questões, que se encontram no centro da luta da classe média pela hegemonia política. A construção da noção moderna do estético é assim inseparável da construção das formas ideológicas dominantes da sociedade de classes moderna, e na verdade, de todo um novo formato da subjetividade apropriado a esta ordem social.[3]

Para Jacques Rancière, existe na base da política uma *estética* que indica maneiras de estar em comunidade, que aponta aqueles que têm competência para enunciar, que determina o teor da experiência dos espaços e dos tempos:

É a partir dessa estética primeira que se pode colocar a questão das práticas estéticas, no sentido em que entendemos... como formas de visibilidade das práticas da arte, do lugar que ocupam, do que fazem no que diz respeito ao comum. As práticas estéticas são maneiras de fazer que intervêm na distribuição geral das maneiras de fazer e nas relações com maneiras de ser e formas de visibilidade.[4]

Quer queira ou não, a crítica literária de uma nação — com maior ou menor rigor, distanciamento e consciência de seu próprio posicionamento histórico ou político — tende a selecionar, chancelar e canonizar a literatura imbuída da mentalidade, valores e aspirações das camadas sociais que a produzem e consomem e, portanto, seu ofício nada tem de inocente.[5]

A história do nosso modernismo, por exemplo, que é a história das obras modernas *e* do pensamento crítico e teórico que as justificam e até induzem,[6] está repleta de rupturas e negações que mais ou menos acompanham as peripécias e violências da luta pelo poder político nacional. A passagem do Império à República e a ascensão da política do café com leite lançou ao esquecimento e à galhofa toda uma constelação de artistas ligados à pré-modernidade; e não é por acaso que a Semana de Arte Moderna aconteceu em São Paulo e teve como seus principais protagonistas membros da oligarquia cafeeira.[7] Com o Estado Novo, *grosso modo*, o afã vanguardista de teor europeizante do nosso primeiro modernismo é substituído pela temática da identidade nacional, e Drummond, Villa-Lobos e Portinari, entre outros, estão diretamente ligados a Getúlio. Que Portinari — e apenas ele — tenha sido lançado aos infernos com a ascensão e internacionalização das artes visuais brasileiras a partir da década de 1990 é sintomático, e talvez diga algo do destino atual da música e da poesia no Brasil. Em todo caso, essas rápidas pinceladas historiográficas servem para contextualizar a demanda de Haroldo de Campos por uma história literária que saiba levar em conta tanto os processos de inclusão como de exclusão da tradição. Em seu *O sequestro do barroco* (1989) Haroldo de Campos denuncia a ausência de Gregório de Matos na abordagem sistêmica de Antônio Cândido em *Formação da literatura brasileira* (1959), que, segundo Campos "privilegia um certo tipo de história: a evolucionista-linear-integrativa, empenhada em demarcar, de modo encadeado e coerente, o roteiro de 'encarnação literária do espírito nacional'; um certo tipo de tradição, ou melhor, 'uma certa continuidade da tradição', excludente de toda perturbação que não caiba nessa progressão finalista".[8] Na trilha do barroco, outros sequestros foram denunciados, sendo o mais importante, e igualmente justificável, o do surrealismo, feita por Sérgio Lima[9] e corroborada por Cláudio Willer e Floriano Martins, entre outros, especialmente através da revista eletrônica *Agulha,* editada por este último.[10] Assim sendo, podemos notar, em sintonia com um crítico literário do porte de um Alfredo Bosi, que "os escritos de ficção, objeto por excelência de uma história da literatura, são individuações descontínuas do processo cultural. Enquanto individuações, podem exprimir tanto reflexos (espelhamentos) como variações, diferenças, distanciamentos, problematizações, rupturas e, no limite, negações das convenções dominantes no seu tempo."[11]

Não é tarefa simples identificar as convenções dominantes do nosso tempo, já que as condições históricas do presente são complexas, e talvez sempre turvas aos olhos de seus contemporâneos. Há algum tempo muito tem se discutido sobre a passagem (ou não) da modernidade para um momento pós-moderno, difícil de ser precisamente definido em termos positivos, mas cujas manifestações nos campos do comportamento, da economia, da política e da estética são inegáveis. Seja queiramos identificar o marco histórico do pós-modernismo em maio de 1968, na queda do muro de Berlim ou no atentado às Torres Gêmeas em 11 de setembro de 2001; seja queiramos defini-lo em termos políticos (o neoliberalismo, a globalização e a emergência de potências periféricas), econômicos (a passagem de uma economia de produção para uma de serviços, a intensa especulação e fluxo de capitais) ou estéticos (a superação das vanguardas, a promiscuidade entre gêneros e suportes, o uso paródico da tradição); o fato é que, paradoxalmente, no seio do próprio capitalismo reificante já não há uma única cultura dominante, e sim culturas; já não há um único discurso, e sim discursos.[12] Seja o pós-modernismo nada mais que uma exacerbação dos ditames modernistas, ou uma real ruptura desses valores, não importa: os paradoxos que o caracterizam não podem ser ignorados e muito menos unificados em um discurso único que, se procurarmos bem, supostamente encontraríamos sob todas as suas manifestações ou sintomas.[13] Tentar tal discurso único, tal história única, seria sucumbir a uma ultrapassada ilusão modernista. Sabemos, por exemplo, como o feminismo e os estudos de uma escrita feminina, os estudos de gêneros e os estudos pós-coloniais, entre outros, desafiaram e deslocaram a centralidade do cânone literário consagrado pela tradição. Evidentemente, a crítica literária, nesse momento contínuo de incertezas e deslocamentos, deve, necessariamente, reconhecer-se também em crise, em jogo, questionando seus valores, instrumentos, metodologias e posições. No entanto, as análises atualmente sendo praticadas pela crítica da poesia brasileira contemporânea movem-se muito lentamente nesse sentido, o que cria a falsa impressão de que há uma falta na produção da poesia. No dizer de Claudio Willer, "nossos críticos continuam preferindo os poetas inteligentes: aqueles racionais, precisos, rarefeitos e bem-comportados. E continuam a lamentar a ausência de novos poetas, sem atentar para o que se passa ao seu redor".[14] Ao contrário do ocorrido nas artes visuais (a partir do retorno à pintura da geração 80), no cinema (com a retomada dos anos 1990) e na literatura de ficção (com a temática urbana ganhando ênfase e visibilidade a partir das antologias organizadas por Nelson de Oliveira) — gêneros artísticos cujos exercícios críticos superaram dilemas e contradições fermentadas durante os anos de chumbo da ditadura — a poesia continua presa em cismas — ou falsos cismas — que a paralisam. É importante ressaltar, no entanto, que essa paralisia é da crítica, e não da produção poética. Incapaz de compreender a poesia contemporânea, a crítica à qual Willer se refere, encastelada em sua maioria nas universidades e no sudeste do país, ignora grande parte da atual produção da poesia brasileira; talvez — o que é grave, pois isso inverteria a relação secular entre crítica e criação — por não se sentir representada por ela; talvez — o que é lamentável — por preconceito ou incompetência, ao insistir em utilizar um instrumental crítico inadequado para abordar produções pós-modernas, ou por utilizá-lo de forma imprópria.

Evidentemente, é injusto afirmar — ainda que o poeta tenha o direito de reclamar e de sentir-se alijado —, genericamente, que "nossos críticos continuam preferindo os poetas racionais, precisos, rarefeitos e bem-comportados; e continuam a lamentar a ausência de novos poetas, sem atentar para o que se passa ao seu redor". Há críticos e críticos e, além do mais, não se trata de criar uma falsa oposição entre poetas e críticos; principalmente quando sabemos — como já notamos — que, como consequência de um fenômeno que se acelera desde a década de 1980, grande parte dos críticos atuantes hoje nas universidades do país são também poetas.[15] Apesar das duras (e por vezes pertinentes) críticas que sofreu, Heloísa Buarque de Hollanda, em sua antologia *Esses poetas* (1998), reconhece que "assistimos ao que poderia ser percebido como um neoconformismo político-literário, uma inédita reverência ao *establishment* crítico", e esforça-se, ainda que muito timidamente, para incluir poemas que se articulam de algum modo com outros gêneros artísticos e, principalmente, dar voz a poetas provenientes da periferia ou representantes de minorias. Para ela, "a causa aparente dessa possível apatia literária poderia ser o *ethos* de um momento pós-utópico, no qual o poema não parece ter mais nenhum projeto estético ou político que lhe seja exterior."[16]

O conceito de poema pós-utópico foi formulado por Haroldo de Campos que, renunciando ao "projeto totalizador da vanguarda", propõe uma poesia de pós-vanguarda "em dialética permanente com a tradição".[17] Infelizmente, a renúncia ao projeto totalizador da vanguarda não significou a renúncia ao projeto totalizador do concretismo; e o poema pós-utópico não é o poema pós-moderno, e sim apenas o desdobrar de uma tradição específica (a da *paideia* concretista) em manifestações como a poesia digital,[18] a poesia visual[19] e o neobarroco.[20] Tampouco a renúncia ao projeto totalizador da vanguarda significou, para os descendentes do concretismo,[21] a renúncia de uma feroz militância pela supremacia de sua visão sobre a poesia.[22] Desta forma, excluída da *linha evolutiva da poesia*[23] ficam as linhagens poéticas não sancionadas pelo crivo da *paideia*, especialmente aquelas abertas pelas experiências neoconcretas — genuinamente pós-modernas. Por outro lado, também ficam excluídas do *corpus* da poesia brasileira contemporânea aquelas produções que, de acordo com os críticos filiados às ideias de Antonio Cândido, fogem do processo sistêmico de formação de um cânone; e aqui poderíamos incluir, por exemplo, as contribuições de Antônio Risério, Pedro Cesarino e Douglas Diegues com suas traduções de cantos iorubá, xamânicos e guaranis, respectivamente.[24] Tampouco vejo interesse na crítica especializada — o que seria legítimo objeto de estudo; se não em seus aspectos estritamente literários, ao menos em seus aspectos culturais — pela profusão de blogs e pequenas editoras, manifestos, saraus e iniciativas como o site As Escolhas Afectivas e o Corujão da Poesia que, há anos, agita toda a semana a madrugada do Rio de Janeiro.[25]

A crítica de poesia no Brasil parece ter escolhido, como objeto privilegiado de estudo, um "núcleo duro" de poetas de altíssimo nível, que se encaixam nos sistemas e esquemas Cândido/Campos, mas que não representam a totalidade da produção contemporânea. São os poetas que Willer chamou de "inteligentes: aqueles racionais, precisos, rarefeitos e bem-comportados". Esse mesmo "núcleo duro" pode ser percebido na abordagem crítica que restringe a produção da poesia brasileira contemporânea a um suposto antagonismo entre concretismo e poesia marginal.[26] É nesse antagonismo que Marcos Siscar, em seu ensaio "A cisma da poesia brasileira", situa a "cisma", o nó crítico, que seria "o sintoma de um mal-estar teórico que consiste em uma indecisão quanto à natureza e à situação da poesia contemporânea".[27] Para o poeta e professor da Unicamp, "essa herança não é senão aquela fundada na cisma da oposição entre a poesia concretista, semiótica, tecnológica, formalista de um modo geral, e a poesia do cotidiano, a poesia que busca inspiração na língua e na cultura popular", ou, em outras palavras, entre experiência e experimentação. Ora, a poesia marginal não é páreo para o concretismo nem em termos de rigor teórico, nem historicamente e, portanto, uma síntese entre eles não pode representar uma superação entre *experiência versus experimentação*. O contraponto ao concretismo, o lado da "experiência" que se opõe a "experimentação", foi pautado pelo neoconcretismo; e podemos compreender a ruptura entre concretismo e neoconcretismo como uma dobra entre o modernismo e as práticas pós-modernas.²⁸ Considerando-se um movimento de vanguarda, o concretismo insere-se numa linhagem modernista, ou seja, purista e progressista. O neoconcretismo, ao contrário, não admitia fronteiras nem taxonomia entre as artes. Poetas interessados em práticas de suportes múltiplos ou de intervenções em espaços sociais — e podemos citar Lygia Pape como exemplo²⁹ — eram desde logo forçados a buscar exílio exclusivo no campo das artes visuais. O concretismo não foi apenas um projeto poético, mas também um projeto crítico — e, portanto, político — que, emitindo vistos e passaportes, declarava quem era ou não era poeta.³⁰ Se nas artes visuais o neoconcretismo torna-se vitorioso e alinhado com o contemporâneo, na poesia a vitória — com trocadilho — é do time com menos imaginação. Entrincheirada na academia paulista, a visão moderno/concretista da poesia reina absoluta. Malgrado a louvável contribuição que faz para a poesia, a crítica e a tradução no Brasil, o projeto concretista peca por — assim como o capitalismo e o estado autoritário que ele não soube combater — estar cego para qualquer alteridade, combativamente impermeável àqueles não eleitos à sua *paideia*.³¹

Em um ensaio publicado em 2011, a crítica Iumna Maria Simon escolheu dois poetas do "núcleo duro" — Eucanaã Ferraz e Carlito Azevedo — para combater o que chama de "permanência da retradicionalização frívola" na poesia brasileira contemporânea, denunciando a prática de uma "noção conciliatória de tradição que, em lugar da invenção de formas e das intervenções radicais, valoriza a convencionalização". Valendo-se de declarações dos dois poetas citados, Iumna nota "as implicações estéticas dessa maneira de compreender as formas de apropriação literária e de inscrição nas linhagens da tradição, nas quais o poema se espelha e tende a se acomodar", apontando para alguma política por trás desses "usos e abusos".³² Como a maioria dos seus pares, a crítica termina seu ensaio lamentando a situação atual da poesia: "Atualmente há sinais de que o complexo cultural do neoliberalismo foi abalado em sua hegemonia, que o pensamento único perdeu a autoridade de nos condenar a um modelo inapelável de sociedade, embora não despontem alternativas relevantes ao capitalismo, mesmo após uma crise sistêmica de proporções ainda não reveladas de todo, como a que atravessamos desde 2008. Falando da experiência brasileira, é verdade que raras são até agora as reações propriamente artísticas, no campo da poesia, a esta conjuntura. Mas elas existem e estarão fundadas na insatisfação com o paradigma retradicionalizador, o qual, como vimos, não passa de um parasitismo do cânone."[33]

Não acredito que sejam raras, como afirma Iumna, as reações da poesia brasileira às conjunturas impostas pelo "complexo cultural do neoliberalismo", ou seja lá o que for que decidamos denominar ou justificar uma suposta falta de potência — estética, política, existencial — na poesia brasileira contemporânea, simplesmente porque não acredito que exista essa falta de potência. Muito pelo contrário: a poesia brasileira poucas vezes produziu tanto e de tão alta qualidade. Seria dispendioso tratar de enumerar aqui a vasta produção poética de diferentes filiações e alta voltagem publicada no Brasil nos últimos cinco anos[34] — produção que ofuscaria a também ótima produção do "núcleo duro". Em minha opinião, a eminente crítica paulista acerta o tiro, mas erra o alvo. Se a crítica é incapaz de perceber a potência da poesia brasileira contemporânea; se quase toda essa rica produção está sendo (para usar um termo cunhado pela própria tradição da crítica) *sequestrada*; se a crítica de modo geral parece valorizar quase exclusivamente somente aqueles poetas que lidam com a tradição, com o *mainstream*, então é a crítica que deve ser repensada; é a crítica que deve ser questionada em seus valores, métodos e posicionamentos. Que Carlito e Eucanaã — apenas para prosseguirmos no mesmo exemplo — sejam poetas ligados à tradição e possivelmente identificados com um pensamento neoliberal, não me parece de forma alguma condenável; pelo contrário, apesar de sua relativa facilidade, por que não deveríamos tolerar, em um ambiente plural, poetas de interesse com tais características? Muito mais grave — gravíssimo — é a existência de uma crítica literária em nosso país que parece apenas enxergar esse tipo de produção na poesia brasileira, seja para louvá-la, como faz a maioria, seja para — sentindo em si o próprio mal-estar — execrá-la.

Sabe-se que uma das características do pós-modernismo é a diluição das fronteiras entre as artes; fronteiras estas ferozmente guardadas pelo conceito de especificidade de cada gênero artístico. Outra, não menos importante, é a uma nova relação entre arte e poder. Como percebe Teixeira Coelho, agora — para o bem e para o mal — há uma separação entre saber e poder.[35] Ao contrário das vanguardas modernistas, que lutavam umas contras as outras e contra os movimentos culturais e artísticos que as precediam, num constante esforço pela hegemonia cultural e embate entre inovação e tradição, num momento pós-modernista os bens culturais da tradição elevam-se à mesma plataforma do possível ao lado das novas tecnologias e todas (ou quase todas) as escolas artísticas, que se tornam "produtos" disponíveis por seu mero valor de uso, liberadas de sua carga histórica.[36] Isso não resulta, necessariamente, como temem muitos — inclusive a já citada Iumna Maria Simon — numa frouxa apoteose pluralista, sem rigor ou critérios. Há uma dinâmica e frutífera troca de papéis, mais explicitamente visível nas artes visuais (artistas-curadores, curadores-críticos, críticos-galeristas, galeristas- artistas, etc., etc., etc.), que se tornam, assim, dessacralizados e passíveis de serem objeto, por exemplo, da paródia e da ironia. É comum concentrarem-se na mesma pessoa várias "funções" do circuito, que se torna, portanto, também aberto.[37] No Brasil, um dos precursores dessa prática foi o crítico Frederico Morais, criador de eventos marcantes na década de 1960.[38] Na trilha aberta pelo neoconcretismo, artistas passaram pensar e produzir exposições, assumir o papel de curadores, escrever textos críticos e lidar com as instituições.[39] Também na poesia a multiplicidade de papéis se dá, e se acelera, com dezenas de poetas-críticos, poetas-professores universitários, poetas-editores, poetas-editores de revistas. Cláudio Daniel, Marcos Siscar, Alberto Pucheu, Sergio Cohn e Carlito Azevedo, entre muitos outros, encontram-se nessas categorias. A diferença de suas posturas, a eficácia de suas estratégias e o resultado de suas práticas talvez possam ser mais claramente compreendidas se pensarmos nelas sob o viés da dobra entre o modernismo e o pós-modernismo; ou, se quisermos, entre o moderno e o contemporâneo.

Assim Pucheu inicia seu ensaio "Pelo colorido, para além do cinzento (quase um manifesto)": "Jamais ouvi alguém dizer que sentiu as palavras de um crítico literário brasileiro lhe tocarem a alma, o coração ou os nervos", reclamando por um pensamento teórico ou crítico brasileiro à altura da poesia, da literatura, ou melhor, por um pensamento poético-crítico-teórico, indiscernível da literatura. Em vez de, como tende a fazer o poeta-crítico modernista, usar a teoria em suposto distanciamento ou explicitamente como arma para denegrir ou excluir seus oponentes, Pucheu, propondo para a literatura algo que já é corrente nas artes visuais há algum tempo, quer afirmar a crítica como um texto "tão verdejante e áureo, tão colorido, quanto a obra que ele aborda",[40] em diálogo/embate aberto com a ficção. Por outro lado, em seu recente livro *Linhas imaginárias: poesia, mídia, cinema,* o pensador brasileiro Adalberto Müller afirma que "é possível comprovar que a relação da poesia com o livro, e até mesmo com a escrita, é posterior ao seu surgimento. Na origem, a poesia está fundamente associada ao corpo — dança — e à voz — música." Para Müller, não se trata mais de perguntar *o que é* a poesia, mas sim *onde ela está*. Nesse campo ampliado — ou fissura aberta — o poema — como objeto de linguagem, mas não obrigatoriamente linguagem verbal — desloca-se dos seus suportes tradicionais; e requer uma "base epistemológica que possibilite o trânsito seguro de uma área do conhecimento para outra".[41] Nesse lugar ou lugares fronteiriços ou híbridos (espécie de limbo; invisíveis para a crítica *mainstream* da poesia brasileira) inserem-se muitos artistas contemporâneos que iniciaram suas carreiras como poetas, em sentido estrito, ou seja, trabalhando a palavra escrita no suporte da página em branco, e continuam produzindo poesia livresca, com fortes elementos multimídia, ou livros de artistas-pesquisadores, obras teórico-crítico-poéticas, instalações e outras produções inclassificáveis.[42] Legitimamente ocupando um espaço teórico, o crítico, ou o poeta-crítico ligado às tradições modernistas tende hoje, no entanto, a desempenhar mal o seu lugar, não percebendo as possibilidades abertas por uma prática poética e crítica expandida, e corroborando com as cegueiras, cismas e preconceitos ligados à tradição. Que venha um novo pensamento teórico/crítico, capaz de plenamente resgatar a poesia contemporânea — ou as poesias contemporâneas — de seu sequestro. Que venha um novo pensamento teórico/crítico, capaz de estar à altura do amplo leque de ações e produções da poesia brasileira contemporânea. Que venha um novo pensamento teórico/crítico, pois a poesia contemporânea brasileira está — desde muito — em renovação. Não podemos permitir reduzir a vasta galáxia da poesia brasileira contemporânea a um pequeno sistema solar, de onde sentimos que não conseguimos sair, mantendo nas trevas poetas de riquezas insondáveis. A crítica da poesia precisa estar à altura de um país que se pretende contemporâneo, plural, inclusivo e democrático.

Notas

1. Este trabalho é uma espécie de síntese entre dois ensaios sobre a situação da poesia brasileira contemporânea e sua crítica publicados em junho e julho de 2012 na revista virtual Cronópios: "A cegueira da cisma" e "S.O.S. sequestro". http://www.cronopios.com.br/site/ensaios.asp
2. João Guimarães Rosa, *Grande sertão: veredas*.
3. Terry Eagleton, *A ideologia da estética*.
4. Jacques Rancière, *A partilha do sensível — estética e política*.
5. Tornam-se assim duplamente ingênuas essas palavras de Silviano Santiago, pela crença na neutralidade da crítica e por ignorar que ela — a crítica — também é criadora: "A crítica — quando não é feita com a pena da inveja, o ácido da vingança pessoal ou a maledicência jornalística —, a crítica apenas diz o que o criador já pressente, lúcido e atento." Silviano Santiago, *Nas malhas da letra*. Ingenuidades estas, aliás, que Silviano Santiago, como grande crítico que é, raramente cometeu.
6. Pensemos em *Macunaíma*, por exemplo, obra que de certa forma inaugura o modernismo literário brasileiro e que não pode ser pensada indissociada dos posicionamentos críticos e teóricos de Mário de Andrade, servindo inclusive como suporte para tais posicionamentos.
7. Entre os muitos trabalhos que abordam a história social da arte no Brasil com ênfase no modernismo, de especial interesse, ainda que focada exclusivamente nas artes visuais, é: Aracy Amaral, *Arte para quê?*.
8. Haroldo de Campos, *O sequestro do barroco na formação da literatura brasileira — o caso Gregório de Matos*. Podemos afirmar que Haroldo obteve pleno êxito em sua justa demanda e hoje, além do movimento neobarroco conduzido na poesia por alguns de seus epígonos, encontramos referências ao barroco para pensar manifestações coletivas brasileiras como o carnaval e filiações explícitas na produção artística de artistas visuais como Tunga, Adriana Varejão e Miguel Rio Branco e músicos como Armando Lobo.

9. Sérgio Lima, *A Aventura Surrealista*. Também essa demanda obtém êxito, ao notarmos a franca filiação surrealista de jovens poetas, como Augusto de Guimaraens Cavalcanti e exposições como "Espelho refletido -- O surrealismo na arte contemporânea brasileira", que reúne 57 artistas brasileiros contemporâneos com a curadoria de Marcus Lontra. Rio de Janeiro, Centro Hélio Oiticica, 2012.
10. http://www.jornaldepoesia.jor.br/agportal.htm
11. Alfredo Bosi, "Por um historicismo renovado: reflexo e reflexão em história literária", in: *Literatura e resistência*.
12. São inúmeros os autores que abordam o suposto fenômeno pós-moderno sob os mais variados ângulos e pontos de vista, sejam eles a partir da perspectiva das artes ou da arquitetura, dos estudos culturais ou da política. Para uma abordagem panorâmica e ampla sobre o pós-modernismo são úteis diversos ensaios encontrados em J. Guinsburg e Ana Mae Barbosa (orgs.). *O pós-modernismo*.
13. Ver: Linda Hutcheon, *Poética do pós-modernismo: história, teoria, ficção*.
14. Claudio Willer, "Poesia brasileira: a boa safra de 2010-2011", disponível em: http://www.sescsp.org.br/sesc/revistas/revistas_link.cfm?Edicao_Id=422&Artigo_ID=6415&IDCategoria=7412&reftype=2
15. O legítimo refúgio social que muitos poetas contemporâneos encontram no exercício da profissão acadêmica não deixa de ser algo a ser estudado com mais profundidade em termos das consequências tanto potencializadoras como empobrecedoras do íntimo convívio entre produção e crítica ou, na mesma pessoa, entre o poeta e o teórico. É de se esperar, nesse contexto, um gosto maior por uma ideia de poesia como "aventura intelectual", e talvez isso ajude a explicar, ao menos em parte, a injustificável exclusão na atual formação processual de um cânone de linhagens poéticas potentes que escapam a esse ponto de vista.
16. Heloísa Buarque de Hollanda, *Esses poetas — uma antologia dos anos 90* (org.).
17. Haroldo de Campos, "Poesia e modernidade: Da Morte do Verso à Constelação. O Poema Pós-Utópico", in: *O Arco-íris branco*.
18. Ver, por exemplo: Jorge Luiz Antonio, *Poesia digital: teoria, história, antologias*.
19. Ver, por exemplo: Ricardo Araújo, *Poesia visual Vídeo poesia, de Ricardo Araújo*.
20. O termo neobarroco foi forjado pelo poeta cubano Severo Sarduy em 1974 e, em grande parte, é o termo que designa pós-modernismo na América hispânica. Segundo Cláudio Daniel, "o neobarroco não é uma vanguarda; não se preocupa em ser *novidade*. Ele se apropria de fórmulas anteriores, remodelando-as, como argila, para compor o seu discurso; dá um novo sentido a estruturas consolidadas, como o soneto, a novela, o romance, perturbando-as. O ponto de contato entre o neobarroco e a vanguarda está na busca de vastos oceanos de linguagem pura, polifonia de vocábulos. No lugar da *mímesis* aristotélica, do registro preciso, fotográfico da paisagem exterior, esta é recriada e retalhada como objeto de linguagem,

numa reinvenção da natureza mediante o olhar. Cláudio Daniel. "A escritura como tatuagem." http://www.elsonfroes.com.br/cdnbaroc.htm. Na seleção de textos neobarrocos escolhidos por Cláudio Daniel e Élson Fróes no mesmo site estão, entre outros, Lezama Lima e Alejo Carpentier.
21. São muitos os descendentes do Concretismo, e logo adiante, a título de ilustrar as típicas batalhas pelo poder poético, tão praticadas por esse assim chamado "último movimento de vanguarda", citarei dois deles: Cláudio Daniel e Carlito Azevedo. A edição de *Figuras metálicas*, que reúne a "travessia poética" de Daniel (São Paulo, Perspectiva, 2005) foi, de acordo com a orelha, organizada pelo autor a convite de Haroldo de Campos, e é a ele dedicada. Já *Sob a noite física* de Carlito (Rio de Janeiro, 7 Letras, 1996) traz na orelha o seguinte depoimento de Haroldo, aparentemente um trecho de resenha de jornal: "Mesmo com o termo desgastado, prefiro ser vanguarda do que retaguarda. Tenho consciência da importância que o nosso trabalho teve para a poesia brasileira, e identifico herdeiros, como Carlito Azevedo e Arnaldo Antunes."
22. Cláudio Daniel, em seu ensaio "Geração 90: uma pluralidade de poéticas possíveis", apesar da abertura sugerida pelo título, afirma que "a poesia da Geração 90 tem como marcos fundadores os livros *Rarefato* (1990) e *Nada feito nada* (1993), de Frederico Barbosa; *Collapsus linguae* (1991) e *As banhistas* (1993), de Carlito Azevedo; *Saxífraga* (1993), de Claudia Roquette-Pinto; *Ar* (1991) e *Corpografia* (1992), de Josely Vianna Baptista", todos, segundo ele, representantes da poesia neobarroca. Vale lembrar que o próprio Cláudio Daniel — neobarroco — estreia nessa época, junto com dezenas de outros poetas de diferentes filiações. Cláudio Daniel, "Geração 90: uma pluralidade de poéticas possíveis", *mallamargens — revista de poesia e arte contemporânea*. Disponível em: http://www.mallarmargens.com/. Igualmente excludente, em sua resenha para o livro *Elefante*, de Francisco Alvim, Carlito Azevedo se posiciona e divide os poetas entre "novos" e "anacrônicos": "O novo livro de poemas de Francisco Alvim, *Elefante*, parece estar se transformando num divisor de águas na poesia brasileira. Melhor assim. Sabemos que um livro é vivo não só pelo entusiasmo que causa entre seus admiradores — e diga-se de passagem que Chico Alvim parece ser o autor que os poetas novos do Brasil elegeram como preferência e referência explícita — mas também pela intolerância (por vezes travestida de desdém irônico) que passa a despertar entre os que lhe fazem oposição. O livro de Alvim vem sendo lido como uma questão política: 'Você é contra ou a favor do *Elefante*?'. A resposta errada pode custar amizades. Enquanto alguns comemoram, certa ala conservadora, que vê no humor e na capacidade de Chico de extrair sua poesia do mais comum algo assim como um tomate lançado sobre o projeto anacrônico de 'exaltar os estados de alma de um indivíduo fora do comum', parece irritada." Carlito Azevedo, "*Elefante*, o novo livro de Francisco

Alvim, revela uma alquimia especial, com riscos e perigos incorporados", Caderno *Ideias*, *Jornal do Brasil*, 18/11/2000. Já não mais um neobarroco, Carlito agora é alvo de Daniel: "O 'artesanato furioso' (Marino) de nossa poesia mais recente tem revelado uma força semântica e imaginativa que contrasta com a lírica morna e insossa da linha coloquial-cotidiana, hegemônica nos cadernos culturais, que tem como ícone o livro *Elefante*, de Francisco Alvim, que recicla o poema-piada e o poema-crônica-de-jornal já exauridos em nosso Modernismo, quase um século atrás." Cláudio Daniel, "A poesia que desafina o coro dos contentes", *mallamargens — revista de poesia e arte contemporânea*. Disponível em: http://www.mallarmargens.com/. Essas históricas e hilárias táticas de guerrilhas entre poetas (e Carlito e Daniel não foram os únicos a cometê-las), típicas das pelejas modernistas, parecem ser desdenhadas e ignoradas pelas novas gerações de poetas, que, sem que isso necessariamente signifique uma perda de critério e de rigor, demonstram conviver de forma mais harmônica com as diferenças. Comento e celebro a atitude da nova geração, por exemplo, na resenha que publiquei sobre os primeiros livros do Coletivo Os 7 Novos (Mariano Marovatto, Domingos de Guimaraens e Augusto de Guimaraens Cavalcanti). Renato Rezende, "Boas estreias de um coletivo poético singular", Caderno *Prosa & Verso*, *O Globo*, 16/12/2006.

23. Em 1955, Augusto de Campos publicou os artigos "Poesia, estrutura" e "Poema, ideograma" no *Diário de S. Paulo* (posteriormente republicadas em *Mallarmé* [São Paulo, Perspectiva, 2002]), onde, nas palavras de Paulo Franchetti, "afirma a existência de uma linha mestra evolutiva da poesia moderna à qual responde e se filia a Poesia Concreta". Paulo Franchetti, "Poesia e técnica: poesia concreta". Revista *Sibila — poesia e cultura*. Disponível em: http://www.sibila.com.br/index.php/critica/765-poesia-e-tecnicapoesia-concreta. Também a música popular brasileira possui uma linha mestra evolutiva, que culmina com o Tropicalismo — um movimento parelho ao Concretismo em inúmeros momentos e aspectos, inclusive em seus mecanismos totalizantes, que pretende carregar em si a chave de leitura para tudo que virá depois. Em *Histórias paralelas: 50 anos de música brasileira* (Rio de Janeiro, Casa da Palavra, 2012) Hugo Sukman contesta a tese de uma linha evolutiva única na MPB, estudando, por exemplo, o caso do samba.
24. Antônio Risério, *Oriki orixá*; Pedro Cesarino, *Oniska: Poética do Xamanismo na Amazônia*; Douglas Diegues (org.), *Kosmofonia Mbyá-Guarani*. Ver também: Antônio Risério, *Textos e Tribos — poéticas extraocidentais nos trópicos brasileiros*.
25. Disponível em: http://www.asescolhasafectivas.blogspot.com.br/; http://www.softzonebr.com/corujao/
26. Em "What's Neo in the Neo-Avant-Garde?"(In: Martha Buskirk e Mignon Nixon (orgs.), *The Duchamp Effect*) Hal Foster compara as vanguardas históricas do início do século 20 com as novas vanguardas dos anos 1950 e 1960, e procura

elementos para diferenciar o retorno a uma forma antiga que promove tendências conservadoras no presente de um retorno que desafia e revisa formas estabelecidas de criação e crítica. Se a questão é válida para o próprio Concretismo, o é com ainda mais rigor para a Poesia Marginal, que busca, quase diretamente, sua fonte no modernismo de Oswald. Em depoimento para Sergio Cohn, Chacal diz: "Foi o Charles que trouxe um livro que seria um grande marco na minha vida, que era o volume do Oswald de Andrade daquela coleção da Agir, 'Nossos Clássicos'. Era um livro pequeno, com apresentação do Haroldo de Campos, e trazia os manifestos, alguns poemas, além de trechos de *Serafim Ponte Grande* e de *Memórias Sentimentais de João Miramar*. Aquele livro me fascinou, eu achei aquele mundo ali maravilhoso, porque ao mesmo tempo em que havia toda uma postura de contestação através dos manifestos, tinha um humor e uma irreverência muito grandes nos poemas e nos textos em prosa. Eu fiquei sorvendo aquele livro durante um bom tempo, lendo e relendo..." Sergio Cohn (org.), *Nuvem cigana — poesia & delírio no Rio dos anos 70*.

27. Marcos Siscar, "A cisma da poesia brasileira".
28. Denunciando o "objetivismo mecanicista" da poesia concreta, os neoconcretos clamavam pela integração entre arte e vida e pela valorização da dimensão existencial, subjetiva e afetiva da obra de arte. De acordo com Ronaldo Brito, em seu *Neoconcretismo — vértice de ruptura do projeto construtivo brasileiro*, "a prática da arte concreta, para excluir o idealismo clássico, acabou por se prender aos limites de um certo empirismo. Na recusa da instância do inconsciente, por exemplo, acabou vítima da racionalidade do ego e da crença no sujeito cartesiano". Por outro lado, "o artista neoconcreto", continua Brito, "não abordava propriamente o espaço, ele o experimentava. Dispunha-se a vivenciá-lo, atuar contra o relacionamento tradicional entre o sujeito observador e o trabalho. Tinha uma concepção não instrumental do espaço, desejava imantá-lo, torná-lo campo de projeções e envolvimento num registro quase erótico. O desejo neoconcreto se opunha ao modo de relação vigente com a arte e ao processo de leitura estabelecido: contra a passividade, o convencionalismo, o platonismo da fruição 'normal', buscava tencioná-la, explodi-la em seus limites tradicionais" Ronaldo Brito, *Neoconcretismo — vértice e ruptura do projeto construtivo brasileiro*. Ainda que tenha mantido alguma relação com outros gêneros artísticos, especialmente as artes visuais, o concretismo mantinha o controle sobre essas relações, cerceando-as sob seu campo teórico e aproximando-se, na prática, no máximo ao que Antonio Risério chamou de "texto intersemiótico". Antonio Risério, *Ensaio sobre o texto poético em contexto digital*. Por outro lado, explorando conceitos e experiências como o espaço imantado, o livro-objeto, a linha orgânica, o não objeto, e a atitude e os corpos do artista e do espectador, o Neoconcretismo constituiu-se em uma das primeiras manifestações

pós-modernas, abrindo um enorme leque de possibilidades para o poema se desvelar no campo ampliado da performance, da vídeo-arte, dos objetos e das intervenções sociais. Ver: Roberto Corrêa dos Santos e Renato Rezende, *No contemporâneo: arte e escritura expandidas.*

29. Recentemente, a exposição retrospectiva de Lygia Pape, "Espaço Imantado", originalmente montada no Museo Reina Sofía, em Madri, estabeleceu a artista brasileira como uma pioneira do Minimalismo. No catálogo da exposição estão reproduzidos alguns de seus poemas *strictu sensu*, publicados no Suplemento Dominical do *Jornal do Brasil*. *Lygia Pape — Espaço Imantado*. Catálogo da exposição do mesmo nome.

30. Enquanto resgatava alguns interessantes poetas que poderiam enriquecer sua tradição, como Souzândrade e Qorpo Santo, os concretistas barravam outras linhagens poéticas. Esse foi o caso, por exemplo, do próprio Surrealismo, já citado, e que existiu entre nós em poetas como Murilo Mendes, Jorge de Lima e Adalgisa Nery. A linha mestra do Surrealismo poderia oferecer instrumental crítico, não para rotular e reduzir, mas para compreender e afirmar a singularidade de poetas contemporâneos como Roberto Piva, Cláudio Willer, Manoel de Barros, Floriano Martins e, entre os mais jovens, Rodrigo Petrônio e Augusto de Guimaraens Cavalcanti.

31. A poesia concreta, segundo Philadelpho Menezes, estava "intimamente associada ao movimento de *boom* desenvolvimentista que levanta o país nos anos 1950, simbolizado exemplarmente pelo plano de criação de Brasília, uma nova cidade idealizada como centro do poder, matematicamente situada no centro geográfico do país". Philadelpho Menezes, *A crise do passado: modernidade, vanguarda, metamodernidade*, São Paulo, Experimento, 1994.

32. Tomando os mesmos poetas eleitos por Iumna em sua análise, poderíamos dizer — sem que isso de forma alguma venha em detrimento de suas conquistas formais — que as poéticas de Eucanaã Ferraz e Carlito Azevedo, com sua luminosidade e reverência à tradição (o uso e a citação da tradição em ambos os poetas não carrega a carga de ironia e paródia que caracteriza muito da produção pós-moderna) representam as aspirações da pequena burguesia subserviente e levemente burocrata que finalmente conquistou seu lugar ao sol no apogeu do neoliberalismo.

33. Iumna Maria Simon, "Condenados à tradição — o que fizeram com a poesia brasileira", *Revista Piauí*, nº 61, outubro 2011.

34. Além dos poetas da "safra 2010-2011" citados por Willer, só para não deixar o leitor no vácuo, sem nenhuma pretensão de ser exaustivo, e me restringindo apenas à poesia livresca, cito as publicações; em 2008, de *Como se caísse devagar* (Annita Costa Malufe) e *A partir de amanhã eu juro que a vida vai ser agora* (Gregório Duvivier); em 2009, *Transpaixão* (Waldo Motta); em 2010, *Depois do vértice da noite* (Gabriela Marcondes), *Dezembro* (estreia de Ana Tereza Salek), *Saber o sol*

do esquecimento (Case Lontra Marques) e *A Morte de Tony Bennett (Leonardo Gandolfi)*; em 2011, *Pulsatilla* (Luis Maffei), *Ciclópico Olho* (Horácio Costa) e os dois volumes de *Clínicas de artista* (Roberto Corrêa dos Santos); em 2012 houve a coletânea de Sergio Cohn (*O sonhador insone*)...

35. "A tendência é a busca da separação entre saber e poder: o saber não deriva do poder, o saber está à deriva em relação ao poder. O poder não é a meta, o que se busca é a autonomia. Não há heróis e vanguardas na autonomia; uns e outros preveem o fenômeno da filiação, da subordinação, enquanto na autonomia o que há é um suceder simples de movimentos que se ligam por coordenação. Na autonomia existem apenas os co-manianos, como na utopia de Fourier: todos coexistem, assumidas como tais, fugindo da monomania neurótica, terrorista. A vanguarda e o herói, assim como o poder, são desnecessários." Teixeira Coelho, "Pós-modernidade: 'paradigma de todas as submissões'?", in: *Moderno pós-moderno*.

36. Ver: Arthur C. Danto, *After the End of Art — contemporary art and the pale of history*. Para o filósofo americano, já não há mais um critério possível que determine o que é e o que não é arte: todas as formas de mediums e estilos são legítimas. Isso significa que o artista contemporâneo, ao construir sua poética, tem à sua disposição não apenas as novas tecnologias, mas toda a arte do passado — tenha sido ela reconhecida ou não — e seus meios e estilos (com exceção do espírito em que esta arte foi realizada). "O pluralismo do mundo da arte atual define o artista ideal como um pluralista" (p. 114).

37. As próprias noções de objeto (de arte) e lugar (expositivo) são amplamente questionadas na contemporaneidade, tornando-se não mais físicos ou estéticos, mas lócus construídos por cruzamentos. Ver: Miwon Kwon, *One Place After Another: site-specific art and locational identity*.

38. Ver, por exemplo, a entrevista concedida a Gonzalo Aguilar publicada no portal Cronópios em 25/5/2008; Frederico de Morais afirma que "a curadoria (termo que nessa época não se usava) deve ser para mim uma extensão da tarefa crítica-criativa, deve ter características semelhantes a uma obra de arte com uma leitura visual que deve ser tão *sedutora* como a mesma obra de arte". http://www.cronopios.com.br/site/colunistas.asp?id=3279

39. Entre os eventos marcantes da época com essas características estão as exposições Propostas 65 e Propostas 66, a Nova Objetividade Brasileira (1967), Arte no Aterro (1968), Salão da Bússula (1969) e Domingos da criação (1970).

40. Alberto Pucheu, *Pelo colorido, para além do cinzento (a literatura e seus entornos interventivos)*. Argumentando pela confluência entre poesia e filosofia, Alberto Pucheu tem produzido textos poéticos-críticos-teóricos como o livro sobre Roberto Corrêa dos Santos: Alberto Pucheu, *Roberto Corrêa dos Santos: o poema contemporâneo enquanto o ensaio teórico-crítico-experimental*.

41. Adalberto Müller, *Linhas imaginárias: poesia, mídia, cinema*.

42. Ver, por exemplo, Roberto Corrêa dos Santos e Renato Rezende. *No contemporâneo: arte e escritura expandidas*. Ou o meu ensaio "Brasil pós-moderno: poesia, filosofia e arte contemporânea", disponível em: <<http://www.mallarmargens.com/search/label/Renato%20Rezende#!/2012/07/brasil-pos-moderno-poesia-filosofia-e.html>>.

Referências

AMARAL, Aracy. *Arte para quê?*. São Paulo: Nobel, 2003.
ARAÚJO, Ricardo. *Poesia visual Vídeo poesia*. São Paulo: Perspectiva, 2000.
AZEVEDO, Carlito. "*Elefante*, o novo livro de Francisco Alvim, revela uma alquimia especial, com riscos e perigos incorporados". Caderno Ideias. *Jornal do Brasil*. 18/11/2000.
_____. *Sob a noite física*. Rio de Janeiro: 7 Letras, 1996.
BOSI, Alfredo. "Por um historicismo renovado: reflexo e reflexão em história literária". In: *Literatura e resistência*. São Paulo: Cia das Letras, 2002.
BRITO, Ronaldo. *Neoconcretismo — vértice e ruptura do projeto construtivo brasileiro*. São Paulo: Cosac & Naify, 1999.
BUARQUE DE HOLLANDA, Heloísa (org.). *Esses poetas — uma antologia dos anos 90*. Rio de Janeiro: Aeroplano, 1998.
CAMPOS, Haroldo de. "Poesia e modernidade: Da Morte do Verso à Constelação. O Poema Pós-Utópico". In: *O Arco-íris branco*. Rio de Janeiro: Imago, 1997.
_____. *O sequestro do barroco na formação da literatura brasileira — o caso Gregório de Matos*. São Paulo: Iluminuras, 2011.
CESARINO, Pedro. *Oniska: Poética do Xamanismo na Amazônia*. São Paulo: Perspectiva, 2011.
COELHO, Teixeira "Pós-modernidade: 'paradigma de todas as submissões'?". In: *Moderno pós-moderno*. São Paulo: Iluminuras, 2005.
COHN, Sergio (org.). *Nuvem cigana — poesia & delírio no Rio dos anos 70*. Rio de Janeiro: Azougue, 2007.
CORRÊA DOS SANTOS, Roberto e REZENDE, Renato. *No contemporâneo: arte e escritura expandidas*. Rio de Janeiro: Faperj/Circuito, 2011.
_____. *No contemporâneo: arte e escritura expandidas*. Rio de Janeiro: Faperj/Circuito, 2011.
DANIEL, Cláudio. *Figuras metálicas*. São Paulo: Perspectiva, 2005.
_____."A escritura como tatuagem". Disponível em: http://www.elsonfroes.com.br/cdnbaroc.htm.
_____."Geração 90: uma pluralidade de poéticas possíveis", mallamargens — revista de poesia e arte contemporânea. Disponível em: http://www.mallarmargens.com/.
DANTO, Arthur C. *After the End of Art — contemporary art and the pale of history*. Princeton, Nova Jersey: Princeton University Press, 1997.

DIEGUES, Douglas (org.). *Kosmofonia Mbyá-Guarani*. São Paulo: Mendonça & Provazi Editores, 2006.

EAGLETON, Terry. *A ideologia da estética*. Tradução de Mauro Sá Rego Costa. Rio de Janeiro: Jorge Zahar, 1993.

"Espelho refletido: o surrealismo e arte contemporânea brasileira". Curadoria de Marcus Lontra. Rio de Janeiro: Centro Helio Oiticica, 2012.

FOSTER, Hal. "What's Neo in the Neo-Avant-Garde?". In: BUSKIRK, Martha e NIXON, Mignon (orgs.). *The Duchamp Effect*. Cambridge (MA)/Londres: MIT Press and October Magazine, 1996.

FRANCHETTI, Paulo. "Poesia e técnica: poesia concreta". Revista *Sibila — poesia e cultura*. Disponível em: http://www.sibila.com.br/index.php/critica/765-poesia-e-tecnicapoesia-concreta.

GUINSBURG, J. e BARBOSA, Ana Mae (orgs). *O pós-modernismo*. São Paulo: Perspectiva, 2008.

HUTCHEON, Linda. *Poética do pós-modernismo: história, teoria, ficção*. Tradução de Ricardo Cruz. Rio de Janeiro: Imago, 1991.

KWON, Miwon. *One Place after Another: site-specific art and locational identity*. Cambrige: MIT Press, 2004.

LIMA, Sérgio. *A Aventura Surrealista*. Petrópolis/Campinas: Vozes/ Unicamp, 1995.

LUIZ ANTONIO, Jorge. *Poesia digital: teoria, história, antologias*. São Paulo: Navegar/Fapesp, 2010.

MENEZES, Philadelpho. *A crise do passado: modernidade, vanguarda, metamodernidade*. São Paulo: Experimento, 1994.

MÜLLER, Adalberto. *Linhas imaginárias: poesia, mídia, cinema*. Porto Alegre: Sulina, 2012.

PUCHEU, Alberto. *Pelo colorido, para além do cinzento (a literatura e seus entornos interventivos)*. Rio de Janeiro: Faperj/Azougue, 2007.

_____. *Roberto Corrêa dos Santos: o poema contemporâneo enquanto o ensaio teórico-crítico-experimental*. Rio de Janeiro: Faperj/Azougue, 2012.

RANCIÈRE, Jacques. *A partilha do sensível — estética e política*. Tradução de Mônica Costa Netto. São Paulo: Editora 34, 2005.

REZENDE, Renato. "Boas estreias de um coletivo poético singular". Caderno *Prosa & Verso. O Globo*, 16/12/2006.

_____. "Brasil pós-moderno: poesia, filosofia e arte contemporânea". Disponível em: http://www.mallarmargens.com/search/label/Renato%20Rezende#!/2012/07/brasil-pos-moderno-poesia-filosofia-e.html.

RISÉRIO, Antonio. *Ensaio sobre o texto poético em contexto digital*. Salvador: Fundação Casa de Jorge Amado/COPENE, 1998.

_____. *Oriki orixá*. São Paulo: Perspectiva, 1996.

_____. *Textos e Tribos — poéticas extraocidentais nos trópicos brasileiros*. Rio de Janeiro: Imago, 1993.

ROSA, João Guimarães. *Grande sertão: veredas*. Rio de Janeiro: Nova Fronteira, 2006.

SANTIAGO, Silviano. *Nas malhas da letra*. Rio de Janeiro: Rocco, 2000.

SIMON, Iumna Maria. "Condenados à tradição — o que fizeram com a poesia brasileira". *Revista Piauí*, n. 61, outubro 2011.

SISCAR, Marcos. "A cisma da poesia brasileira". *Revista Sibila*, ano 5, n°s 8-9, 2005.

SUKMAN, Hugo. *Histórias paralelas: 50 anos de música brasileira*. Rio de Janeiro: Casa da Palavra, 2012.

Suplemento Dominical do *Jornal do Brasil*. *Lygia Pape — Espaço Imantado*. Catálogo da exposição do mesmo nome. São Paulo: Pinacoteca do Estado, 2012.

WILLER, Claudio. "Poesia brasileira: a boa safra de 2010-2011". Disponível em: http://www.sescsp.org.br/sesc/revistas/revistas_link.cfm?Edicao_Id=422&Artigo_ID=6415&IDCategoria=7412&reftype=2.

Sites:

Portal Cronópios. Disponível em: http://www.cronopios.com.br/site/colunistas.asp?id=3279. Acessado em: 25/05/2008.

As escolhas afectivas: curadoria autogestionada de poesia brasileira. Disponível em: http://www.asescolhasafectivas.blogspot.com.br/

Agulha — revista de cultura. Disponível em: http://www.jornaldepoesia.jor.br/agportal.htm.

Corujão de Poesia. Disponível em: http://corujaodapoesia.com/

Autoficção e literatura contemporânea

Luciene Azevedo

LUCIENE AZEVEDO é doutora em literatura comparada pela UERJ e atualmente é professora de teoria literária da UFBA. Sua pesquisa atual investiga o modo como se forja uma identidade autoral. É interessada na prosa literária latino-americana contemporânea. Suas hipóteses investigativas apostam na prioridade que a narrativa confessional ganha para a cena contemporânea, analisando o investimento na autoficção por autores que desejam construir uma carreira literária, forjando sua assinatura. Ensaio publicado na *Revista Brasileira de Literatura Comparada*, nº 12, 2008.

A necessidade canônica, quando se vai trabalhar com o contemporâneo, de saída nos coloca diante desta questão: o que é literatura?

Beatriz Resende

Na cena-*Matrix* da contemporaneidade, há quem ainda se incomode com a labilidade das fronteiras virtuais fagocitando um já precário real, seja para reavivar a retórica-Baudrillard do "ai como era gostoso o meu Real", seja para demonizar a espetacularização *à la* Debord.

Para os que apostam nesse panorama desolador, a literatura estaria perdendo sua capacidade adorniana de resistência e se entregando facilmente aos prazeres da superficialidade, regozijando-se com o banal, chafurdando no ordinário e investindo em conteúdos ridículos. Assim, tendo invadido a cena literária contemporânea, o blog é entendido como o mais novo dispositivo propulsor de artificialismos que investe na espetacularização do sujeito e se constitui como uma ferramenta a mais, prestes a colaborar com a "tagarelice do personalismo e a banalidade da autoexpressão narcisista".[1] Na esteira do sucesso dos *reality shows* e das fórmulas de vida na lição autoajuda, a demanda pela autenticidade das imagens e narrativas da "vida real" contaminaria a escrita de si cultivada pelos escritores de blogs que, por sua vez, reafirmariam o narcisismo de uma sociedade midiática.

Para aquele que aceite enfrentar o desafio de pensar o contemporâneo é quase impossível escapar do fato de que os salões virtuais da *Web* invadiram a cena literária contemporânea e muitos dos novos autores escolhem os blogs[2] para divulgar sua ficção.

O novo suporte coloca em questão não apenas a dúvida pelo próprio estatuto da ficção (isso é, ainda, literatura?), mas também a legitimação do jovem autor e as próprias estratégias de representação do que tem a dizer. Isso fica claro quando os autores são cobrados por sua falta de *expertise* literária ("os escritores de blog... não são artistas, leitores ou peritos" [são] "autores que quase não leram"[3]) ou pela falta de lastro biográfico significante que os desautorizaria a contar uma vida tão ordinária. Lidos nessa clave, a ausência de uma aprendizagem artística e a idolatria da "pessoa comum" cultivadas pela imensa seara blogueira é um correlato do cotidiano mergulhado na mediocridade e em subjetividades incapazes de singularidades diferenciadoras, pois apesar da exacerbada presença do biográfico nos textos postados, convivemos com um paradoxal declínio da interioridade psicológica,[4] com subjetividades construídas para serem apenas vitrines de exposição de um eu produzido artificialmente, uma identidade *fake*.

Mas e se a contrapelo das análises apocalípticas, sem que tampouco tomemos a via da poliana integrada, pudéssemos ler a produção dos blogs literários apostando em uma relação com as marcas do nosso presente que não se nega ao diálogo com a espetacularização? Se aceitarmos a hipótese, a aposta na exposição do eu e o exercício da textualização de si podem ser lidos "em sintonia com o narcisismo da sociedade midiática contemporânea, mas, ao mesmo tempo, produz [irem] uma reflexão sobre ele".[5]

Na falta das grandes narrativas, dos grandes romances formativos do eu, das certezas de um cânone estável no qual se apoiar, talvez valha a pena apostar que a cena literária do século XXI, precária e instável, já apresenta novas estratégias de representação, "elementos singulares que estão em trânsito, propensos a circunscreverem modalidades inéditas de experiências".[6] Nesse sentido, talvez seja possível pensar a autoexposição da intimidade também como estratégia para driblar, e brincar com, a superficialidade contemporânea.

Em vez do pacto pelo efeito de real que a narrativa das experiências pessoais persegue e da legitimação da autenticidade do que é contado por quem, de fato, viveu o que conta, podemos considerar que a presença avassaladora do autobiográfico na ficção blogueira é uma estratégia autoficcional que investe na criação de "eus" de/no papel.

No universo da visibilidade total ("Sorria, você está sendo filmado"), estimulado inclusive pela internet (*Orkut, Facebook, webcams* e *fotologs* não nos deixam mentir), os blogs são dispositivos que permitem a invenção de si. (Re)Inventar-se em outros é uma estratégia ficcional tão antiga que levou Platão a expulsar os poetas da Cidade Ideal, mas mesmo um procedimento tão antigo pode ter renovado seu estatuto uma vez consideradas as circunstâncias de seu (re)aparecimento. Assim, entendemos que a incorporação do autobiográfico é uma estratégia para eludir a própria autobiografia e tornar híbridas as fronteiras entre o real e o ficcional, colocando no centro das discussões novamente a possibilidade do retorno do autor, não mais como instância capaz de controlar o dito, mas como referência fundamental para performar a própria imagem de si.

Nesse sentido, a problemática principal que ronda os *posts* diários dos blogs e as narrativas dos autores que garantiram publicação em papel depois que se lançaram na rede dramatizando suas experiências cotidianas não está calcada na garantia de veracidade, mas em um protocolo de desaparecimento ("Como faremos para desaparecer?", perguntava Blanchot). Um jogo de esconde-esconde que alude a uma visibilidade enganadora investindo na impossibilidade de confirmar se tudo (ou quase nada?), afinal, é verdade ou não. A figura do autor (eu que escreve ou *ego scriptor*?) é ao mesmo tempo evocada como referente do texto e ao mesmo tempo borrada pela indecidibilidade que inquieta o leitor chamado a participar de um pacto em que as regras não estão dadas de antemão.

1. Autoficção: um conceito esquizofrênico?

Partindo do pressuposto de que é possível ler também nos blogs um investimento na figuração de si que se apropria antropofagicamente da exacerbada autoexposição da intimidade que está no "espírito do tempo", de ambiente virtuais ou não, como uma forma de driblar a espetacularização do eu e a visibilidade transparente, acreditamos que é possível pensar a autoficção como uma estratégia representacional possível exercitada pelos blogueiros em seus *posts* e nos livros publicados, como um dispositivo que responde ao contexto contemporâneo.

O termo autoficção foi empregado pelo francês Serge Doubrovsky para designar um exercício ficcional criado como resposta à análise sobre a autobiografia feita por Philippe Lejeune, que em seu conhecido livro sobre o pacto autobiográfico assim se manifestava:

> O herói do romance, uma vez declarado como tal, pode ter o mesmo nome do autor do romance? Nada impediria tal fato, e talvez fosse uma contradição interna da qual se poderiam tirar alguns efeitos. Mas, na prática, nenhum exemplo se apresenta a essa pesquisa.[7]

Sentindo-se desafiado, Doubrovsky escreve *Fils* (1977), romance em que faz coincidir personagem e autor do romance ("A personalidade e a existência em questão são as minhas e de pessoas que compartilham minha vida"[8]), lançando mão da estratégia autoficcional baseada na construção polifônica de vozes e nas diferentes perspectivas narrativas.

O conceito de autoficção, tal como entendido por Doubrovsky, inscreve-se na fenda aberta pela constatação de que todo contar de si, seja reminiscência ou não, é ficcionalizante e que todo desejo de ser sincero é um *trompe-l'oeil*: "Eu me falto ao longo... de mim".[9]

Bem próximo da estratégia adotada em *O falso mentiroso* e *Histórias mal contadas* por Silviano Santiago, que, empregando o procedimento de embaralhar as fronteiras entre vida e ficção, faz o narrador jogar com as margens do gênero e encenar um balanço de vida, mal contando histórias cultivadas pela memória inquietante de uma intrincada rede de leituras, principalmente de nossos escritores modernistas, desaparecendo como referente autoral do texto, para converter-se em "parasita literário de si mesmo" (para falarmos como outro autoficcionista, o espanhol Enrique Vila-Matas).

A autoficção é entendida, então, como um apagamento do eu biográfico, capaz de constituir-se apenas nos deslizamentos de seu próprio esforço por contar-se como um eu, através da experiência de produzir-se textualmente. Eu descentralizado, eu em falta que preenche os vazios do semioculto com as sinceridades forjadas que escreve.

No entanto, contestando o procedimento de utilização do termo por Doubrovsky, Vincent Colonna investe no conceito, entendendo-o como uma estratégia representacional da literatura contemporânea: "Uma autoficção é uma obra literária na qual um escritor se inventa uma personalidade e uma existência, conservando sua identidade real (seu verdadeiro nome)".[10]

A sutil diferença em relação ao entendimento do termo por Doubrovsky vem da permanência defendida por Colonna da figura do escritor-autor como elemento de referência fundamental ao jogo autoficcional. O que claramente contraria a posição do autor de *Fils*, uma vez que esse parece defender o esvaziamento ou a impossibilidade do lugar autoral que é preenchido pelo trabalho com o significante. Em síntese, todo valor à *écriture*, lema que poderia ser adotado por boa parte das tendências teóricas imanentistas do século XX.

A reapropriação que Colonna faz do conceito tal como é entendido por Doubrovsky parece ir ao encontro do que afirma Puertas Moya:

> Derrida e De Man colocam em dúvida (...) a existência de uma referencialidade concreta do texto autobiográfico com respeito ao eu, mas suas posições não parecem suficientes para invalidar (...) uma literatura referencial do eu existencial, assumido, com maior ou menor nitidez, pelo autor da escritura frente à literatura fictícia na qual o eu sem referente específico não é assumido existencialmente por ninguém concretamente.[11]

Mas apesar da popularidade que parece ganhar em muitas ficções contemporâneas, o conceito enfrenta resistências. Para Gerard Genette, ele não é nem mesmo inovador, já que é um dos mais básicos procedimentos ficcionais o fato de o autor fingir sua entrada na ficção.

Assim, a postura de negação radical de Genette em relação ao termo é sintomática de uma dificuldade de caracterizar teoricamente a autoficção como um gênero, uma vez que o conceito parece se aproveitar da desestabilização empreendida pela própria autobiografia ao forçar as fronteiras do literário para dar uma volta a mais no parafuso, embaralhando ainda mais a questão: "O que interessa na autoficção não é a relação do texto com a vida do autor, e sim a do texto como forma de criação de um 'mito do escritor'. A autoficção é uma máquina produtora de mitos do escritor."[12]

Mas insistindo-se na tentativa de caracterização do termo, que diferença fundamental haveria, então, entre a estratégia da autoficção e a autobiografia como desmascaramento?

> Nós pressupomos que a vida produz a autobiografia como um ato produz consequências, mas não poderíamos sugerir com a mesma justiça que o projeto autobiográfico possa ele mesmo produzir e determinar a vida e o que quer que o escritor faça, ele é governado pelas exigências técnicas do autorretrato e determinado dessa forma pelos recursos de seu *medium*?[13]

Aqui, arriscaríamos dizer que a instabilidade mesma do desmascaramento já provado pela autobiografia é desdobrada na reconciliação com a figura do autor que superou o paradigma da morte: do sujeito, do autor. Nesse sentido, se a desconstrução da ilusão referencial foi necessária, agora podemos fazer as pazes não para restabelecer qualquer centro orientador, mas para investir no jogo de continuar representando.

Para rebater a negatividade de Genette, diríamos que o que é realmente novidade na autoficção é a vontade consciente, estrategicamente teatralizada nos textos, de jogar com a multiplicidade das identidades autorais, os mitos do autor, e ainda que essa estratégia esteja referendada pela instabilidade de constituição de um "eu", é preciso que ela esteja calcada em uma referencialidade pragmática, exterior ao texto, uma figura do autor, claro, ele mesmo também conscientemente construído.

Assim, a estratégia básica da autoficção é o equilíbrio precário de um hibridismo entre o ficcional e o autorreferencial, um entre-lugar indecidível que bagunça o horizonte de expectativa do leitor:

O leitor encontra-se diante de uma asserção cuja veracidade é indecidível. Diante dessa categoria textual, devem-se levar em conta duas injunções antinômicas: ler o texto como uma ficção e como uma autobiografia. No entanto, a síntese entre esses dois registros pode parecer impossível, pois como se haveria de distinguir o referencial do imaginário, o literal do metafórico?[14]

Então, se concordamos que autobiografia e ficção compartilham fronteiras discursivas e que o elemento de interseção é o "eu", diríamos que a autoficção atua com base na expectativa de representação de um "eu" sempre cambiante em que as próprias fronteiras parecem rasuradas. Em vez da relativa estabilidade "imagens ficcionais se naturalizam em nossa vivência do cotidiano e, em troca, experiências cotidianas se metamorfoseiam em manifestações ficcionais",[15] a autoficção desestabiliza ainda mais a já precária condição desse "eu", apresentando-se como uma escrita de si na qual o pacto mimético se metamorfoseia ficcionalmente e a invenção de si se naturaliza como vivência cotidiana. O verdadeiro eu é duplamente considerado uma ficção, não há um código hermenêutico que oriente a leitura, o sentido vacila justamente pela anfibologia do entre-lugar:[16] "É mentira, mas é tudo verdade. Qualquer semelhança com a realidade não terá sido mera coincidência".[17]

A diferença é uma sutileza em relação à famosa afirmação de Barthes em seu exercício autobiográfico: "Tudo isso deve ser considerado como dito por um personagem de romance."[18] Aqui, tudo é ficção. Mas a encenação do eu levada a cabo na autoficção necessita do substrato referencial, ainda que ele próprio seja um ato performático configurado no texto. Assim, o eu de papel é uma figuração entre outras. A ilusão referencial é, e ao mesmo tempo não é, correlata à construção da figura que ganha estatuto ficcional paradoxalmente através da produtiva onipresença impotente da referência: "Quando conto alguma coisa do meu dia a dia, pode desconfiar que é invenção."[19]

Assim, o autor assume um duplo estatuto contraditório: um lugar vazio impossível de garantir a veracidade referencial e simultaneamente um intruso que se assume interlocutor de si, colocando-se abertamente na posição de autor, fingindo-se outros: "Aos poucos vou me largando por aí. Os pedaços soltos pelos lugares mais improváveis. Alguns servem para encher papel, viram palavras."[20]

2. O si mesmo de uma invenção de outros

> *Então agarre o que você tem mais próximo: fale de si mesmo. E ao escrever sobre si mesmo comece a se ver como se fosse outro, trate-se como se fosse outro: afaste-se de si mesmo conforme se aproxima de si mesmo.*
>
> Enrique Vila-Matas[21]

No ensaio "O paradoxo e a mimese", o comentário que Lacoue-Labarthe faz do texto de Diderot *Paradoxo sobre o comediante* coaduna-se ao dispositivo esquizofrênico que a autoficção faz disparar: "A apocrifia do autor é aqui mais temível ainda do que aquela que Platão temia."[22] A impessoalização do poeta é um dos motivos apresentados pelo filósofo grego para condenar a *mímesis* por provocar uma decepção no espectador, que seria, dessa forma, enganado pela performance: "Quando profere um discurso como se fosse outra pessoa, acaso não diremos que ele se assemelha o mais possível o seu estilo ao da pessoa cuja fala enunciou?"[23]

Sendo o poeta um verdadeiro *hypocrités*, um ator da *mímesis*, sua impropriedade residiria em "não ser nada por si mesmo, nada ter de próprio, a não ser uma 'igual aptidão para todo tipo de papéis'"[24] O dispositivo autoficcional se configuraria, então, como uma dobra a mais dessa decepção uma vez que a intrusão do eu referencial (O autor? Quem fala?) coloca a autenticidade na clave da ficção: eu sou outros, mas os outros são um eu que em vez de exigir a suspensão da descrença, aponta sempre para um incompatível pacto com um impossível verossímil.

Mas todo o esforço pela caracterização de um conceito fugidio não seria vão, uma vez que sua definição parece tornar-se indistinguível da própria definição de autobiografia ("o mesmo em sua mesmidade, é ele mesmo um outro e, por sua vez, não se pode dizer 'ele mesmo', e assim por diante até o infinito"²⁵) e em última instância do estatuto da ficção como um todo?

Jean-Marie Schaeffer, em seu livro *Pourquoi la Fiction?* (1999), comenta o engano a que foram conduzidos os leitores de *Marbot. Uma biografia,* publicado por Wolfgang Hildesheimer. Apesar de o livro insistir na informação paratextual, agregando-a ao título, de que se tratava de um estudo biográfico de Marbot, o personagem nunca existiu, tratava-se de uma biografia imaginária, um texto ficcional.

A confusão parece estimulada pela publicação, alguns anos antes, de outra biografia publicada por Hildesheimer, dessa vez verdadeira, sobre Mozart. Além disso, o interesse pela vida de Marbot justificava-se, pois significava o resgate de uma figura histórica que havia compartilhado o universo intelectual efervescente e as companhias de Goethe, Byron, Shelley e muitos outros artistas do início do século XIX, apimentada pela suposição de que o ilustre desconhecido teria mantido uma relação incestuosa com a mãe, o que poderia ter motivado seu desaparecimento súbito. A suspeita do suicídio e a propensão ao pessimismo são atribuídas à sua amizade com Schopenhauer.

A construção do personagem é cuidadosamente construída com dados referenciais: algumas reproduções de quadros acompanham o texto e indiciam o retrato não apenas de Marbot, mas também de seus pais pintados por Delacroix (claro, tratava-se de anônimos aos quais o [falso] biógrafo batizou com o nome de seus personagens), além de trechos da correspondência de Goethe com Eckermann, do diário íntimo do próprio Delacroix, aos quais foram acrescidas devidamente, aproveitando-se as passagens reais, menções à existência de Marbot.

Embora, meses depois, o próprio Hildesheimer tenha se encarregado de lamentar a leitura equivocada, fez questão de eximir-se da culpa por qualquer decepção e engano proporcionados aos leitores, ainda que admitisse o caráter escondido e frágil das marcas ficcionais (o "falso biógrafo" alega que bastaria uma consulta a quaisquer das referências do índex que acompanhava o livro para que o leitor pudesse se certificar da construção de Marbot como *persona* fictícia).

No entanto, no entendimento de Schaeffer, o argumento é frágil, uma vez que os índices maciços do texto apontam para a "maximização do componente mimético",[26] o que induziria o leitor ao erro e faria fracassar a ficção: "*Então, Marbot é uma ficção ou um engodo? Ou, então, trata-se de uma ficção e de um engodo? Ou de um engodo, ainda que a intenção do autor tenha sido compor uma ficção?*"[27]

O interesse de Schaeffer no "caso Marbot" está fundamentado em seu esforço por caracterizar a própria condição de existência do ficcional. Seu pressuposto é o de que a ficção precisa ser "uma fantasia lúdica compartilhada" (*feintise ludique partagée*) completando-se, portanto, na relação intersubjetiva que estabelece com seu leitor. Por isso, o crítico francês aposta na falha de Hildesheimer, já que o leitor não é suficientemente orientado a compartilhar da fantasia, porque é bombardeado por informações que, alocadas verossimilmente ao longo do texto, o desviam da ficção, induzindo-o ao erro.

Dessa forma, Schaeffer defende a tese de que é necessária a "estipulação explícita da ficcionalidade"[28] e Hildesheimer teria violado todas as condições capazes de garantir um pacto: o contexto autoral (o fato de já ter se aventurado ao território da biografia, escrevendo a vida de Mozart não muito tempo antes), o paratexto (insistir na incorporação do gênero ao título), a *mímesis* formal (imitando procedimentos enunciativos do gênero biográfico: fotos, documentos, cartas, a fim de garantir o estatuto ontológico do personagem).

Assim, o grande *imbroglio* criado por Hildesheimer para seu próprio texto é o fato de ter atravessado o limite entre o universo histórico (referencial) e o universo ficcional, expondo o último a uma excessiva contaminação pelo primeiro: "O mais difícil não é tomar por reais entidades fictícias, mas reduzir ao estatuto ficcional entidades que foram introduzidas como reais."[29]

É a esse mesmo impasse que o leitor da escrita de si umbiguista dos blogs e da ficção publicada em papel por esses autores está exposto. O narrador toma a consistência espessa de um eu narrador-personagem que atua para embaralhar uma suposta busca por autenticidade cujo parâmetro seria a figura do autor real.

A autoficção, se nos aproveitamos da reflexão de Schaeffer, investe mesmo no engodo para inscrever-se ficcionalmente, uma vez que desrespeita as condições para o estabelecimento da ficção. Condições essas exploradas também por Puertas Moya[30] na tentativa de relacionar alguns traços que tornassem pertinente a distinção entre romance autobiográfico e autoficção. Segundo o crítico espanhol, o romance autobiográfico garante um fator textual de identificação entre o personagem (o nome ou uma autoalusão referencial) e o autor, indício que é reforçado por fatores de identificação paratextual que oferecem ao leitor elementos de relação com o personagem (prólogos, resenhas, dedicatórias), o que corresponderia, na argumentação de Schaeffer, à importância atribuída ao contexto autoral e ao paratexto para garantia da ficção. Além de tudo, para Puertas Moya, o leitor poderia encontrar forte apoio no fator extratextual, que revelaria informações sobre o autor (entrevistas, declarações, testemunhos). Mas em tempos de J.T. Leroy,[31] como acreditar que a verdade está lá fora?

Se considerarmos a estratégia do dispositivo autoficcional, diríamos, então, que a sua condição de possibilidade, sua inscrição no terreno ficcional, é mesmo o desrespeito que empreende às tais condições evocadas. Senão, vejamos. O contexto autoral não é requisito confiável, uma vez que a figura do autor é tão cuidadosamente construída quanto cada um dos "eus" criados no papel. As fotos de divulgação que acompanham as publicações impressas estimulam um verdadeiro procedimento de *mise-en-abyme*: nas orelhas dos livros de Santiago Nazarian flagramos o autor em performances de *bodyart* salpicado de sangue ou apenas, mais pueril, com um fiapo de baba de iogurte escorrendo pelo queixo, no romance cujo título sugestivo é *Mastigando humanos. Um romance psicodélico* (!!). Ato performático confirmado pelo autor: "Eu achei que o molde ideal do personagem seria eu mesmo... Eu procuro fortalecer esse conceito de universo nazariano não só no conteúdo do livro, mas também nas capas, nas fotos de divulgação."

E que dizer então da provocante foto que toma toda a contracapa de *Máquina de pinball*, de Clarah Averbuck? Como descobrir quem é a Clarah e quem é Lady Averbuck ou Camila Chirivino? As personas, que vão se substituindo umas às outras com a velocidade da bolinha do jogo, como sugere o título do livro, não encontram nenhum repertório de referência. A espetacularização elude a possibilidade de qualquer autenticidade:

> Aqui você poderá me ver usando "eu" quantas vezes por parágrafo bem entender, sendo macho pra caralho, sendo "guei" pra caralho, abusando de piadas internas, não dormindo, utilizando caps indiscriminadamente, praguejando, me referindo a mim mesma na terceira pessoa, morrendo de dor, afogando o soo, rindo da minha própria desgraça e achando tudo ótimo. Três vivas para o umbiguismo.[32]

Se considerarmos as informações paratextuais, tampouco teremos melhor resultado. Depois da leitura da (im)provável história costurada por alguns ganchos, quase sempre viagens entre o Rio, São Paulo, Porto Alegre e Londres e descabelados envolvimentos românticos, lemos num texto à maneira de nota ao fim do livro: a autora vendeu o corpo para comprar um *laptop* carinhosamente apelidado *notebuck*. É mentira, mas é tudo verdade. Qualquer semelhança com a realidade não terá sido mera coincidência. "Dúvidas, consulte um advogado."[33] É mesmo pelo fato de serem autores jovens, que não podem contar ainda com cacife biobibliográfico, que as eventuais informações extratextuais com as quais o leitor possa contar (o próprio blog em que escrevem, como suporte de autopromoção, e as entrevistas de divulgação de seus livros) se transformam em um jogo de espelhos indecidível. Afinal, como acreditar na sinceridade da performance?:

> Ele é bastante autobiográfico. Aquele apartamento é exatamente o apartamento em que eu morei em Porto Alegre. Inclusive, minha janela dava para o pátio do Inmetro. A rotina do personagem é a rotina que tive em alguns períodos da minha vida. Ele come o que eu como, veste-se como eu me visto, pensa como eu pensaria.[34]

Mas talvez a consideração mais interessante para nossa argumentação resida no fato de que a condição mais importante para garantir o pacto ficcional, a "fantasia lúdica compartilhada", na opinião de Schaeffer, seja a *mímesis* formal, a ponto de o crítico asseverar que para evitar o engano da má leitura e o fracasso da ficção em *Marbot*, bastaria que Hildesheimer não insistisse em estampar na capa do livro, à maneira de um subtítulo, a palavra biografia, sem que fosse necessário mudar uma vírgula do próprio texto.

Na autoficção é a burla à forma da *mímesis* que se constitui na condição mesma de existência da ficcionalidade, uma vez que os blogs em sua definição são diários virtuais, construídos cronologicamente através da possibilidade diária de atualização, e sugerem uma autoexposição íntima, um escancaramento da subjetividade: "Mas você só fala de si mesma! Bom, queria que eu falasse do quê? De você?"[35] É essa condição de burla à mimésis formal que leva Luiza Lobo a falar em "autofalsasbiografias",[36] uma vez que não é possível nenhum estatuto ontológico, nem das personas, tampouco do autor.

Nesse sentido, a "evasão de privacidade" ocupa ao mesmo tempo dois lugares incompatíveis: os *posts* falam o tempo todo em primeira pessoa, são verdadeiras válvulas de escape do umbiguismo, mas não garantem a transparência do eu que desaparece por trás de suas performances, configurando o movimento simultâneo de evocação e evasão de uma intimidade que faz vacilar o horizonte de expectativa de seu leitor. A extensão dessa superfície de interseção é proporcional a seu grau de ficcionalidade: "Se um dia encontrasse meu antieu e morresse mas nada de morte senão a do meu eu que só pensa em si enquanto ajudo este aqui a matar o dele próprio."[37]

O que garante o dispositivo da autoficção e sua legitimidade é a própria desconsideração pelas condições apontadas por Schaeffer para caracterizar o estatuto da ficcionalidade, burlando as obrigações, os códigos que a regem. Nesse sentido, a autoficção propõe um novo pacto a fim de que possa ser ludicamente compartilhada, inscreve-se no paradoxo de uma representação que investe em uma história factual (afinal, como é possível saber?) em primeira pessoa, revelando-se um engano, um fingimento de enunciados de realidade: "O mistério de me abandonar. Posso dedilhar novas lorotas para parecer uma escrita, uma prosa, um qualquer subtítulo novo de literatura".[38] Se entendermos o gênero como a "camada de redundância necessária para que o receptor tenha condições de receber e dar lugar a uma certa obra"[39] como um dos filtros possíveis através dos quais podemos nos perguntar como determinado discurso é reconhecido como literário, chegaremos mais perto de compreender por que a autoficção parece criar para si própria uma indefinição: as fronteiras entre o biográfico e o ficcional aparecem aqui mescladas no seu limite, a desarticulação da mimésis formal (um diário? Então, é tudo verdade? Ou ficção, e tudo passa a ser inventado?) força os limites do ficcional, pondo-o em xeque (isso é literatura?) e violentando o horizonte de expectativas do leitor a fim de propositalmente provocar o engodo que instaura a ficção.

A autoficção trabalharia assim para aprofundar a desconfiança platônica sobre a ficção e para desestabilizar o argumento aristotélico da impossibilidade de contaminação entre mimésis e realidade. A estratégia da autoficção é mesmo a de parasitar, contaminar, conspurcar a ficção com a hibridização de seus procedimentos de atuação:

> Uma pessoa está desde a semana passada tentando escrever algo e nada sai. Nem burilar, essa arte esquecida, essa pessoa consegue. Essa pessoa queria ir para outra pessoa, como quem compra um bilhete para a Espanha, entrar em outra pessoa, ficar uns dias lá vendo tudo que vê e sente essa outra pessoa, de fora e de dentro ao mesmo tempo. Nesse dia essa pessoa escreveria como ninguém. Porque essa pessoa está cheia de seus assuntinhos de sempre, seus temas recorrentes, e tem saudades de se impessoalizar. Se ver num papel, principalmente se ver em outra pessoa.[40]

Assim, embora para a argumentação de Schaeffer seja imprescindível que a ficção não se constitua como mero engodo, uma vez que isso arriscaria a ficção ao limite da fantasia, arriscar-nos-íamos a dizer que a autoficção inscreve-se no território do próprio engano (*leurre*), indiciado não apenas no próprio hibridismo formal de uma intimidade evadida, mas também na postura desnorteada do leitor que não sabe a quem ou a quê confiar sua competência de leitura, sendo justamente esse precário equilíbrio que a legitima como ficção, cujo "estatuto pragmático é radicalmente instável".[41]

AUTOFICÇÃO E LITERATURA CONTEMPORÂNEA

Sem dúvida, a autoficção é um conceito controverso e ambíguo, mas para quem apostava no declínio das escritas de si, a virtualidade dos blogs vem lançar o desafio de novos dilemas capazes de falar de outros processos de construção narrativa encenando o texto e as próprias subjetividades: "Ainda não tenho coragem para falar de mim — e quem tem?... Preciso de alguém que faça isso por mim."[42]

Notas

1. B. Jaguaribe, "Realismo sujo e experiência autobiográfica", in: A. Fatorelli e F. Bruno (org.). *Limiares da imagem: tecnologia e estética na cultura contemporânea*, p. 115.
2. Os blogs são páginas pessoais nas quais os autores podem expor desde experimentações literárias até os mais banais comentários sobre o seu cotidiano. À maneira de um diário íntimo, o blog é construído cronologicamente através da possibilidade diária de atualização. Cf. L. Azevedo, "*Blogs*: escrita de si na rede dos textos", in: X Encontro Regional da Abralic, Sentidos dos Lugares, Rio de Janeiro, 2005, pp. 88-91.
3. B. Jaguaribe, "Realismo sujo e experiência autobiográfica", in: A. Fatorelli e F. Bruno (orgs.), *Limiares da imagem: tecnologia e estética na cultura contemporânea*, p. 110.
4. Paula Sibilia, "Os diários íntimos na Internet e a crise da interioridade psicológica", in: 404nOtF0und, ano 6, v. 1, n° 54, abr./2006.
5. Diana Klinger, *Escritas de si e escritas do outro. Autoficção e etnografia na literatura latino-americana contemporânea*.
6. A. Fatorelli, "Entre o analógico e o digital", in: A. Fatorelli e F. Bruno (orgs.), *Limiares da imagem: tecnologia e estética na cultura contemporânea*, p. 19.
7. Philippe Lejeune, *Le Pacte autobiographique*, p. 31. Todas as traduções deste ensaio são minhas, salvo indicação contrária.
8. Citado por Laouyen.
9. Serge Doubrovsky, *Fils, apud* Mounir Laouyen, "L'autofiction: une réception problématique".
10. Vincent Colonna, *apud* Mounir Laouyen, "L'autofiction: une réception problématique".
11. Francisco Ernesto Puertas Moya, *La escritura autobiográfica en el siglo XIX: El ciclo novelístico de Pío Cid considerado como la autoficción de Ángel Canivet*, p. 586

12. Diana Klinger, *Escritas de si e escritas do outro. Autoficcção e etnografia na literatura latino-americana contemporânea*.
13. Paul de Man, "Autobiography as De-facement", in: *The Rhetoric of Romanticism*, p. 98.
14. Ariane Kouroupakis e Laurence Werli, "Analyse du concept d'autofiction".
15. Luiz Costa Lima, "Júbilos e misérias do pequeno eu", in: *Sociedade e discurso ficcional*, p. 300
16. Ariane Kouroupakis e Laurence Werli, "Analyse du concept d'autofiction".
17. Clarah Averbuck, *Máquina de pinball*, p. 79.
18. Roland Barthes, *Barthes por Roland Barthes*
19. Cecília Gianetti, 29/4/2007, blog. Cecília Gianetti nasceu no Rio de Janeiro, em 1976. É jornalista. Tem contos publicados em antologias e participou do projeto Amores Expressos.
20. João Paulo Cuenca, out./2003, blog. João Paulo Cuenca nasceu no Rio de Janeiro, em 1978. Começou a publicar ficção no *blog*. Coautor de *Parati para mim* (Planeta, 2003) e autor de *Corpo presente* (2003). Também participou do projeto Amores Expressos, viajando para Tóquio. Seu livro *A última madrugada* foi lançado em 2012.
21. *O mal de Montano*, p. 145.
22. Philippe Lacoue-Labarthe, "O paradoxo e a mimese", in: Virgínia de Araújo Figueiredo e João Camillo Penna (orgs.), *A imitação dos modernos. Ensaios sobre arte e filosofia*, p. 162.
23. Platão, *A República*, p. 117
24. Philippe Lacoue-Labarthe, "O paradoxo e a mimese", in: Virgínia de Araújo Figueiredo e João Camillo Penna (orgs.), *A imitação dos modernos. Ensaios sobre arte e filosofia*, p. 170.
25. Ibidem, p. 172.
26. J.-M. Schaeffer, *Pourquoi la Fiction?*, p. 135.
27. Ibidem, p. 136.
28. Ibidem, p. 138.
29. Ibidem, p. 137.
30. Francisco Ernesto Puertas Moya, *La escritura autobiográfica en el siglo XIX: El ciclo novelístico de Pio Cid considerado como la autoficción de Angel Canivet*.
31. Jeremiah "Terminator" LeRoy é o pseudônimo usado pela autora americana Laura Albert. "LeRoy" teria supostamente nascido em 31 de outubro de 1980, na Virgínia, e sofridos vários abusos durante a infância e a adolescência. Baseado nisso, seus livros seriam autobiográficos, mas uma notícia divulgada em outubro de 2005 plantou o boato de que J.T. LeRoy era uma farsa criada pela frustrada escritora Laura Albert com o objetivo de alcançar o sucesso. Em janeiro de 2006, o jornal *The New York Times* revelou que a pessoa que se apresentava como sendo LeRoy seria na verdade uma atriz e modelo chamada Savannah Knoop. Savananh

é meia-irmã de Geoffrey Knoop, marido de Laura Albert, que a criou em São Francisco. Geoffrey Knoop confirmou em entrevista recente que LeRoy é mesmo um personagem e Laura Albert é a verdadeira autora dos livros. Retirado de http://pt.wikipedia.org/wiki/JT_LeRoy.
32. Clarah Averbuck, 23/1/2007, blog.
33. Clarah Averbuck, *Máquina de pinball*, p. 79.
34. Santiago Nazarian, a respeito do personagem de seu livro *Feriado de mim mesmo*, em entrevista. Santiago Nazarian é o jovem autor dos romances *Feriado de mim mesmo*, *A morte sem nome* e *Olívio*, além de ter contos publicados em diversas antologias. Mora em São Paulo, é tradutor, roteirista, carnívoro moderado e herpetólogo amador. Retirado da orelha de seu livro *Mastigando humanos*.
35. Clarah Averbuck, 26/8/2003, blog.
36. Luiza Lobo, *Segredos públicos*. Os blogs de mulheres no Brasil, p. 29.
37. Simone Campos, *No shopping*, p. 31. Simone Campos, carioca, publicou seu primeiro romance aos 17 anos com sucesso de crítica e público. A partir daí, foi convidada a escrever contos para diversas coletâneas. Seu último romance, *Owner*, acaba de ser publicado e é uma narrativa que simula as estratégias de um jogo de videogame.
38. Mara Coradello, blog. Mara Coradello não teria a menor paciência para tentar seduzir leitores em sua minibiografia. Publicou, em 2003, *O colecionador de segundos*. Em 2004, participou de algumas coletâneas, entre elas, *Prosas cariocas, paralelos*: 17 contos da nova literatura e 25 mulheres que estão fazendo a nova literatura brasileira. Pode ser lida no blog Caderno Branco e fazer dessa página seu diário não é intenção dela. Mara Coradello não se considera uma escritora de Internet, simplesmente porque escrevia nos caderninhos desde que se entende por gente. Nessa afirmação não há nenhum juízo de valor. No momento escreve um romance que ela considera na verdade uma história comprida. Está sem editora. E procura. (Retirado do blog escritorassuicidas)
39. Luiz Costa Lima, "Júbilos e misérias do pequeno eu", in: *Sociedade e discurso ficcional*, p. 268.
40. Mara Coradello, blog.
41. J.-M. Schaeffer, *Pourquoi la fiction?*, p. 144.
42. Simone Campos, *No shopping*, p. 70.

Referências

AVERBUCK, Clarah. *Máquina de pinball*. São Paulo: Conrad Editora do Brasil, 2002.
BARTHES, Roland. *Roland Barthes por Roland Barthes*. Tradução de Leyla Perrone-Moisés. São Paulo: Estação Liberdade, 2003.

CAMPOS, Simone. *No Shopping*. Rio de Janeiro: 7Letras, 2000.
COSTA LIMA, Luiz. "Júbilos e misérias do pequeno eu". In: *Sociedade e discurso ficcional*. Rio de Janeiro: Guanabara, 1986.
_____. "A questão dos gêneros". In: *Teoria da literatura em suas fontes*. V. 1. Sel., introdução e revisão técnica Luiz Costa Lima. Rio de Janeiro: Civilização Brasileira, 2002.
DE MAN, Paul. "Autobiography as De-facement." In: *The Rhetoric of Romanticism*. Nova York: Continuum, 1979.
DOUBROVSKI, Serge. *Fils*. Paris: Galilée, 1977.
FATORELLI, A. "Entre o analógico e o digital". In: FATORELLI, A. e BRUNO, F. (orgs.). *Limiares da imagem: tecnologia e estética na cultura contemporânea*. Rio de Janeiro: Mauad X, 2006.
JAGUARIBE, B. "Realismo sujo e experiência autobiográfica". In: FATORELLI, A. e BRUNO, F. (orgs.). *Limiares da imagem: tecnologia e estética na cultura contemporânea*. Rio de Janeiro: Mauad X, 2006.
KLINGER, Diana. *Escritas de si e escritas do outro*. Autoficção e etnografia na literatura latino-americana contemporânea. Tese de doutorado em letras. Rio de Janeiro, UERJ, 2006.
KOUROUPAKIS, Ariane e WERLI, Laurence. "Analyse du concept d'autofiction". Disponível em: http://www.uhb.fr/alc/cellam/soi-disant/01Question/Analyse/2.html. Acesso em: 22/5/2007.
LACOUE-LABARTHE, Philippe. "O paradoxo e a mimese". In: FIGUEIREDO, Virgínia de Araújo; PENNA, João Camillo (orgs.). *A imitação dos modernos. Ensaios sobre arte e filosofia*. São Paulo: Paz e Terra, 2000.
LAOUYEN, Mounir. "L'autofiction: une réception problématique". Disponível em: http://www.fabula.org/forum/colloque99/208.php#FN60#FN60. Acesso em: 15/5/2007.
LEJEUNE, Philippe. *Le pacte autobiographique*. Paris: Seuil, 1996. Coleção Points.
PLATÃO. *A República*. 8ª ed. Introdução, tradução e notas de Maria H. da R. Pereira. Lisboa: Calouste Gulbenkian, 1996.
LOBO, Luiza. *Segredos públicos. Os blogs de mulheres no Brasil*. Rio de Janeiro: Rocco, 2007.
NAZARIAN, Santiago. *Mastigando humanos. Um romance psicodélico*. Rio de Janeiro: Nova Fronteira, 2006.
_____. "O indivíduo e seus limites". Entrevista especial para a República do Livro, concedida a Carlos Minehira. Disponível em: http://www.republicadolivro.com.br/info.php?not=622&oque=2&cd_editora. Acesso em: 3/3/2007.
PUERTAS MOYA, Francisco Ernesto. *La Escritura autobiográfica en el siglo XIX: el ciclo novelístico de Pio Cid considerado como la autoficción de Angel Canivet*. Tese

de doutorado. Logroño, Universidade de La Rioja, 2003. Disponível em: dialnet. unirioja.es/servlet/fichero_tesis?articulo=1249573&orden=0. Acesso em: 20/6/2007.

SANTIAGO, Silviano. *O falso mentiroso*. Rio de Janeiro: Rocco, 2004.

_____. *Histórias mal contadas*. Rio de Janeiro: Rocco, 2005.

SCHAEFFER, J.-M. *Pourquoi la fiction?* Paris: Éditions du Seuil, 1999.

SIBILIA, Paula. "Os diários íntimos na Internet e a crise da interioridade psicológica". In: 404nOtF0und, ano 6, v. 1, n° 54, abr./2006. Publicação do Ciberpesquisa — Centro de Estudos e Pesquisas em Cibercultura. Disponível em: http://www.facom.ufba.br/ciberpesquisa/404nOtF0und. Acesso em: 3/5/2007.

VILA-MATAS, Enrique. *O mal de Montano*. Tradução de Celso Mauro Paciornik. São Paulo: Cosac & Naify, 2005.

Blogs:

JOÃO PAULO CUENCA: www.carmencarmen.blogger.com.br
CECÍLIA GIANETTI: www.escrevescreve.blogger.com.br
CLARAH AVERBUCK: www.brazileirapreta.blogspot.com
www.adioslounge.blogspot.com
MARA CORADELLO: www.cadernobranco.blogger.com.br
www.escritorassuicidas.com.br
SANTIAGO NAZARIAN: www.santiagonazarian.blogspot.com
SIMONE CAMPOS: www.simonecampos.blogspot.com

Horizontes da crítica literária brasileira contemporânea: Roberto Schwarz e Luiz Costa Lima

Sebastião Marques Cardoso

SEBASTIÃO MARQUES CARDOSO é autor de *Oswald de Andrade: anti-heroísmo, literatura e crítica* (Curitiba, CRV, 2010) e *João do Rio: espaço, técnica e imaginação literária* (Curitiba, CRV, 2011) e professor universitário, pesquisador e crítico literário. Trabalha como docente permanente do Departamento de Letras e do Programa de Pós-Graduação em Letras da Universidade do Estado do Rio Grande do Norte (UERN). Ensaio publicado na revista *Impulso*, Piracicaba, Unimep, 2004

> *O canto das sereias transpassava tudo e a paixão dos seduzidos teria arrebatado mais correntes e mastro. Mas Odisseu nem pensou nisso, embora talvez tenha ouvido falar disso. Confiava plenamente no punhado de cera e no emaranhado de correntes e, em inocente alegria quanto a seus meiozinhos, navegou em direção às sereias.*
>
> Franz Kafka

Diante do crítico, a obra literária. O crítico, com seus "meiozinhos", esquadrinha seu discurso atávico. Como Odisseu, o crítico acredita que com um punhado de ideias será possível ouvir o que as obras literárias têm a dizer. Talvez essa crença — a tradição que funda o discurso crítico — o impeça de ouvir o que as obras também silenciam. Esse silêncio pode significar a insuficiência dos meios críticos: um punhado de ideias bastaria para ofuscar aquilo que a obras literárias confiariam em dizer.

Entre o discurso crítico e a obra, a "diferença". Essa "diferença" é sentida por Roberto Schwarz, ao analisar a obra de Kafka, em duas categorias. Do lado do discurso crítico, a categoria que o legitima é a "inteligibilidade"; do lado da obra literária, a categoria que a condiciona é a "irracionalidade":

> (...) o historiador marxista reduz o opaco, fruto da alienação, à essência humana inteligível, que é a atividade concreta; em outras palavras, compreende o objeto de estudo em termos de sua própria capacidade de experimentar situações. Kafka, pelo contrário, deve reduzir a prática inteligível, fátua ilusão do homem, à essência irracional do ser (...).[1]

Não entrando no mérito da leitura feita por Schwarz acerca de *A metamorfose*, de Kafka, fica evidente que a mola crítica do autor pensa a relação entre o crítico e a obra dicotomicamente: racionalidade *vs.* irracionalidade. Luiz Costa Lima, contemporâneo de Schwarz, pensa o lugar da obra literária e do crítico a partir de um mesmo horizonte. O fenômeno da *mimesis* tanto explica o modo de recepção da obra literária quanto o seu modo de intelecção, pois ela não supõe exatamente a "diferença", e sim a "semelhança":

Seu componente diferença (relativo à *mimesis*) só se deixa ver por contraste com o esperado, a semelhança, vê-la não é entendê-la. Sua compreensão só é atingível por um ato analítico, que, enquanto analítico, já não é estético. Mas, por não ser estético, não compreende senão o que se lhe mostra em uma experiência estética. A *mímesis* (sic) artística, em suma, é a condição para nos compreendermos como sujeitos fraturados: a experiência estética nos faz sentir nosso próprio estado (*Zustand*).[2]

Para Luiz Costa Lima, a atividade crítica consiste em, a partir da experiência estética, tentar dizer analiticamente aquilo que nos foi "mostrado" e "reconhecido" no discurso ficcional como "produção" de uma "nova verossimilhança".

1. O Brasil possui um sistema consolidado de crítica literária?

A arte literária se expandiu pelo país *pari passu* à formação cultural nacional, decorrente de uma herança cultural eurocêntrica e, sobretudo, de uma consciência sobre a precariedade material, como bem atesta José Veríssimo:

> O próprio aparelho técnico indispensável à produção da obra de arte, seja em música, seja em pintura, seja em escultura, seja em arquitetura, é muito mais considerável e custoso do que o preciso para a produção da obra literária. Um conjunto de condições sociais, menos de rigor na produção dessa, é quase obrigatório na daquela; a existência de uma cidade e nela de uma sociedade bastante culta e opulenta e amiga do grande luxo, que empreguem o artista e lhe remunerem o trabalho, é a primeira e indispensável.[3]

Nesse diapasão, além de a arte literária ter sobre as belas-artes a vantagem de dispensar as condições materiais de produção indispensáveis a elas, o gosto do brasileiro pela literatura tem suas raízes na tradição literária portuguesa:

> A causa dessa nossa florescência poética não foi a terra, nem essa beleza exagerada que lhe emprestou o nosso nativismo, de que muitos poetas nossos foram os cantores conscientes e entusiastas, e que se sistematizaria, é quase um dever de patriotismo reconhecer, em Rocha Pita. Foi a herança portuguesa, a tradição literária e poética de um povo cuja poesia, no século da conquista, era das mais ilustres da Europa.[4]

O atraso material pode ter sido positivo quanto à produção literária até o momento de sua consolidação no Brasil, mas não o foi igualmente para o campo das ideias. A ausência de bibliotecas em nosso meio, o que dificultava a recepção de textos literários e críticos, obrigava o leitor, quando esse dispunha de condições materiais favoráveis, a recorrer a bibliografias estrangeiras que acabavam incidindo na formação teórica de um intelectual cujas ideias acerca das condições de produção literárias brasileiras pouco se diferençavam das posições críticas estrangeiras, demonstrando, quase sempre, desconhecimento e preconceito quanto às atividades culturais nacionais. Criavam-se lentamente um ódio e um desprezo intelectual sem precedentes às coisas do Brasil.

Para agravar ainda mais a situação, o Brasil Colônia deixou-nos uma herança cultural ainda forte em nosso meio: a crítica "louvaminheira". Essa crítica da corte, para alegrar o paço, impregnada de efusivos adjetivos e erudição, que, mais tarde, passa a ocupar considerável espaço nos jornais republicanos, foi uma tendência, e continua sendo, infelizmente, que reduziu o espaço da crítica ao comentário elogioso ou, quando não, impregnado de sentimentalismos e ideias infundadas. A bem dizer, a ausência de critérios e a prosa solta são sua marca maior, atestando o seu alto grau de "inobjetividade". Comentando a produção literária e crítica do período modernista de nossa literatura, Sérgio Milliet a define de forma negativa. O crítico encontra, ainda, espaço para nos alertar sobre os perigos que as letras nacionais correm quando estão sob os auspícios desses "críticos do paço":

> A grande miséria de nosso romance não está no romance, mas na crítica. É a crítica jornalística e radiofônica publicitária e sem critério, a culpa de todo mal (...). É a crítica louvaminheira de quaisquer mediocridades bem apadrinhada e ignorante das obras mais sólidas. É a crítica noticiarista empanturrada de adjetivos, sem ponderação nem convicções. Entre a plêiade de bons ensaístas das levas intelectuais surgidas em nosso mundo literário depois de 1922, quantos ocupam os rodapés dos jornais? Não são esses entregues quase sempre a gente mais ou menos desclassificada no mundo das letras, ou por sua incultura ou pela sua incapacidade criadora?[5]

Podemos deduzir que, no que se refere à produção literária no Brasil, o atraso material "contribuiu" para a formação de nossa literatura, cujas raízes têm a literatura portuguesa como matriz. Entretanto, no que se refere à produção crítica, esse atraso dificultou a leitura e a recepção de textos literários no país, provocando um desconhecimento generalizado acerca da produção literária nacional, e obrigou esses leitores críticos a importar teorias europeias sem maiores reflexões. Assim, enquanto Machado de Assis dava o golpe de misericórdia na literatura de feições ainda portuguesas, Sílvio Romero, Araripe Júnior e José Veríssimo davam os passos iniciais, mas decisivos, para a formação de um pensamento crítico "sistematizado". Consequentemente, apesar de efervescente, surgiu no Brasil uma crítica superficialmente teórica, que demonstrava profundo desprezo à produção literária brasileira, quando não caía simplesmente na moda nacional: a crítica "louvaminheira", que perdura até nossos dias.

Contra a crítica "louvaminheira", uma crítica empenhada e bastante consciente de seu papel; uma crítica de pressupostos teóricos mais firmes; uma crítica que representa uma releitura de nossa incipiente tradição crítica e literária; enfim, uma crítica literária que se assume como discurso crítico sistematizado, no Brasil. Esse modelo de crítica consolida-se, no país, com a publicação da *Formação da literatura brasileira* (1959),[6] de Antonio Candido. Podemos perceber que na crítica empreendida por Antonio Candido convergem tanto nosso passado crítico (José Veríssimo e Sílvio Romero, por exemplo) quanto a produção crítica posterior a ela (Roberto Schwarz, Luiz Costa Lima e outros).

Não é possível responder à pergunta "o Brasil tem um sistema intelectual?" por, pelo menos, dois motivos. Primeiramente, porque a pergunta é bastante ampla, o que faz cair numa generalização sem tamanho. Mesmo que, como Luiz Costa Lima formula em *Da existência precária*: o sistema intelectual no Brasil,[7] especifiquemos o conceito de "sistema" (termo emprestado de Antonio Candido), a intelectualidade brasileira parece muito dispersa, não podendo, assim, ser considerada sistêmica. Em segundo lugar, faltam-nos dados precisos acerca do movimento intelectual desde suas origens até hoje, no Brasil. Desconhecemos, desculpe-nos se estamos sendo ignorantes, trabalhos que tratam do assunto de maneira profunda e exaustiva. Rotineiramente, temos especulações, muitos questionamentos acerca da inexistência ou não de uma vida intelectual "orgânica" no país, não chegando a constituir uma massa de conhecimento científico consistente, digna de ser apreciada. Ora, se não é possível responder à pergunta "o Brasil tem um sistema intelectual?", então a reformulemos, dando à pergunta as especificações necessárias: o Brasil possui um sistema consolidado de crítica literária? Para Luiz Costa Lima, o sistema intelectual é incipientemente legitimado com a independência e a unificação política do Brasil.[8] Restringindo a assertiva do crítico maranhense, talvez pudéssemos melhor dizer que surge, nessa mesma época, uma crítica literária empenhada, diferente da crítica praticada anteriormente — voltada exclusivamente para fora — porque tem como missão implantar uma crítica notadamente brasileira, e diferente da crítica que se seguirá, porque ainda não possui um centro decisório próprio (síntese das buscas críticas anteriores). Como já salientamos, a força crítica de Antonio Candido é o resultado do esforço analítico dos primeiros críticos literários que procuraram fazer uma crítica de feições brasílicas.[9]

Em decorrência da brevidade deste artigo, não faremos uma análise detalhada do período formativo de nossa crítica literária, nem dedicaremos páginas e mais páginas à importância que a crítica empreendida por Antonio Candido exerce sobre a crítica literária nacional que se desenvolve posteriormente, ora por uma assimilação quase direta e metonímica, como aparece em Roberto Schwarz, ora por uma assimilação indireta, disfarçada e irônica, como aparece em Luiz Costa Lima. Nosso intento, a partir de agora, é recuperar e tentar descobrir, através dos trabalhos críticos desenvolvidos por esses dois últimos autores, os rumos da crítica literária brasileira contemporânea.

2. A teoria entra pela porta dos fundos: Roberto Schwarz e a atividade crítica no Brasil contemporâneo

O caminho crítico adotado por Roberto Schwarz desvela uma leitura atenta e criteriosa dos textos críticos mais importantes de Antonio Candido. Referimo-nos à leitura dos ensaios e, sobretudo, da *Formação da literatura brasileira*: textos de Antonio Candido referentes ao período formativo de nossa literatura. O mestre imediato de Roberto Schwarz — Antonio Candido — foi responsável pela exposição de uma tradição literária nacional cuja figura nevrálgica, tanto no quadro gerativo de nossa literatura quanto na concepção teórica do autor, era, sem sombras de dúvida, Machado de Assis. A prosa machadiana foi tomada por Antonio Candido e, mais tarde, desenvolvida por Roberto Schwarz, nos seus célebres estudos sobre Machado de Assis,[10] como uma "síntese de tendências universalistas e particularistas".

Para fins de análise, recapitulemos um trecho da *Formação da literatura brasileira*, de Antonio Candido, considerando-o metonímia do seu método crítico:

> Se voltarmos, porém, as vistas para Machado de Assis, veremos que esse mestre admirável se embebeu meticulosamente da obra dos predecessores. A sua linha evolutiva mostra o escritor altamente consciente, que compreendeu o que havia de certo, de definitivo, na orientação de Machado para a descrição de costumes, no realismo sadio e colorido de Manuel Antônio [de Almeida], na vocação analítica de José de Alencar. Ele pressupõe a existência dos predecessores, e essa é uma das razões da sua grandeza: uma literatura em que, a cada geração, os melhores recomeçam da capo e só os medíocres continuam o passado, ele aplicou o seu gênio em assimilar, aprofundar, fecundar o legado positivo das experiências anteriores. Esse é o segredo da sua independência em relação aos contemporâneos europeus, do seu alheamento às modas literárias de Portugal e França.[11]

Neste trecho, o filósofo Paulo Eduardo Arantes não só reconhece a presença de *Tradição e talento individual*, de T.S. Eliot, no conceito que Antonio Candido nutre em relação a Machado de Assis como também presume que na própria formação teórica do crítico a fórmula de Eliot também se aplica:

> Vê-se (...) que mesmo com a fórmula de Eliot muito presente, Antonio Candido ajustou-se antes de tudo pela lição de Sílvio Romero e José Veríssimo, naturalmente revista e corrigida, como se depreende desta reconstituição da carreira de Machado de Assis, que finalmente cumpria o programa de continuidade cultural por canalização do influxo interno, e correspondente desprovincianização da consciência literária, traçado pelos dois críticos nas linhas tortas que se viu.[12]

A entrada de Antonio Candido na crítica literária "pela porta dos fundos" — ao rever o método crítico de Sílvio Romero e as concepções literárias de José Veríssimo, por exemplo — possibilitou-lhe um olhar descurado e profundo acerca de nossa frágil produção literária e intelectual. Pela porta dos fundos, a crítica literária brasileira se consolidou. Contudo, Antonio Candido demonstrou uma singular desconfiança em relação à teoria (a prata da casa); ou, dito de outra maneira, Antonio

Candido percebeu e procurou purgar tudo aquilo que é acessório em teoria literária, ou seja, tudo aquilo que se passava no país como crítica erudita. Essa aversão à teoria, embora justificável, não deixa de ser polêmica. Como veremos a seguir, Luiz Costa Lima tocará o dedo na ferida, não poupando nenhuma crítica que possa gerar incômodo nos seguidores mais loquazes de Antonio Candido.

Como já afirmamos anteriormente, Roberto Schwarz é o discípulo mais imediato e bem-comportado de Antonio Candido, pois segue as linhas do mestre com muita cautela. Machado de Assis, por exemplo, o ponto chave da *Formação* de Antonio Candido, recebe dois cuidadosos estudos por parte de Roberto Schwarz, o que atesta indiscutivelmente a continuidade do projeto de Antonio Candido, agora sob o influxo da pena de um outro autor. Em síntese, a concepção de literatura como *sistema*, a entrada na crítica literária pela porta dos fundos, uma forte tendência pelo ensaísmo crítico e um deliberado desassossego em relação à teoria são as marcas de Candido, assimiladas por Schwarz sem muita resistência. Isso decorre, talvez, da exagerada e íntima proximidade intelectual entre um e outro, bem como da forte tendência sociológica de Roberto Schwarz, como bem o declara no prefácio de seu *Um mestre na periferia do capitalismo*:

> Devo uma nota especial a Antonio Candido, de cujos livros e pontos de vista me impregnei muito, o que as notas de pé de página não têm como refletir. Meu trabalho seria impensável igualmente sem a tradição — contraditória — formada por Lukács, Benjamin, Brecht e Adorno e sem a inspiração de Marx.[13]

Isso posto, como Schwarz vai equacionar o problema da teoria? A experiência de Schwarz com a teoria não está tão distante da experiência de Antonio Candido, devido à proximidade de ponto de vista. Candido nunca temeu a teoria, temia apenas o ridículo local de confundi-la com resenha bibliográfica e a habitual colcha de citações a esmo, no conjunto, involuntariamente paródica.[14]

Com o olhar cravado no curso de letras, Roberto Schwarz assiste ao passeio dessas teorias que passam por nossa academia sem deixar rastros ou quaisquer vestígios de proveito na tradição crítica nacional:

> Nos vinte anos em que tenho dado aula de literatura assisti ao trânsito da crítica por impressionismo, historiografia positivista, "new criticism" americano, estilística, marxismo, fenomenologia, estruturalismo, pós-estruturalismo e agora teorias da recepção. A lista é impressionante e atesta o esforço de atualização e desprovincianização em nossa universidade. Mas é fácil observar que só raramente a passagem de uma escola a outra corresponde, como seria de esperar, ao esgotamento de um projeto; no geral ela se deve ao prestígio americano ou europeu da doutrina seguinte. Resulta a impressão — decepcionante — da mudança sem necessidade interna, e por isso mesmo sem proveito.[15]

A mudança de uma teoria para outra "sem necessidade interna" é uma ideologia, no sentido marxista, que merece ser combatida. Essa prática, na concepção de Schwarz, tem precedentes históricos que fazem conviver, no Brasil contemporâneo, princípios burgueses atrelados a comportamentos sociais remanescentes da vida colonial. A "necessidade interna" em Schwarz constitui uma teia de relações entre o local e a tradição. Em outras palavras, é a força de um sistema local de problemas e contradições que, exigindo mobilidade interna, filtra a oferta internacional de teorias. Com isso, deixaríamos de ser provincianos, no entender de Schwarz, ao mesmo tempo que nossa vida cultural se transforma, rejeitando o caráter "postiço, inautêntico e imitado" que nos dominou por longo tempo. A pungência da experiência local exerceria, então, um papel decisório nesse processo.

Em síntese, as teorias internacionais, à luz de Roberto Schwarz, serão bem-vindas e incorporadas ao nosso meio a partir do momento em que, estimuladas por nossas necessidades internas, venham a contribuir significativamente para a superação prática das arenas locais e nacionais.

3. A prata da casa: Luiz Costa Lima e a dissidência da crítica literária contemporânea

Para Luiz Costa Lima, há um certo incômodo em ser intelectual no Brasil, pois seu terreno é vago e difuso por uma série de fatores.[16] Nossa cultura, diferentemente da dos países hispano-americanos, se impôs de cima para baixo, obrigando o intelectual a, desde cedo, optar pela "palavra teatralizada". Essa palavra teatral — retórica vazia ou "restos de janta abaianada" era muito bem aceita pelas agências do paço. Em outras palavras, trata-se da crítica "louvaminheira", como vimos no estudo precedente. Contudo, quando esse intelectual não se curvava aos interesses da colônia, quando não renunciava à criticidade, dava-lhe a sensação de não pertencer a nenhum grupo socialmente definido. Gregório de Matos é o exemplo desse desconforto.

O Boca do Inferno, como assim o chamavam, não se ligou fidedignamente nem aos reinóis nem aos "brancos de segunda-classe". Além da literatura cuja expressão era a da classe dominante, o que prevaleceu, na produção cultural da era colonial, foi um moralismo crítico simpático ao retoricismo e ao nativismo/nacionalismo sem maiores reflexões. Mesmo com a vinda da família real para o Brasil e, posteriormente, com o advento das Repúblicas, a situação do intelectual no país não se alterou significativamente. Órfãos de nós mesmos, tivemos de aprender a caminhar tropeçando em teorias europeias, catalogando escritores nacionais e lendo ou escrevendo artigos para um público seleto: ou era para nossos próprios amigos ou era para satisfazer nossas próprias veleidades intelectuais.

Isso posto, Luiz Costa Lima aponta para três características que marcam indelevelmente nosso precário "sistema intelectual": uma cultura predominantemente auditiva, uma cultura voltada para fora e, como uma terceira marca, um "sistema intelectual" que não possui um centro próprio de decisão. Como traço da cultura auditiva, devemos entendê-lo como a migração do aspecto oral de nossa cultura para o âmbito das letras, introduzido entre nós pelo ensino jesuítico:

O efeito de impacto produzido (pelos sermões de Pe. Antônio Vieira, por exemplo) consistia em impressionar o auditório, em esmagar a sua capacidade dialogal, em deixá-lo pasmo e boquiaberto ante a perícia verbal e a teatralização gesticulatória, maneiras de rapidamente subjugar o auditório.[17]

A cultura da persuasão instalou-se também em nossa produção intelectual. Ela corresponde a um entrelaçamento de intuicionismo e culto da praticidade, que acaba desembocando, quase sempre, num autoritarismo crítico e numa dependência cultural incontinente.

Na produção intelectual domina a preocupação com a apresentação externa do trabalho crítico, e não a atenção com suas relações internas. Isso, além de ser um traço de nosso precário "sistema intelectual", tem consequências funestas em nossa cultura. A preocupação com a exterioridade — o "ostentatório" — acaba gerando, em nosso meio, a ânsia cultural pela teoria sempre nova.

Com isso, não se produz teoria, importa-se. Entre uma importação e outra, esquece-se de erigir uma teoria crítica bem fundamentada, que obedece aos imperativos de nossa cultura e que se prolonga lentamente através de outros continuadores, sejam eles exclusivamente brasileiros ou não. Porém, a cultura ostentatória, orientada por modelos externos à nossa cultura, não permite e exclui qualquer possibilidade de teorizar sem medo, no Brasil. Sempre há, na agenda do crítico brasileiro, coisas mais urgentes a fazer!

Em decorrência de nossa "auditividade" e de nossa "ostentação" culturais, somos impedidos de ter um pensamento "próprio". Isso impossibilita escolher ou mesmo avaliar a pertinência de certa obra, corrente ou teoria, pois somos incapazes de tomar decisões sozinhos:

> Dizemos que nos falta um pensamento original, não só por não termos as indispensáveis condições materiais (...), como porque as instituições legalmente capacitadas para julgar as produções intelectuais tendem a não acatar senão os produtos seguidores de uma linhagem já suficientemente legitimada nos centros que reconhecemos.[18]

Apesar da crítica bastante aguda, Luiz Costa Lima não é ortodoxo no que se refere às relações com os grandes centros. Para ele, é importante estarmos a par do que se realiza fora do país, porém devemos agir com muita cautela no momento de se decidir acerca de uma metodologia ou de uma teoria. Para não cometer os mesmos erros que tradicionalmente a crítica comete quanto ao uso da teoria ou do método, é mister reler nosso passado crítico com as lentes raras de Luiz Costa Lima.

Se fizermos um balanço da crítica literária produzida no Brasil a partir do fim do século XIX, com Sílvio Romero, José Veríssimo e Araripe Júnior, chegaremos à conclusão de que o problema da crítica literária brasileira está, exatamente, na incapacidade de apreender a especificidade do discurso ficcional por meio da teoria. Ou dito de maneira grosseira: na incapacidade mesmo de teorizar o discurso ficcional.

Em Sílvio Romero, o uso de conceitos como fluência, naturalidade, emoção, comunicabilidade, entusiasmo, vida, capacidade de proselitismo "própria das almas combatentes" e nacionalismo aparece em sua crítica obedecendo aos imperativos da sociologia, sem, contudo, uma definição clara e precisa dos termos. O último desses conceitos — nacionalismo — é tido por Sílvio Romero como o critério primordial para o exame crítico. Machado de Assis seria, com certeza, a sua vítima predileta, pois não resumia a estreiteza das características "nacionais" que o critério sociológico impunha.

Ao reler Sílvio Romero, Luiz Costa Lima obtém a seguinte conclusão:

> Notamos primeiro uma marca afirmativa: a busca de entender a obra literária não como espécie isolada, mas no conjunto das transformações sociais. Perfilaram-se a seguir marcas negativas: a incapacidade de observar as consequências de uma anotação capital — impossibilidade de a trindade tainiana explicar as diferenças das produções individuais — a incapacidade de refletir conceitos utilizados, que então passavam ao estado de meras ferramentas. Poderíamos resumir o legado negativo, declarando-o resultante da incapacidade de teorizar e da incapacidade de ler.[19]

Com relação a José Veríssimo, nele perpassa a mesma preocupação com as condições sociais que circulam a atividade do intelecto brasileiro; a mesma preocupação com o caráter nacional da literatura; a mesma afirmação antirromântica em favor da objetividade e do realismo; a mesma caracterização da crítica empenhada no esforço da construção nacional. Contudo, o olhar de Veríssimo é mais penetrante, pois ele percebeu que as amarras de nosso pensamento crítico eram fornecidas pela sociedade burguesa europeia. Em suma, os critérios de procedência sociológica e o de proveniência retórica são, guardadas as proporções, os traços da crítica literária produzida tanto por José Veríssimo quanto por Sílvio Romero:

Se em Sílvio Romero a centralidade da preocupação sociológica provoca a primazia do critério nacionalista, em José Veríssimo esse se torna pano de fundo, enquanto na cena trabalhavam preocupação gramatical e retórica. Tais critérios, contudo, já são sobredeterminados pelo código moralizante tanto de Sílvio quanto de Veríssimo.[20]

Diferentemente de Sílvio Romero e José Veríssimo, Araripe Júnior sustentará um forte desejo em sua crítica contra o sociologismo cientificista. Entre o objeto e o indivíduo, haveria uma mediação flutuante: a possibilidade de o objeto provocar impressões. Impressões que se articulariam a partir do gosto e do temperamento do intérprete, tendo como pontos fixáveis as figuras de estilo. Assim, a crítica estilístico-psicológica de Araripe Júnior aparecia como o instrumento mais adequado para se analisar a individualidade do artista, se não fosse, infelizmente, a precariedade das metáforas conceituais empregadas.

Em síntese, podemos dizer que, ao refazermos sucintamente o percurso crítico traçado por Sílvio Romero, José Veríssimo e Araripe Júnior, a razão do discurso ficcional não se justifica apenas por critérios (muito mal empregados, por sua vez) apenas sociológicos, apenas retóricos ou fundados na mera impressão. Vejamos uma citação de Luiz Costa Lima muito esclarecedora no que diz respeito à nossa situação crítica e à confusão que se prolonga na atividade crítica entre método e teoria:

A ampliação da base econômica e o advento de um público diversificado permitiram, desde fins da década de 1950, o surgimento de uma prosa e uma poesia diversificadas, desde a vertente literariamente mais revolucionária (Guimarães Rosa, a poesia concreta, a valorização crescente da poesia de Cabral) até a mais epigônica e previsível (a continuação da prosa realista, o sentimento sonetizado). Na frente propriamente crítica, o salto talvez tenha sido menor, pois embora as obras de Afrânio Coutinho, Antonio Candido e Haroldo de Campos — com todas as diferenças internas e de qualidade — apresentem resultados e preocupações metodológicas sem paralelo com a crítica que se desenvolvera de Sílvio Romero a Álvaro Lins, sua novidade está na frente metodológica que abrem, e não na discussão especificamente teórica. Para que se entenda o argumento, necessitamos ter bem presente que metodologia não se confunde com teoria. Não há por certo uma sem a outra, mas podemos desenvolver um argumento metodológico ou deixando implícito seu embasamento teórico — como é frequente em Candido — ou o explicitando por repetições do já escrito — o caso de Afrânio Coutinho — ou ainda por desenvolvimentos assistemáticos — a exemplo do que sucede em Haroldo de Campos. Não dizemos, portanto, que o pensamento crítico permaneceu parado, mas sim que, numa escala de ruptura, ele se manteve mais próximo da situação tradicional do que o todo da criação literária.[21]

Ora, o ofuscamento teórico e o esforço metodológico de Candido o ligam sensivelmente à tradição crítica iniciada no fim do século XIX, no Brasil. Esse ofuscamento teórico tem, contudo, razão de ser. As ideias de "sistema" e de "estrutura", intimamente ligadas ao método crítico adotado por Antonio Candido, são, como na cultura auditiva, pouco explicitadas e questionadas como deveriam ser, já que constituem pilares de uma "teoria crítica" que procura reconstituir "a história dos brasileiros no seu desejo de ter uma literatura". Em resumo, o "descritivismo", a ideia de uma literatura nacional, o método crítico empregado e a obnubilação teórica da *Formação da literatura brasileira* atestam o alto grau de comprometimento do autor com a "cultura auditiva".[22]

4. Passado, presente e futuro crítico

Nossa reflexão partiu do questionamento se havia ou não, no Brasil, um sistema crítico consolidado e como esse sistema teria se comportado durante as nossas primeiras incursões na área. Percebemos, então, que a crítica literária "louvaminheira" foi a primeira manifestação reflexiva no Brasil. Trata-se de uma vertente que ainda hoje repercute no pensamento diletante, com ecos, às vezes, em trabalhos de alguns renomados profissionais. Contra essa manifestação "da corte", o rigor e a análise mais profunda e compromissada da crítica literária "séria", científica, acadêmica e "empenhada". Dentro dessa nova abordagem, tomamos a crítica literária produzida no século XIX; a capacidade de síntese discursiva da *Formação da literatura brasileira*, de Candido, em meados do século XX; o desdobramento do projeto de Candido por força da pena de Roberto Schwarz; e a releitura do passado de nossa tradição crítica, porém não menos compromissada, sob o influxo do pensamento de Luiz Costa Lima.

Hoje, podemos afirmar que temos um pensamento crítico "sistemático" e consolidado no Brasil. Guardadas as proporções, o papel de nossos primeiros mestres (Sílvio Romero, José Veríssimo, Araripe Júnior e demais que se seguiram) foi decisivo para a formação de um cânone da crítica literária notadamente brasileiro. Esse pensamento se firmou com a publicação da *Formação*, de Antonio Candido: obra que viria a ser o divisor de águas de nossa ainda frágil, porém empenhada, crítica literária brasileira. Por um lado, teríamos uma crítica ao rés do chão, que procura desvendar no localismo as frinchas mais atávicas do universalismo, empreendida por Roberto Schwarz; por outro lado, uma crítica que exige não só o reconhecimento de nosso debilitado contexto intelectual como também a sua superação por meio de uma tradição teórica que se torne visível a olho nu, empreendida por Luiz Costa Lima. Assim, partindo do mesmo "punhado de cera e de correntes" (nossa tradição crítica), Schwarz e Costa Lima "navegam em direção às sereias" (obra literária), esquadrinhando, "com seus meiozinhos" particulares, a história da crítica literária brasileira contemporânea.

Notas

1. Roberto Schwarz, *A sereia e o desconfiado: ensaios críticos*, p. 65.
2. Luiz Costa Lima, *Mímesis: desafio ao pensamento*, p. 394.
3. José Veríssimo, "Das condições de produção literária no Brasil", in: João Alexandre Barbosa (sel. e apres.). *José Veríssimo: teoria, crítica e história literária*, p. 46.
4. José Veríssimo, "Das condições de produção literária no Brasil", in: João Alexandre Barbosa (sel. e apres.). *José Veríssimo: teoria, crítica e história literária*, p. 46.
5. Sérgio Milliet, *Diário crítico*, p. 21.
6. Colocamos o ano de 1959 para fazer referência à primeira edição da obra crítica de Antonio Candido, servindo-nos apenas como baliza temporal. Para a demonstração crítica da obra, usaremos, neste ensaio, a 8ª edição da *Formação*, publicada pela Editora Itatiaia em 1997.
7. Cf. Luiz Costa Lima, *Dispersa demanda: ensaios sobre literatura e teoria*.
8. Idem, p. 12.
9. Cf. Paulo Eduardo Arantes, "Providências de um crítico literário na periferia do capitalismo", in: Maria Ângela D'Incao; Eloísa Faria Scarabôtolo (orgs.), *Dentro do texto, dentro da vida: ensaios sobre Antonio Candido*, p. 236-238.
10. Cf. Roberto Schwarz, *Um mestre na periferia do capitalismo: Machado de Assis*; *Que horas são?*
11. Antonio Candido, *Formação da literatura brasileira*, p. 104.
12. Paulo Eduardo Arantes, "Providências de um crítico literário na periferia do capitalismo", in: Maria Ângela D'Incao; Eloísa Faria Scarabôtolo, (orgs.), *Dentro do texto, dentro da vida: ensaios sobre Antonio Candido*, p. 240.
13. Roberto Schwarz, *Um mestre na periferia do capitalismo: Machado de Assis*, p. 13.
14. Cf. Paulo Eduardo Arantes, "Providências de um crítico literário na periferia do capitalismo", in: Maria Ângela D'Incao; Eloísa Faria Scarabôtolo (orgs.), *Dentro do texto, dentro da vida: ensaios sobre Antonio Candido*, p. 245.
15. Roberto Schwarz, *Que horas são?*, p. 30.
16. Cf. Luiz Costa Lima, *Dispersa demanda: ensaios sobre literatura e teoria*, p. 3-29.
17. Luiz Costa Lima, *Dispersa demanda: ensaios sobre literatura e teoria*, p. 16.
18. Luiz Costa Lima, *Dispersa demanda: ensaios sobre literatura e teoria*, p. 24.
19. Luiz Costa Lima, *Dispersa demanda: ensaios sobre literatura e teoria*, p. 39-40.
20. Ibidem, p. 45.
21. Luiz Costa Lima, *Dispersa demanda: ensaios sobre literatura e teoria*, p. 194.
22. Cf. Luiz Costa Lima, "Concepção de história literária na *Formação*", in: Maria Ângela D'Incao; Eloísa Faria Scarabôtolo (orgs.), *Dentro do texto, dentro da vida: ensaios sobre Antonio Candido*, p. 153-169.

Referências

ARANTES, Paulo Eduardo. "Providências de um crítico literário na periferia do capitalismo". In: D'INCAO, Maria Ângela e SCARABÔTOLO, Eloísa Faria (orgs.). *Dentro do texto, dentro da vida: ensaios sobre Antonio Candido*. São Paulo: Companhia das Letras/Instituto Moreira Salles, 1992.

CANDIDO, Antonio. *Formação da literatura brasileira*. 8ª ed. Belo Horizonte/Rio de Janeiro: Itatiaia, 1997, vols. I e II.

D'INCAO, Maria Ângela; SCARABÔTOLO, Eloísa Faria (orgs.). *Dentro do texto, dentro da vida: ensaios sobre Antonio Candido*. São Paulo: Companhia das Letras/ Instituto Moreira Salles, 1992.

LIMA, Luiz Costa. "Concepção de história literária na *Formação*", in: D'INCAO, Maria Ângela; SCARABÔTOLO, Eloísa Faria (orgs.). *Dentro do texto, dentro da vida: ensaios sobre Antonio Candido*. São Paulo: Companhia das Letras/Instituto Moreira Salles, 1992.

_____. *Dispersa demanda: ensaios sobre literatura e teoria*. Rio de Janeiro: Francisco Alves, 1981.

_____. *Mímesis: desafio ao pensamento*. Rio de Janeiro: Civilização Brasileira, 2000.

MILLIET, Sérgio. *Diário crítico*. São Paulo: Brasiliense, 1944.

SCHWARZ, Roberto. *Ao vencedor as batatas*. São Paulo: Duas Cidades, 1977.

_____. *A sereia e o desconfiado: ensaios críticos*. 2ª ed. Rio de Janeiro: Paz e Terra, 1981.

_____. *Que horas são?* São Paulo: Companhia das Letras, 1987.

_____. *Um mestre na periferia do capitalismo: Machado de Assis*. São Paulo: Duas Cidades, 1990.

VERÍSSIMO, José. "Das condições de produção literária no Brasil". In: BARBOSA, João Alexandre (sel. e apres.). *José Veríssimo: teoria, crítica e história literária*. Rio de Janeiro/São Paulo: LTC/Edusp, 1977.

Dois tempos para a literatura brasileira:
Antonio Candido, Silviano Santiago e o modernismo
Pedro Duarte

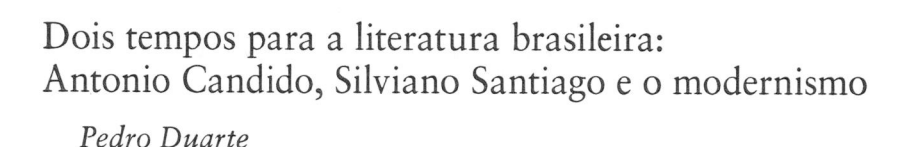

PEDRO DUARTE é professor adjunto do Departamento de Filosofia e Ciências Sociais da Uni-Rio e autor de *Estio do tempo: romantismo e estética moderna* (Rio de Janeiro, Jorge Zahar Editor, 2011). O ensaio aqui apresentado sofreu diversas alterações, mas sua versão original foi escrita em 2002 e publicada na revista *Semear*, nº 8 (Revista da Cátedra Padre António Vieira de Estudos Portugueses), a convite do professor Renato Cordeiro Gomes, cujas aulas a estimularam.

Começo: dois tempos da crítica para a literatura

O título deste ensaio refere-se a dois tempos para a literatura brasileira e pretende explicá-los citando os nomes dos críticos Antonio Candido e Silviano Santiago. Não são só dois períodos cronológicos que estão em jogo aí, o primeiro referindo-se a Candido e o segundo a Silviano. Claro que seria possível demarcar, através desses nomes, dois momentos da crítica literária brasileira, um aberto por Candido na década de 1940 e outro por Silviano na década de 1970 — mesmo que ambos continuem produzindo muito depois disso. Não é só desses tempos, entretanto, que tratarei, mesmo porque tal demarcação exigiria maiores nuanças e a entrada, neste panorama, de mais nomes. O objetivo deste ensaio é pensar, antes, os dois tempos para a literatura que são defendidos teoricamente por eles, pois suas diferentes concepções de tempo determinaram abordagens distintas da literatura e da tarefa crítica de contar a sua história.

Com o objetivo de explicitar tais dois tempos para a literatura, terei em vista, aqui, a consideração que cada crítico fez do modernismo brasileiro, posto que ela é emblemática: Candido dava continuidade aos pressupostos teóricos do movimento sobre a temporalidade, enquanto Silviano pretende estar após esse momento, entendido como objeto histórico finalizado. Embora a perspectiva da literatura comparada seja comum a ambos para pensar a relação do Brasil com o mundo, os críticos a desenvolvem com métodos historiográficos muito diversos. Antonio Candido é moderno e confia na dialética para entender o problemático contato literário entre a criação brasileira e os modelos de origem estrangeira, enquanto Silviano Santiago é pós-moderno, desconfia dessa dialética e concebe aquele contato a partir de um fundo paradoxal inevitável.

Destacarei aqui passagens que me pareceram, nas obras, reveladoras dos pressupostos filosóficos de Antonio Candido e de Silviano Santiago quando eles pensam historicamente a literatura e o modernismo, mas nem de longe pretendi uma pesquisa exaustiva do tema em suas produções, o que não corresponderia ao escopo deste ensaio e tampouco ao que a própria noção de ensaio significa. E se por vezes for obrigado a caricaturar um ou dois traços dos autores estudados, que fique na conta do esforço para marcar o contraste entre eles, ainda que sob o custo de sacrificar eventualmente as variações do pensamento de cada um.

Vale, ainda, fazer uma ressalva, pois um ensaio como este parece dedicar-se ao extravagante exercício de crítica da crítica, duplicando a distância de seu real objeto — a literatura. Não se trata aqui de comparatismo fortuito, por simples amor à erudição. Pelo contrário, a comparação entre Antonio Candido e Silviano Santiago é uma estratégia adotada para que outra discussão discretamente se insinue: qual relação podemos agora, já no começo do século XXI, estabelecer com o modernismo e a sua história — e, mais ainda, com a história da literatura de um modo geral?

Primeiro tempo: a dialética moderna de Antonio Candido

É das palavras do próprio Antonio Candido que se pode depreender o seu método de pesquisa sobre a literatura. Seu ensaio "Literatura e cultura de 1900 a 1945" abre-se com uma sentença segundo a qual, "se fosse possível estabelecer uma lei de evolução da nossa vida espiritual, poderíamos talvez dizer que toda ela se rege pela dialética do localismo e do cosmopolitismo".[1] Nessa frase, são explicitados os dois pressupostos teóricos cruciais pelos quais Candido concebeu a historicidade da literatura brasileira: primeiro, a convicção em seu progresso evolutivo; e, segundo, a ordenação de tal evolução por uma lei dialética, que deveria explicar a forma de contato entre o Brasil local e o Ocidente cosmopolita.

O esquema do pensamento de Candido pertence à modernidade, já que essa, desde o século XVIII, definiu o movimento da história a partir justamente do conceito de evolução, de progresso. Isso dava à dimensão temporal do futuro privilégio sobre a do presente, cujo sentido era criticar dialeticamente o passado para que tal futuro emergisse. Linear e sucessiva, a história possui direção certa, apontada para frente. É o processo de avanço que não só desenvolve o tempo, mas o melhora. Dentro dele, a modernidade seria a época da conquista, racional e esclarecida, dos propósitos mais altos do homem. O Iluminismo, na expressão célebre de Kant, seria a passagem da menoridade à maioridade na história,[2] sinal de seu progresso, a conferir sentido de superioridade, e não só de posteridade, para o que vem depois em relação ao que veio antes, como quis também Hegel.

Embora um século e meio mais tarde, não é por coincidência que Antonio Candido, em sua crítica, empregaria, por vezes, a metáfora da maioridade para falar da literatura. Numa famosa passagem, Oswald de Andrade afirma que teria se sentido encorajado a escrever seu "diário confessional" graças à observação feita por Candido de que uma literatura só chega à maioridade com memórias, cartas e documentos pessoais.[3] Em outro contexto,[4] o crítico referiu-se também a Machado de Assis como momento em que as letras brasileiras alcançariam essa maioridade. Não são poucos os argumentos para um e outro julgamento, mas o que importa destacar aqui é outra coisa. É que a representação aí feita do tempo, como dado que informa a literatura, possui natureza essencialmente moderna, já que procura o momento em que algum autor, movimento ou tipo de produção confirmaria a maturidade evolutiva da cultura nacional.

Já as estruturações em fases cronológicas do ensaio "Literatura e cultura de 1900 a 1945" e da *Formação da literatura brasileira* determinam etapas em um processo evolutivo na história contada por Candido. Cada fase é julgada pelo avanço que apresenta no tempo. O romantismo, por exemplo, tem destaque, mas a fase que vai de 1900 a 1922 é chamada de "literatura de *permanência*", pois ela apenas "conserva e elabora os traços desenvolvidos depois do romantismo, sem dar origem a desenvolvimentos novos; e, o que é mais, parece acomodar-se com prazer nessa conservação".[5] Está claro o critério para avaliar o avanço no tempo: o novo. As obras são julgadas pelo quanto de novidade trouxeram para a história da arte. Logo, a estagnação na literatura brasileira no início do século XX é ruim, pois a conservação teria valor estético pequeno. Esse esquema crítico, por seu caráter moderno, já era adotado antes, claro, pelo próprio modernismo no Brasil, o que explica a coincidência de tantas apreciações de Candido com as de Mário de Andrade, que afirmava, por exemplo, que "tivemos no Brasil um movimento espiritual" de fato "absolutamente 'necessário', o romantismo".[6]

Portanto, a convergência entre diagnósticos de Mário e Candido sobre a literatura nacional, que vai além da observação sobre o papel do romantismo, é consequência da adoção da mesma concepção de tempo, como evolução pautada no novo, que faria o presente avançar para o futuro. Era o que o poeta mexicano Octavio Paz chamou de "tradição da ruptura".[7] Se a modernidade nasce por sua ruptura com a tradição, ela mesma veio depois a se constituir como tradição, embora paradoxal, já que sua lógica seria romper sempre — para criar o novo. Não por acaso, assim como o modernismo considerava sua tarefa romper com o "passadismo", também Candido privilegia o movimento por aquilo que foi capaz de negar e deixar para trás, como o parnasianismo. E, até quando não se trata da mera negação do passado, esse só aparece, o que é mais importante, em função das conquistas modernistas. O sentido do passado é submetido ao futuro, como pensavam Hegel, Marx e as filosofias modernas da história em geral.

No caso da crítica de Candido, a subordinação do significado do que já foi ao que veio depois é evidente, por exemplo, no exame de Euclides da Cunha. Sem que fossem desconsiderados o porte e a qualidade de sua obra, ele seria carente ainda de um caminho histórico verdadeiro e "caberia ao modernismo orientá-lo no rumo certo, ao redescobrir a visão de Euclides, que não comporta o pitoresco exótico da literatura *sertaneja*".[8] São válidas, sem dúvida, as preocupações de fundo para tal julgamento, pois era criticada a absorção da literatura de Euclides no mero folclore regional. Entretanto, o efeito é que nem mesmo ele escapa da dependência da "redescoberta" modernista para ser colocado no "rumo certo".

Reafirmando essa postura, Candido escreve que "o modernismo veio criar condições para aproveitar e desenvolver as intuições de um Sílvio Romero, ou um Euclides da Cunha, bem como as pesquisas de um Nina Rodrigues".[9] Esses autores, portanto, não são tomados por si, mas sim tendo em vista sua relação com o modernismo, que lhes deu validade e sem o qual, por efeito, restariam meras "intuições". Logo, as criações aí surgidas não são apreendidas como outro modernismo ou como não modernistas, mas como pré-modernistas, em um gesto crítico que as subordina ao futuro de uma evolução, supostamente o único caminho autêntico — o "rumo certo" — da literatura.

O privilégio do modernismo é tal que o período que cronologicamente o antecede passou a ser chamado de "pré-modernismo". O prefixo "pré" indica a anterioridade, mas também, pelo que se lhe segue, um ponto de referência. O que veio antes prefigura o que veio depois. O "pré" diz um "ainda não" e o período por ele coberto fica a dever seu ser ao que o sucede. Não se vê nele alteridade benéfica. Nesse respeitável limbo, ficam Lima Barreto, Alphonsus de Guimarães, Augusto dos Anjos e o próprio Euclides, entre outros. Eles jamais diriam, para essa historicidade, algo singular que os separasse positivamente do paradigma moderno. Candido chega a sentenciar, então, que o modernismo é "a tendência mais autêntica da arte e do pensamento brasileiro".[10]

Trata-se de uma operação de estreiteza crítica, pois ela diminui a largura dentro da qual a evolução da literatura ocorre. O objetivo era salvar as obras da indistinção de valor generalizada e, a partir daí, hierarquizá-las criteriosamente. Esse processo seletivo também buscava forjar, para a nova cultura brasileira, um processo formativo de si própria, uma tradição, mas uma tradição moderna, visto que o critério do processo seletivo era o progresso que as obras representam, ou seja, há um rumo certo a ser seguido, mesmo pelas artes — e os outros rumos, por consequência, são errados. Mas como se define esse "rumo certo"?

Ora, o rumo certo da evolução da literatura define-se, como Candido já anunciara, através da dialética entre localismo e cosmopolitismo, que é típica das culturas latino-americanas. Localmente marcadas pelo passado colonial, elas têm dificuldade de definir sua entrada no progresso cosmopolita do mundo que foi sua metrópole. Reagindo a tal situação, podemos achar um espectro grande de atitudes, desde a tentativa de imitar a metrópole até o anseio de independência cultural. Candido classificou os dois extremos de "impulsos de cópia e rejeição", que, segundo ele, seriam "aparentemente contraditórios, mas que podem ser complementares", pois tal recusa, quando valoriza o regionalismo local ingênuo para afirmar uma identidade nacional, desvela somente o exotismo procurado pelo europeu, firmando uma "dependência na independência".[11]

Copiando ou rejeitando a matriz, é a confirmação da filiação do Brasil ao Ocidente que ocorre, pela necessidade de um processo de formação relacional — seja por afirmação da fonte, seja pela sua negação. "Pode-se chamar dialético a esse processo porque ele tem realmente consistido numa integração progressiva de experiência literária e espiritual", observa então Candido, "por meio da tensão entre o dado local (que se apresenta como substância de expressão) e os moldes herdados da tradição europeia (que se apresentam como forma de expressão)".[12] Nossa literatura seria a constante superação de obstáculos vindos da sensação de inferioridade que um país novo, tropical e mestiço encontra pelo contraste com países antigos, de geografias distintas e com etnias estabilizadas. Se não há como podar o parentesco com o que é da ex-metrópole, tampouco os padrões daí advindos pela educação encontram correspondência serena com a situação local. Para Candido, "a referida dialética e, portanto, grande parte da nossa dinâmica espiritual se nutrem desse dilaceramento", que atravessa Gregório de Matos no século XVII, Cláudio Manoel da Costa no XVIII e Mário de Andrade no XX.

Nesse contexto, ganha precisão o elogio prestado ao modernismo, porque o movimento teria proporcionado o "desrecalque localista" e a "assimilação da vanguarda europeia".[13] Exigindo que a estética nacional aproveitasse a realidade local e incorporasse as formas artísticas estrangeiras, o modernismo faria uma inserção mais firme e até instigante do Brasil no Ocidente, instaurando uma rica dialética em tal interação. "Interessante é o caso das vanguardas do decênio de 1920, que marcaram uma libertação extraordinária dos meios expressivos", diz Candido, "e nos prepararam para alterar sensivelmente o tratamento dos temas propostos à consciência do escritor".[14] Solução feliz da dialética entre localismo e cosmopolitismo, confirmada porquenos dois decênios de 1920 e 1930, assistimos ao admirável esforço de construir uma literatura universalmente válida (pela sua participação nos problemas gerais do momento, pela nossa crescente integração nesses problemas) por meio de uma intransigente fidelidade ao local.[15]

Nesse raciocínio, a intransigente fidelidade ao local pode se dar como um "meio", isto é, como instrumento para construir uma literatura universalmente válida. Essa procura de síntese da dialética comporta uma instrumentalização do nacional eventualmente, para que se ofereça, perante o cenário internacional, algo singular. Ou seja, a importância das características locais fica a reboque da necessidade de oferecer alguma contribuição mais própria no contexto civilizado ocidental. Essas características ganham relevo por poderem nos aproximar de uma aceitação dentro daquilo que Mário de Andrade, décadas antes, chamara de "concerto das nações cultas", concebido aí como o Ocidente europeu. Trata-se de um nacionalismo universalista.

Nesse sentido, a literatura local deveria aderir a um critério cosmopolita, visto que, para Candido, "a obra resulta num compromisso mais ou menos feliz da expressão com o padrão universal".[16] De seu ponto de vista, as obras podem ser bem ou malsucedidas, tendo em vista um tal padrão. "Para o historiador, o aspecto mais interessante da literatura nos países da América", afirma o crítico em outro contexto, "é a adaptação dos padrões estéticos e intelectuais da Europa às condições físicas e sociais do Novo Mundo".[17] Como ele observou várias vezes, a literatura brasileira faz parte da europeia e as contribuições do índio e do africano, que podem ter modificado a matriz colonizadora, jamais se fundiram com ela em igualdade de condições. Falamos, afinal, português.

Ressalte-se, ainda, que o pertencimento da literatura brasileira à mundial acontece, seguindo a lógica de Candido, por derivação das fontes originais. No ensaio "Literatura e desenvolvimento", ele afirma que "nossas literaturas latino-americanas, como também as da América do Norte, são basicamente galhos das metropolitanas" e acrescenta ainda que "se afastarmos os melindres do orgulho nacional, veremos que, apesar da autonomia que foram adquirindo em relação a essas, ainda são em parte reflexas".[18] Emprega-se, aqui, aquela mesma famosa metáfora que aparecera na *Formação da literatura brasileira*, em 1959, segundo a qual a "nossa literatura é galho secundário da portuguesa, por sua vez arbusto de segunda ordem no Jardim das Musas".[19] Ou seja, ela é derivada.

Observe-se, porém, que o desnível da literatura brasileira, se comparada a outras, torna-se inevitável quando o critério de julgamento é oriundo dessas outras. O padrão universal que Candido emprega origina-se no cânone europeu. Não deixa de ser curioso, sob esse prisma, que o subtítulo do ensaio "Literatura e cultura — de 1900 a 1945" seja "(Panorama para estrangeiros)". Essa situação faz sobrar, como justificativa para apreciar a literatura do Brasil, o fato apenas de que ela é nossa. Não fosse por isso, melhor seria ler as obras das Musas ou do arbusto de segunda ordem, mas não aquelas do galho secundário desse arbusto. É que, "comparada às grandes, a nossa literatura é pobre e fraca", porém, ainda assim, "é ela, não outra, que nos exprime" — portanto, "se não for amada, não revelará a sua mensagem; e se não a amarmos, ninguém o fará por nós".[20]

Haveria, então, uma hierarquia das literaturas nacionais. Algumas — como a alemã, a inglesa, a francesa — ocupam o Jardim da Musas e aos pertencentes a essas línguas basta ler em seu idioma para "elaborar a visão das coisas" e ter "as mais altas emoções literárias". Já outras — como a brasileira — exigem que, para tanto, os falantes procurem obras fora de seu idioma. A razão é que as primeiras já estão alinhadas com o padrão universal, enquanto as segundas correm atrás dele, através da dialética entre seus aspectos locais e sua inserção cosmopolita. Para Candido, o "que temos de mais perfeito como obra e como personalidade literária (um Gonçalves Dias, um Machado de Assis, um Mário de Andrade) representa os momentos de equilíbrio ideal entre as duas tendências".[21]

Em suma, se a evolução da literatura brasileira tem sua lei na dialética entre localismo e cosmopolitismo, tal dialética é referida a um padrão universal, o que faz dele o verdadeiro legislador daquela evolução temporal. Embora com um refinamento intelectual raro e sensibilidade crítica igual, Candido não deixa de colocar, em sua teoria, a tarefa para a literatura brasileira de se apegar a esse padrão universal. E, para que se tenha um compromisso bem-sucedido com ele, deve-se atentar à dialética entre localismo e cosmopolitismo, na medida em que sua síntese mais equilibrada é requisito para um tal sucesso literário.

Foi por bem articular local e cosmopolita que o modernismo pôde ganhar papel de destaque na evolução literária do Brasil contada por Candido. Se nosso problema não apenas econômico e social, mas também literário, seria o atraso, a solução era o modernismo, pois ele é avanço, é novidade, já que nos deu "obras de teor maduro e original".[22] Retorna, aqui, a metáfora da maturidade, pois o modernismo seria, na literatura nacional, a consolidação do progresso temporal dialético. O julgamento estético das obras, portanto, fica submetido a um critério histórico evolutivo: o avanço moderno a vencer o atraso subdesenvolvido.

Intervalo: o ocaso moderno e a crítica brasileira

Se analisarmos a atuação crítica de Antonio Candido menos do ponto de vista teórico que adotamos até aqui e mais do ponto de vista prático, ou seja, de seu acompanhamento da produção literária no Brasil, percebe-se que, a partir dos anos 1970, ela se torna menos dedicada a obras contemporâneas. Candido, sendo um crítico moderno, parece ser afetado pelo que Octavio Paz chamara de "ocaso" moderno, ocorrido nesse momento. O poeta mexicano observara que "provavelmente estamos ao fim de um período histórico e no começo de outro", embora sublinhasse não saber se era término o que acontecia ou uma mutação da época moderna. Incerteza seria o signo de tal ocaso, já que a nossa sociedade é "a primeira que se põe a viver sem uma doutrina meta-histórica",[23] isto é, sem uma concepção geral do que é a história.

O pressuposto teórico da crítica literária de Candido no Brasil dependia de uma doutrina meta-histórica, que se apresentava como evolução dialética. Na medida em que obras mais contemporâneas, a despeito de sua qualidade estética ou até da falta dela, tornavam-se rebeldes à captura teórica por intermédio dessa concepção de tempo moderna, ele aparentemente perdeu afinco em estudá-las. Era como se o tempo da literatura tivesse mudado duplamente: não só passara cronologicamente como, o que é ainda mais importante, tinha alterado o modo pelo qual se expressava artisticamente. O avanço através do novo deixava de ser critério privilegiado para entender as obras de arte, que ofereciam dificuldade para ser alinhadas em uma história evolutiva única.

Denuncia-se, aqui, a crise da autoridade da tradição. Negando o passado para criar o futuro, os modernos, de tanto romper com a tradição, acabaram a despindo de autoridade. E quando isso aconteceu, não havia mais por que negar, afinal nada seria proibido. Na arte, tudo passou a ser permitido, desde que as vanguardas históricas, com sucesso, forçaram os limites conhecidos da criação e da recepção. Sem tabus, não havia mais razão para investir força em derrubadas. Nesse contexto, as últimas décadas do século XX assistiram ao enfraquecimento das rupturas modernas, tornadas "repetições rituais: a rebeldia convertida em procedimento, a crítica em retórica, a transgressão em cerimônia", como assinala Octavio Paz, concluindo que "a negação deixou de ser criadora".[24]

Nesse sentido, o ocaso da modernidade não ocorreu porque alguma força externa ou movimento posterior fez oposição a ela. Isso seria, ainda uma vez, a negação como criação do novo. O ocaso moderno é o esgotamento das forças da própria modernidade, ou ao menos de sua face mais conhecida — a do progresso movido pelas novidades. O novo — banalizado — deixou de ter o poder de ruptura com o passado que alimentava a alta esperança em um avanço evolutivo até um futuro sonhado, utópico, melhor do que o presente vivido.

O pensador francês Jean-François Lyotard já antecipara o problema da falta do que Octavio Paz chamou de "meta-história", ao apontar a incredulidade dos "metarrelatos" modernos. O "meta", em ambos os casos, tem sentido de um "além", de onde se explica a história, que assim ganha sentido. Nós presenciamos o fim desses metarrelatos, dessas grandes narrativas que, desde o fim do século XVIII, justificaram o avanço progressivo da sociedade, fosse na versão política da emancipação, com Kant e o Iluminismo, fosse na versão filosófica da especulação, com Hegel. Os relatos evolutivos universais que buscavam dar conta de todas as particularidades da história, de acordo com Lyotard, caíram em descrédito com o que ele chamou de "sociedade pós-industrial" e de "cultura pós-moderna".[25]

Esse cenário histórico e filosófico significou, na crítica literária brasileira, também uma forte alteração. O próprio Antonio Candido, por vezes, arrefecerá a convicção em uma síntese futura das oposições dialéticas por ele diagnosticadas no presente, enfraquecendo o hegelianismo que governara sua abordagem desde a análise do método crítico de Sílvio Romero, em 1945. Com sensibilidade, Flora Süssekind observou que sua obra sofre mudanças, que "se farão sentir também na sua historiografia literária". Sem conciliação final, a linearidade é substituída pela simultaneidade de elementos antagônicos. Flora cita as palavras de Candido em colóquio já de 1983, quando ele diz que "agora surgiu um problema novo" e confessa: "Não sei se somos capazes de enfrentá-lo, porque é um problema que ultrapassa todos os nossos hábitos teóricos, todos os nossos hábitos historiográficos", arrematando que "estamos caminhando para uma coisa bastante vertiginosa, que é a tentativa de tomar em consideração os diferentes ritmos temporais".[26]

Se o ocaso moderno fez Antonio Candido atentar para novos desafios da teoria literária, também é responsável pelo surgimento de críticos com outra abordagem e que não deixaram de apontar limites do método de seu antecessor. Haroldo de Campos, por exemplo, acusaria mais tarde o "sequestro do barroco"[27] na formação da literatura nacional contada por Candido, causado por seu critério evolutivo e sociológico, mais do que estilístico. Seu objetivo era alargar o que se considerava decisivo dentro da nossa tradição literária. Já nos anos 1970, outro crítico que apareceu foi Silviano Santiago. Seu pensamento faz, assumidamente, parte da "condição pós-moderna", para empregar o título do conhecido livro de Lyotard que ganhou, na edição brasileira, posfácio escrito, coerentemente, por Silviano. Descrente do progresso através do novo, ele sugere até interpretar o modernismo pelo viés pouco usual da tradição, e não da ruptura.[28]

Se Antonio Candido era herdeiro de Kant, Hegel e Marx, pois confiava na modernidade dialética do progresso apontado para o futuro, Silviano Santiago é impulsionado mais por Lyotard, Barthes e Derrida, apostando no paradoxo pós-moderno sem ordenar a história por um único metarrelato evolutivo, pois sua perspectiva é mais fragmentada, menos forte. Embebido de sua época, Silviano não escreveu qualquer "formação da literatura brasileira". O sentido de grandeza de tal projeto fundava-se em premissas perdidas na pós-modernidade, para o bem ou para o mal. O virtuoso e vigoroso esforço para estruturar uma história com começo, meio e fim, dando sentido à nossa literatura em sua relação com a sociedade, atravessa a obra de Antonio Candido, cujo fôlego, porém, vai ainda além disso. Nos textos de Silviano Santiago, temos menos do que isso. Sinal dos tempos. Com o seu multiculturalismo, ele não é mais um crítico moderno. Resta saber o que significa isso e o que surge, ou pode surgir, a partir daí.

Segundo tempo: o paradoxo pós-moderno de Silviano Santiago

Quando a Semana de 1922 comemorava os seus sessenta anos, Silviano Santiago afirmou que o modernismo estava "fechado para balanço". Segundo ele, davam-se "finalmente por encerrados os sucessivos ciclos de apreciações críticas do modernismo brasileiro".[29] É possível presumir que, para ele, Antonio Candido situava-se no segundo ciclo de apreciações do modernismo, datado a partir do espírito de 1945, ou seja, depois do primeiro, levado a cabo, aliás, pelos próprios modernistas. Tanto que esse novo ciclo teria sido "encabeçado pelo que vamos chamar de críticos literários, sabendo que a expressão engloba tanto os críticos propriamente ditos quanto os historiadores da literatura e mesmo os escritores-críticos".[30] Em outro contexto, Silviano Santiago afirmou também que "Candido pertence à geração de críticos que surge no momento de reconhecimento público da indiscutível contribuição dos autores modernistas, ou seja, a partir dos anos 1940",[31] completando que seus companheiros são Sérgio Milliet, Álvaro Lins, Brito Broca, Otto Maria Carpeaux, Paulo Emílio Salles Gomes e Lúcia Miguel Pereira.

Descrevendo a abordagem histórica dos autores dos anos 1940, Silviano observa que a "picada que conduzia a crítica ao passado era feita a partir de seu ponto de chegada", ou seja, a "picada era a linha da *tradição modernista* que se manifestava pela primeira vez".[32] Candido contribuiu para constituir tal tradição modernista, pois deu continuidade aos pressupostos modernos sobre a história. Haveria um único tempo no qual se desenrolariam as literaturas, que poderiam ser classificadas como atrasadas ou adiantadas porque submetidas ao mesmo "padrão universal". Concebe-se teleologicamente um ponto de chegada, um *telos* futuro que deve ser conquistado e que dá significado àquilo que o precedeu. O modernismo marcaria um ponto desse tipo para a literatura brasileira, por ter dado a ela maturidade em si e qualidade diante do padrão universal.

O segundo ciclo de apreciações do modernismo, portanto, toma distância do primeiro, feito pelos próprios modernistas, somente de forma ambivalente: afirma que o modernismo passara, sim, mas para assumir o estatuto de momento mais autêntico e formulador de nossa literatura. Por isso, a crítica de Candido foi essencial para o que hoje temos como história literária nacional, até então frágil. Instauravam-se antecedentes e sucessores, direções e influências. Portanto, se a geração de 1940 distancia-se dos modernistas de 1922 por um lado, é só para do outro lado fornecer-lhes a força de uma verdadeira tradição. "Se o movimento modernista enquanto 'força fatal', para retomar a expressão de Mário, era um fogo que ardia, agora o modernismo é um fogo que esquenta panela",[33] escreveu Silviano. O modernismo passava de ruptura com a tradição à tradição.

Soma-se a esses dois ciclos de apreciações do modernismo um terceiro, que seria, para Silviano, o último. É que "hoje o todo da produção modernista nos chega como um *objeto*".[34] Tomar o modernismo como um objeto significa que ele acabou e que, portanto, nós já estamos mais adiante dele, embora essa situação não ocorra por seu fracasso, mas, pelo contrário, pelo seu sucesso, que significa seu cumprimento. O sinal de que o ciclo de apreciações do modernismo fechava-se em 1982 estaria na perfeição do julgamento sobre sua herança. Só com o fim seria possível tamanho discernimento. Seu marco é o trabalho seletivo de João Alexandre Barbosa, cuja "lista, no próprio gesto de precisão crítica que exibe, é impecável — e sorte da literatura que já pode contar com os nomes que ele arrola: Machado, Oswald, Mário, Graciliano, Guimarães e Clarice".[35]

Não se trataria de corrigir as escolhas feitas na constituição do cânone estético da literatura modernista brasileira. Silviano declara concordância total. Mas apenas para arrematar uma discordância radical, embora de outro ponto de vista, que não é o da seleção crítica. Ele concorda com tudo que João Alexandre Barbosa seleciona, mas vê esse tudo como um todo acabado — o modernismo — e que, por isso, implica desafios que não são mais idênticos. Tal seleção crítica, "se não for vista sob o efeito de *fechamento*, pode induzir o 'crítico' menos atento a advogar os mesmos princípios, a mesma moldura, como critério básico", observa Silviano, "para a tarefa de apreciação crítica dos mais recentes romances" — e isso "seria um equívoco fatal para a cultura brasileira".[36] O motivo é claro: estaríamos em uma cultura pós-moderna, que exige critérios para acompanhar a produção literária distintos dos que eram pertinentes para julgar o cânone moderno.

Tanto assim que quando Silviano recorre a um autor modernista, prefere Oswald de Andrade, que não tivera posição tão célebre no movimento quanto a de Mário de Andrade. Trazê-lo à baila é a estratégia para pensar o problema da dialética entre o local e o cosmopolita, mas de forma antropofágica, que talvez nem possa ser chamada de dialética (Silviano chega a citar a "dialética rarefeita" de Paulo Emílio). Importa, enfim, que "Oswald de Andrade, dentro do movimento de 22, era o único que falava da influência como autonomia do influenciado, dos débitos sem dívida na conta corrente do autor e dos créditos que embaralham as colunas do livro de contas". Sua visão "do passado visa a colocá-lo em condição de força para a criação dependente", isto é, "embaralha os dados cronológicos, propondo antecedências liberadoras e procedências castradoras".[37]

Silviano segue, portanto, a perspectiva da literatura comparada (aberta, segundo ele, por Candido, que comparava o galho menor do nacional ao resto do jardim internacional), pois ela evita a ilusão de "um pensamento autóctone autossuficiente" sem contato com o exterior. Mas o método transforma-se. Compara-se ainda, mas não como antes, pois, "caso nos restrinjamos a uma apreciação da nossa literatura, por exemplo, com a europeia, tomando como base os princípios etnocêntricos — fonte e influência — da literatura comparada, apenas insistiremos no seu lado dependente".[38] Não se troca a dialética entre local e cosmopolita por uma ingênua afirmação de plena independência da literatura brasileira, mas por outra estratégia, que ao pensar a questão encerrada por tal dialética abandona o par conceitual da fonte original e da influência derivada. O padrão universal, ao invés de submeter a criação nacional, é devorado antropofagicamente.

Sendo assim, dois pressupostos que organizavam a crítica de Candido são contrariados. "Duas decalagens capitais: uma temporal (o atraso de uma cultura com relação à outra) e uma qualitativa (a falta de originalidade nos produtos da cultura dominada)",[39] como escreve Silviano. Primeiro, contesta-se a comparação entre as culturas fundada na teleologia histórica que coloca para todas o mesmo objetivo futuro, determinando-as como atrasadas e adiantadas, a depender do tempo que separa seu presente daquele futuro. Segundo, contesta-se a avaliação, por um padrão etnocêntrico, de originalidade, a qualidade que, ao trazer o novo no presente, empurraria a evolução para o futuro. Negados os dois pressupostos, "débitos sem dívida na conta corrente do autor" e "créditos que embaralham as colunas no livro de contas", se são escândalo na economia, tornam-se possíveis na arte. Para ocorrerem, segundo Silviano, desde o modernismo conhecemos três medidas: a citada "antropofagia"; a "traição da memória" de Mário de Andrade; e o "corte radical" das vanguardas, assim designado pelos concretistas.

O pensamento pós-moderno procura, mesmo em tais soluções modernas, quebrar a hierarquização comparativa entre o nacional menor e o internacional maior, pois esse último não poderia ser considerado historicamente à frente do primeiro. Obras literárias culturalmente dependentes poderiam saltar por cima das imitações derivadas. É abandonada a moderna racionalidade dialética que daria conta da relação entre a fonte e a influência de forma complementar. No seu lugar, entram formulações pós-modernas "*paradoxais*, que por sua vez darão início a um processo tático e desconstrutor da literatura comparada, quando as obras em contraste escapam de um solo histórico e cultural homogêneo".[40]

Tal desconstrução, ao estilo de Derrida, não pretende aniquilar a tradição, mas abrir nela diversas possibilidades interpretativas para a literatura no Brasil. "Trata-se antes de lembrar", afirma Silviano, "que se pensamos em outros nomes — possivelmente uma outra tradição-sem-tradição, indicando outras opções de escrita ficcional entre nós — daríamos conta de que um diferente percurso de leitura poderia ser estabelecido".[41] Essa operação torna-se importante porque escaparia ao que já damos como conhecido do modernismo, abrindo outro viés de leitura. Se Candido diz que a Semana de Arte Moderna foi "o catalisador da nova literatura, coordenando, graças ao seu dinamismo e à ousadia de alguns protagonistas, as tendências mais vivas e capazes de renovação, na poesia, no ensaio, na música, nas artes plásticas",[42] Silviano lembra as palavras de José Lins do Rêgo: "Para nós, no Recife, essa Semana de Arte Moderna não existiu".[43]

Buscando outro percurso para a literatura brasileira, encontramos Lima Barreto e Euclides da Cunha, que "têm sido bastante negligenciados pela tradição modernista", afirma Silviano, "e estão constituindo um bom repositório para a contestação atual da estética originada em 22 e, ao mesmo tempo, representam uma saudável mudança de ares para o jovem romancista".[44] Em Lima, valoriza-se o uso da "redundância", em vez da tão moderna "elipse"; em Euclides, chama-se a atenção para a veia crítica e reflexiva diante da realidade histórica da sociedade brasileira. Se Antonio Candido submetera Euclides ao rumo certo dado depois pelo modernismo, Silviano destaca o que o deixou à margem do movimento.

Os autores da virada do século XIX para o XX ganham interesse especial, porque "talvez o verdadeiro 'pós' possa se nutrir convenientemente do 'pré', e não do modernismo propriamente dito".[45] Claro que, já aqui, esse prefixo "pré" desvencilha-se de toda conotação de um "ainda não" do modernismo. Ele não é o balbuciar mal resolvido do que depois se realizaria com louvor. O "pré", agora, dá alteridade ao passado e por isso torna-se valioso, na medida em que pode ser aproveitado diante do contexto de fechamento daquilo que veio depois dele.

Nossa entrada no Ocidente, nos anos 1980, estava feita, tanto na literatura como no resto. "O projeto básico do modernismo — que era o da atualização da nossa arte através de uma escrita de vanguarda e o da modernização da nossa sociedade através de um governo revolucionário e autoritário — já foi executado", escreve Silviano, "ainda que discordemos da maneira como a industrialização foi implantada entre nós".[46] O progresso buscado pelo Brasil veio, mas sua forma foi controversa. Nossos desafios, portanto, seriam outros. Para explorar diferentes caminhos de criação a partir daí, seria preciso relativizar antropologicamente o padrão dito universal, entendendo que ele é na verdade definido pela cultura dominante, e entrar em contato com o cosmopolitismo antropofagicamente, buscando não a passiva complementação dialética da fonte original pela ponta influenciada, mas uma suplementação ativa desse processo.

Sob esse aspecto, Silviano considera que a universalidade, em vez de ser padrão de avaliação pronto, precisa ser testada. O contato da cultura dominante com as dominadas é uma prova para sua pretensão, inclusive na literatura. Ela deve provar, agora na realidade concreta, se pode se sustentar noutros lugares, universalmente. Logo, "a universalidade só existe, para dizer a verdade, nesse processo de expansão em que respostas não etnocêntricas são dadas aos valores da metrópole", escreve Silviano, pois as novas respostas, como as da literatura brasileira, tornam-se aqui "um padrão de aferição cultural da universalidade tão eficaz quanto os já conhecidos e catalogados".[47]

Pensando assim, a dinâmica das "ideias fora do lugar",[48] como a chamou o crítico Roberto Schwarz, discípulo a seu modo de Antonio Candido, significaria assumir que não existe lugar propriamente correto para as ideias e, portanto, tampouco um lugar errado. No contexto do pensamento de Silviano Santiago, a literatura brasileira — que para

Candido situava-se na dialética entre o local e o cosmopolita, enquanto para Schwarz era fruto de ideias fora do lugar — é antes um entre-lugar. "Entre o sacrifício e o jogo, entre a prisão e a transgressão, entre a submissão ao código e a agressão, entre a obediência e a expressão — ali, nesse lugar aparentemente vazio, seu templo e seu lugar de clandestinidade", escreve Silviano, "ali, se realiza o ritual antropófago da literatura latino-americana".[49]

Fim: os vários tempos da literatura

O vocabulário da crítica brasileira costuma destacar a questão do espaço da literatura (dialética entre local e cosmopolita; ideias fora do lugar; entre-lugar do discurso), mas também seu tempo é crucial. Para o pensamento moderno de Candido, o espaço depende do tempo: entrar no Ocidente demanda avançar na história. O espaço cosmopolita está no futuro, então cabe ao local — atrasado em relação a ele — alcançá-lo através do progresso. Para o pensamento pós-moderno de Silviano, é desnecessário esse alcance, pois o Brasil já teria feito sua entrada no Ocidente, ainda que talvez malfeita. Ele prescinde do progresso moderno e busca o passado sem tomá-lo como um estágio menos evoluído do futuro. É que a "evolução literária, como nos alertam os formalistas russos, se elabora mais por deslocamentos de forças do que pela noção linear de evolução".[50] Logo, o tempo da literatura não é progressivo, sucessivo. Ele tem como seu "único valor crítico a diferença".[51] O passado ganha alteridade diante do futuro, não seria uno, mas plural, virtualidade dotada de diversas possibilidades não lineares.

> Se é assim, cabe, portanto, frisar: não se deve pensar o pós-moderno como superação progressiva do moderno e tampouco a crítica de Silviano Santiago como superior à de Antonio Candido — ou permaneceremos presos à concepção linear e evolutiva da história, sufocando, de novo, o passado pelo futuro (além de desprezarmos que o valor de um crítico não é dado somente por seu pressuposto filosófico sobre o tempo, que

determina sua história da literatura). Do horizonte pós-moderno, talvez possamos, isto sim, descobrir certos aspectos da crítica de Candido que escapam ao seu esquema teórico geral, deixando de acolher, por extensão, todo seu julgamento histórico sobre a literatura. Silviano deve ter tido consciência disso ao escrever quea produção crítica de Candido, em lugar de perecer ao toque fúnebre do crepúsculo da sua atuação, renasce das cinzas e serve de alimento para as novas gerações, como se tivesse encontrado no apagar das luzes deste século, deste milênio, a longevidade de uma obra de arte.[52]

Antonio Candido exigia da literatura um compromisso, isto é, obediência ao padrão universal. Silviano Santiago procura "uma geografia de assimilação e de agressividade, de aprendizagem e de reação, de falsa obediência".[53] Posições diferentes, mas com uma semelhança: verdadeira ou falsa, é ainda a obediência que está em jogo. O próprio modernismo parece permanecer fundamental, para Silviano Santiago, embora não por sua afirmação, mas em sua persistência para fechá-lo, para dissimular obediência a ele, deflagrando que, apesar de tudo, tal crítica fica atada ao que critica. Pode ser, então, que somente após fechado, e não mais em seu ato de fechamento, o modernismo deixe de ter caráter impositivo como atitude, sendo acolhido sem que a obediência a ele, verdadeira ou falsa, seja uma questão relevante. Em outras palavras, o modernismo pode se abrir de novo, mas de outra forma, paradoxalmente não mais moderna.

Seria então como se o ocaso da modernidade significasse um contato livre com ela, mesmo porque, como observara Octavio Paz, "a modernidade não está fora, mas dentro de nós",[54] Restaria, então, o privilégio do tempo presente, do agora, ainda que ele fosse incerto e desamparado: sem certezas, pois não detém crença meta-histórica que o oriente, e sem amparos, pois não encontra baliza nem no passado nem no futuro, já que ambos têm seus sentidos desconhecidos. Essa ausência de um guia para pensar, inclusive sobre a literatura e sua história, exige a construção de uma temporalidade pela qual o presente possa se relacionar com passado e futuro de outro modo. Exige-se, assim, uma história que partindo do presente, nele se funde. Nós parecemos estar no meio dessa aventura.

Notas

1. Antonio Candido, "Literatura e cultura — de 1900 a 1945", in: *Literatura e sociedade*, p. 109.
2. Immanuel Kant, "Resposta à pergunta 'Que é esclarecimento'? (*Aufklärung*)", in: *Textos seletos*.
3. Oswald de Andrade, *Um homem sem profissão*, p. 36.
4. Antonio Candido, *Iniciação à literatura brasileira*, p. 55.
5. Antonio Candido, "Literatura e cultura — de 1900 a 1945", in: *A educação pela noite*, p. 113.
6. Mário de Andrade, "O movimento modernista", in: *Aspectos da literatura brasileira*, p. 250.
7. Octavio Paz, *Os filhos do barro*, p. 115.
8. Antonio Candido, "Literatura e cultura — de 1900 a 1945", in: *Literatura e sociedade*, p. 114
9. Antonio Candido, "Literatura e cultura — de 1900 a 1945", in: *Literatura e sociedade*, p. 123.
10. Ibidem, p. 124.
11. Antonio Candido, "Literatura e subdesenvolvimento", in: *A educação pela noite*, p. 189.
12. Antonio Candido, "Literatura e cultura — de 1900 a 1945", in: *Literatura e sociedade*, p. 110
13. Ibidem, p. 121.
14. Antonio Candido, "Literatura e subdesenvolvimento", in: *A educação pela noite*, p. 185.
15. Antonio Candido, "Literatura e cultura — de 1900 a 1945", in: *Literatura e sociedade*, p. 126.
16. Ibidem, p. 109.
17. Antonio Candido, "Literatura de dois gumes", in: *A educação pela noite*, p. 198.
18. Ibidem, p. 182.
19. Antonio Candido, *Formação da literatura brasileira*, p. 9.
20. Antonio Candido, *Formação da literatura brasileira*, p. 10.
21. Antonio Candido, "Literatura e cultura — de 1900 a 1945", in: *Literatura e sociedade*, p. 113, 114.
22. Antonio Candido, "Literatura e subdesenvolvimento", in: *A educação pela noite*, p. 187.
23. Octavio Paz, *La quête du présent*, p. 59.
24. Octavio Paz, *Os filhos do barro*, p. 190.
25. Jean-François Lyotard, *A condição pós-moderna*, p. 69.

26. Flora Süssekind, "Rodapés, tratados e ensaios", in: *Papéis colados*, p. 28, 29.
27. Haroldo de Campos, *O sequestro do barroco na formação da literatura brasileira: o caso Gregório de Matos*.
28. Silviano Santiago, "A permanência do discurso da tradição no modernismo", in: *Nas malhas da letra*.
29. Silviano Santiago, "Fechado para balanço", in: *Nas malhas da letra*, p. 85.
30. Ibidem, p. 95.
31. Silviano Santiago, "Prefácio", in: Célia Pedrosa, *Antonio Candido: a palavra empenhada*, p. 18.
32. Silviano Santiago, "Fechado para balanço", in: *Nas malhas da letra*, p. 96.
33. Silviano Santiago, "Fechado para balanço", in: *Nas malhas da letra*, p. 97.
34. Ibidem, p. 86.
35. Ibidem, p. 100.
36. Silviano Santiago, "Fechado para balanço", in: *Nas malhas da letra*, p. 99.
37. Ibidem, p. 98.
38. Silviano Santiago, "Apesar de dependente, universal", in: *Vale quanto pesa*, p. 20.
39. Ibidem, p. 21.
40. Silviano Santiago, "Apesar de dependente, universal", in: *Vale quanto pesa*, p. 22.
41. Silviano Santiago, "Fechado para balanço", in: *Nas malhas da letra*, p. 100.
42. Antonio Candido, "Literatura e cultura — de 1900 a 1945", in: *Literatura e sociedade*, p. 117.
43. Silviano Santiago, "Fechado para balanço", in: *Nas malhas da letra*, p. 87.
44. Idem, p. 100.
45. Ibidem, p. 101.
46. Silviano Santiago, "Fechado para balanço", in: *Nas malhas da letra*, p. 86, 87.
47. Silviano Santiago, "Apesar de dependente, universal", in: *Vale quanto pesa*, p. 23.
48. Roberto Schwarz, "As ideias fora do lugar", in: *Ao vencedor as batatas*.
49. Silviano Santiago, "O entre-lugar do discurso latino-americano", in: *Uma literatura nos trópicos*, p. 26.
50. Silviano Santiago, "Fechado para balanço", in: *Nas malhas da letra*, p. 101.
51. Silviano Santiago, "O entre-lugar do discurso latino-americano", in: *Uma literatura nos trópicos*, p. 19.
52. Silviano Santiago, "Prefácio", in: Célia Pedrosa, *Antonio Candido: a palavra empenhada*, p. 21.
53. Silviano Santiago, "O entre-lugar do discurso latino-americano", in: *Uma literatura nos trópicos*, p. 16.
54. Octavio Paz, *La quête du présent*, p. 63.

Referências

ANDRADE, Mário. *Aspectos da literatura brasileira*. São Paulo: Martins, s/d.
ANDRADE, Oswald. *A utopia antropofágica*. São Paulo: Globo, 1995.
_____. *Um homem sem profissão*. São Paulo: Globo, 2002.
BARBOSA, João Alexandre. *A metáfora crítica*. São Paulo: Perspectiva, 1974.
_____. *A leitura do intervalo*. São Paulo: Iluminuras, 1990.
BOSI, Alfredo. *Céu, inferno*. São Paulo: Ática, 1988.
CAMPOS, Haroldo. *O sequestro do barroco na formação da literatura brasileira: o caso Gregório de Mattos*. São Paulo: Iluminuras, 2011.
CANDIDO, Antonio. *A educação pela noite*. Rio de Janeiro: Ouro Sobre Azul, 2006.
_____. *Formação da literatura brasileira*. Belo Horizonte: Itatiaia, 1993.
_____. *Iniciação à literatura brasileira*. São Paulo: Humanitas/USP, 1999.
_____. *Literatura e sociedade*. São Paulo: T.A. Queiroz, 2000.
KANT, Immanuel. *Textos seletos*. Petrópolis: Vozes, 1985.
LAFETÁ, João Luiz. *1930: a crítica e o modernismo*. São Paulo: Duas Cidades/Editora 34, 2000.
LYOTARD, Jean-François. *A condição pós-moderna*. Rio de Janeiro: José Olympio, 2002.
MORAES, Eduardo Jardim. "Modernismo revisitado". *Estudos históricos*, v. 1, n° 2, 1988.
PAZ, Octavio. *La quête du présent*. Paris: Gallimard, 1991.
_____. *Os filhos do barro*. Rio de Janeiro: Nova Fronteira, 1984.
PEDROSA, Célia. *Antonio Candido: a palavra empenhada*. São Paulo: Edusp, 1994.
SANTIAGO, Silviano. *Uma literatura nos trópicos*. Rio de Janeiro: Rocco, 2000.
_____. *Nas malhas da letra*. Rio de Janeiro: Rocco, 2002.
_____. *Vale quanto pesa*. Rio de Janeiro: Paz e Terra, 1982.
_____. "A crisma modernista". In: *Bravo!*, ano 5, n° 53, fev./2002.
SCHWARZ, Roberto. *Ao vencedor as batatas*. São Paulo: Duas Cidades, 1981.
SÜSSEKIND, Flora. *Papéis colados*. Rio de Janeiro: UFRJ, 2003.

Romance, de Fabiano Figueira
O modernovismo e a reinvenção do modernismo
Carlos Emílio Corrêa Lima

CARLOS EMÍLIO CORRÊA LIMA é escritor, poeta, editor, ensaísta, antidesigner, mestre em literatura brasileira pela Universidade Federal do Ceará. Fez mestrado em literatura espanhola na Universidade de Yale (não concluído). Editor de inúmeras publicações literárias, tais como a revista *Saco Cultural*, a revista *Cadernos Rioarte*, o jornal *Letras&Artes* (prêmio da Associação Paulista de Críticos de Arte [APCA] para melhor divulgação cultural do país em 1990), a revista triangular *Arraia Pajéurbe*. Correspondente da revista espanhola *El Passeante* no Rio de Janeiro. Publicou os romances *A cachoeira das eras: a coluna de Clara Sarabanda* (Moderna, 1979), *Além Jericoacoara, o observador do litoral* (Nação Cariri, 1982), *Pedaços da história mais longe* (com prefácio de José J. Veiga e apresentação de Bráulio Tavares, Impressões do Brasil, 1997), *Maria do Monte, o romance inédito de Jorge Amado* (Tear da Memória, 2008); os livros de contos *Ofos* (Nação Cariri, 1984) e *O romance que explodiu* (Universidade Federal do Ceará, 2006, com orelha de Uilcon Pereira); o livro ensaístico *Virgílio Várzea: os olhos de paisagem do cineasta do Parnaso* (coedição da Editora da Fundação Cultural de Santa Catarina e da Universidade Federal do Ceará, 2002). Tem ainda inéditos os livros *Culinária venusiana* (poesia), *Delta do rio suspenso* (ensaios), *A outra forma da Lua* (contos fantásticos), *Teatro submerso* (dramaturgia para o fundo do mar) e *Solário* (contos infantis). Dirige a nova fase da revista *Arraia PajéurBR*. Ensaio inédito.

De uma frase que pousei sobre uma página do livro *O momento futurista*, de Marjorie Perloff,[1] pode surgir, se desenvolver, toda a indagação teórica que irá abraçar o livro *Romance*, de Fabiano Figueira. A frase era aquela que agora é esta: "Os seres que preenchem os seres. Na verdade são seres-pousos, e seres verbais, são seres-discursos."

Este ensaio é em camadas, uma colagem-grafia e irá abordar uma obra, literária, ainda inteiramente desconhecida que se caracteriza por ser construída pelo método da compactação dos seres, da interpenetração de eus, em jatos entrelaçados de narração verbal.

Caso fôssemos analisar milimetricamente esse romance sem forma fixa, de estrutura e narrativa furta-cor, furta-sentidos, estaríamos consolidados, soldados a um método que aqui já não poderia prosperar, engendrar qualquer caminho, senda sem rumo, apenas tonta de rumores. Desafio a qualquer um, que não seja o próprio autor, a delimitar quais são suas vozes narrativas, ou mesmo a desnovelar as duplas, triplas vozes narrativas, que aqui se embarafrustram, se acoplam, se enlinham, se rasuram, se amontoam num tecido costurado por estrondos, abismos e tangências. Numa imensa e terremótica com/fusão complexa. Foi instaurada, com todos os atropelos necessários e todas as centelhas construtoras, a estética da com/fusão, toda uma intenção de caosmose, por uma ultrapassagem por completo dos já mais do que enferrujados métodos metanarrativos.

Aqui, mais do que o texto estar a mostrar o seu próprio método de construção e crescimento, o que ele desvenda e desventra criticamente é o seu processo de caostrução, que é o empenho em dissolver cada vez mais todos os personagens numa imensa cataclismática caótica pós-máquina narrativa, vomitadora de fios, de vozes, de entranhas, de intestinos textuais; tudo embaralhado, mais do que intencionalmente misturado, um livro que se presta a se autodemonstrar como a própria máquina de multiplicar e enlinhar fragmentos na gosma semântica febril e mais que pós-moderna da língua portuguesa, com todos os seus gritos, ruídos, rumores, suores, sonhos, dores e tremores. A grande narração não apenas explodiu em fragmentos, fragmitos e pedaços, não apenas se desfiou em tiras, tiques, pseudoomamentos, convulsões, a enorme narração destransformou-se, destransfigurou-se.

Ressentidíssima, escondeu-se, passou a jogar com a própria fuga de si mesma, passou a fugir dos próprios fragmentos que expeliu, passou a escapar do próprio estampido da explosão que autogerou e agora, incólume, autogeratriz contínua, postou-se inconformável, sem forma alguma, a fugir dos próprios fragmentos que expeliu, passou a escapar do próprio estampido da explosão que autogerou e, agora, incólume, autogeratriz contínua, postou-se, inconformável, sem forma alguma, seus conteúdos rítmicos desfibrados, paradoxalmente acesa, tensa, numa nova totalidade sem contornos, limites, halos, alimentando-se de seus dejetos, de seus fluxos, líquidos, espaços e entoos, como máquina incompleta de si mesma e de tudo que a circunda, que de ausências daquilo que ela mesma não narrou ela se enriquece, se empilha e, giratoriamente, cada vez mais cresce. Cresce de ausências, se avoluma de hiatos, máquina alimentando-se de vácuos, do que não disse nem designou ou explicitou, motocontínuo da demo/lição.

Agora autor desse romance de seres-estilhaços, seres-laços-entre-seres de vozes que se juntam pela colagem de visões e sensações e, às vezes, somente emendados pela simples oscilação verbal combinatória de uma palavra em estado de transfusão entre o ser um verbo ou um nome próprio ("... trancafiado no quarto lia e dormia e dormia lia no quarto ao lado roncando uma locomotiva e batia na parede e acordava lia e lia e dormia e não consigo mais viver pois estou cansado velho careca e desdentado e não enxergo mais um palmo à frente do que sobrou do nariz"[2]), o então estudante de letras Fabiano Figueira, comentando passagem do livro *Auto dos danados*, de outro romancista, o escritor português António Lobo Antunes, escrevia, analítico, sobre uma certa técnica que o deslumbrava naquela narração:

> O terceiro dia de festa, que é o quinto dia do romance, é subdividido em cinco fragmentos, todos chamados apenas de "capítulo" [o próprio Fabiano Figueira "pescará", palavra tão usual na narrativa de Lobo Antunes, também esse modo do autor ultramarino] e com praticamente o mesmo número de páginas. Acredita-se, então, tratar-se de um mesmo assunto; e os narradores de cada subparte acabam por perder frações de suas personalidades diferenciadoras para tomar-se uma só pessoa. Esse ser uno e múltiplo, porém representação da última parte, é acometido de uma crise esquizofrênica e nesse momento confunde-se com a própria estrutura formal: no primeiro capítulo, é a filha de Rodrigo com a mongoloide quem recebe a voz; segue-se o notário (...); no terceiro, Leonor, Gonçalo e Diogo interpenetram-se sem qualquer indicação sobre quem está falando (...).[2]

Essa técnica esquizofrênica e, diríamos, essa técnica mais do que de fragmentação, de esfacelamento de personalidades, essa técnica que já obedece ao pós-diagrama de uma explosão total, desencadeadora de entes de mescla, de novas potências narrativas, passa a ser utilizada, desenvolvida e aperfeiçoada até o paroxismo estrutural pelo jovem romancista. Terminada a primeira leitura do seu livro, mesmo o mais analítico e científico e ponderado leitor não conseguirá delimitar, configurar, quais são os personagens que narraram, porque tudo é intencionalmente uma mistura de pistas, de deambulações de egos evaporados, uma polpa cambiante de muitos seres vociferando ao mesmo tempespaço, uma história de desencadeamento, de destroçamento de uma família giratória e simbólica, com todos os seus membros em alucinatórias interpenetrações de eus.

Comparativamente, e apesar de todas as suas engenhosidades narrativas, o recente romance de Flávio Moreira da Costa, *O equilibrista do arame farpado*, do qual esse *Romance* de alguma forma se aproxima em suas ousadias, não passa do exemplo de uma vanguarda já acadêmica, escolástica, pré-histórica. No romance de Flávio, feito de constantes tentativas de inícios, de idas e reentradas até que a história mesma (uma autobiografia do autor, do egoescritor Flávio Moreira da Costa) se move, se encaixa e se envia em emoldurada narração com rumo, rum e proa, a ideia mais inventiva é aquela de um romance escrito em conjunto por vários autores ao mesmo tempo e que, num átimo, se transformam em personagens cenográficos de um dramalhão tecido por conversas e discussões sobre como escrever o próprio livro. Além desse relativamente original recurso dramático, o restante do livro é uma repetição de esquemas, de estereótipos de um recente filão prosa de ficção de nossa época: o pastiche, a paródia de outros textos, o uso abundante e irônico de citações, a falsa erudição, a apropriação parodística de passagens de outros autores de prosa e poesia, a autoexposição do próprio processo de criação literária, tudo já muito gastadamente experimentado, desde os prototextos de Lawrence Sterne.

Entretanto, não podemos negar o humor de Flávio Moreira da Costa, seu estético sarcasmo. Mas o que nos intriga nessa sua obra de ficção é algo muito mais profundo, mais intratexto, palimptexto, inconsciente gráfico e semântico por baixo do texto: aquele seu ódio seminal, ódio-fonte e origem de todos os seus muitos recursos parodísticos ditos pós-modernos, aversão congênita à escrita em poesia, incompreensão voraz da lenda, do mito e de seus outros recursos, recusa a uma voz que não entende, que não lhe chega e da qual talvez mesmo não precise, pois o seu jogo é apenas jogo de linguagem e de técnicas narrativas que tão bem sabe manejar, superfície e altura, não chegando jamais sequer à terceira dimensão do sentido. É, de fato, uma virtuose dos recursos em voga, mesmo que esse recursos já existam desde Virgílio, Dante, Cervantes e tantos outros autores e mesmo, desde logo agora, do começo daquele século XX que desaba sobre o próximo milênio todos os seus estilhaços, desde certo trecho de *Ulysses*, de James Joyce, quando Bloom lê o seu jornal no vaso do banheiro e seus pensamentos e sensações em fluxo de consciência se misturam às frases e manchetes e aos anúncios que está lendo, trecho que é este e leme de um recurso narrativo que de tanto uso e ampliação virou catacrese temática, esquema, fórmula, estereótipo, da chamada ficção pós-moderna.

Quando em seu albor, quando parecia um recurso inédito, ainda continha um certo dom e tom de estranheza, mas hoje, após ter sido usado por quase todos, ou mesmo por todos os narradores pós-modernos, já virou mais do que um lugar comum. Retiremos um exemplo-trecho do romance de Flávio Moreira da Costa:

> Tio Aurélio dormia e roncava. Capitão Poeira ligou a televisão — só a imagem; som, não. Serviu-se de meio copo de cachaça; pegou um lápis e o velho caderno jogado ao lado com um título na capa, em letras grandes — AS MIL E UMA NOITES DE UM PORRE SÓ — e abriu-o nas primeiras e únicas frases anotadas: "Quando me perguntam quando tomei meu último porre, respondo que foi há mais de cinco anos. E até hoje não consegui sair dele." Capitão Poeira ficou parado com o lápis no ar, caderno no colo. Coçou a cabeça: melhor uma frase mais séria, um título mais sério. Bebeu um gole, riscou a frase e o título. Fechou o caderno. Lápis ainda na boca, olhou as imagens mudas na televisão: um filme de bangue-bangue. Os bandidos tentavam encurralar o mocinho, mas a sua atenção à procura, cismando, viajando, não acompanhava os olhos, os tiros. Caiu um homem morto. Passou a mão pela capa do caderno, como se alisasse um dócil animal. Abriu-o outra vez, arrancou a página com as frases escritas e riscadas. Intervalo. Aguardava, mão parada com o lápis encostado na folha em branco. O mocinho conseguiria salvar a mocinha? A luz só viria do televisor, e não da sua cabeça? Outro gole, coçou a cabeça, maneira de pensar desde que era criança. Voltou o filme.[4]

Num texto da crítica Flora Süssekind dedicado à ficção brasileira dos anos 1980, esse estilema podia ser apresentado como novidade (desde que ocultada a sua origem joyceana e, portanto, intrinsecamente modernista), empossado de uma potência relativamente atordoante, porque não podemos esquecer que, por essa época, alguns críticos como ela e Silviano Santiago empreendiam pela primeira vez o processo de apresentação desses esquemas narrativos no meio acadêmico-universitário e no ambiente literário brasileiro, escolhendo entre a massa de títulos que se publicavam no Brasil somente aqueles que se afinassem, complementassem ou pudessem se encaixar aos padrões dessa nova teoria-atmosfera importada dos centros hegemônicos, principalmente dos Estados Unidos. Houve até um período de acomodação semântica desse paradigma em que flutuou com uma certa imprecisão um outro termo para designar a nova escola ainda em formação por aqui, o chamado minimalismo. João Gilberto Noll já era então o autor convidado, espécie de arquétipo dos novos procedimentos literários e das indicações narrativas que depois viriam a ser elasticamente denominados de pós-modernos. No início de sua carreira ele escrevera, além de um livro de contos (*O cego e a dançarina*), um romance (*Fúria do corpo*) nitidamente de compleição barroca, surrealista, de prosa untuosa, de semântica alucinada e metafórica, de textual velocidade heroica, mais próximo do realismo mágico latino-americano. Mas, tendo sido escritor-residente na Universidade de Iowa, voltou ao Brasil com sua ficção transformada, crescentemente influenciada pelas receitas em moda naquela universidade americana.

Aderira por completo ao novo estilo literário global e internacional, mais e mais ele foi inserindo as características formais e conteudísticas desse estilo do qual não se separou mais. Mesmo no artigo que iremos comentar, Flora Süssekind ainda não é "apropriada" pelo termo pós-moderno. Vejamos, portanto, como é que Flora e, de um certo modo, outros críticos também empenhados na mesma tarefa, Silviano Santiago, Teixeira Coelho e Domício Proença Filho, inauguram na crítica dita nacional a descrição desses procedimentos narrativos cujo nome ainda não se ousa dizer.

Desta forma:

> Ora trechos de filmes, outdoors, notícias de jornal, ora o rádio, a TV, a publicidade, figuras da mídia que se cruzam com os personagens anônimos de uma ficção que, como os textos de Valêncio Xavier e Sebastião Nunes, se transformam numa metamídia, registro ao avesso da espetacularização da sociedade brasileira das últimas décadas; ou que, como em João Gilberto Noll, tensiona ao máximo as possibilidades de aproveitamento ficcional dessa mesma vitrine. Seja no sentido de duplicar as instâncias narrativas, ora subjetivas, ora anônimas; seja na reavaliação tanto da ideia de privacidade, do narrar como revelação da própria experiência vital, convertidos em impossibilidades.[5]

Depois de aprofundar-se na análise de um dos contos de *O cego e a dançarina*, livro no qual já detectara inúmeros indícios e registros dessas tendências narrativas ainda sem um nome universal (nem mesmo o arguto Silviano Santiago, em seu ensaio "Fechado para balanço — 60 anos de modernismo"[6], usa ainda a expressão pós-moderno com o sentido que dela se tem hoje, embora nesse mesmo texto já preparasse teoricamente o seu advento em nosso país), a ensaísta expõe, com inquietante vigor explicativo, a fórmula, a senha, o método, aquilo que por todos os seus textos mais queridos, lidos e relidos transperpassa:

> Anúncios luminosos de filmes e shows de strip-tease, o som de uma TV ligada, um rádio, o barulho de uma máquina de cigarros, videogames, outdoors servem de cenário aos seus textos. Mas não apenas cenário. Às vezes, a referência cinematográfica interfere a tal ponto na ação que essa se interrompe e a narrativa passa a se ocupar exclusivamente da citação.[7]

Acompanhemos mais um pouco o trajeto desse estilema. No romance *Auto dos danados*, de António Lobo Antunes (sua primeira edição é de 1986), que tanto impressionou Fabiano Figueira e que propulsionou enormemente a criação de sua primeira obra romanesca, o mesmo procedimento narrativo de superposição, de entrelaçamento entre uma realidade virtual e o mundo subjetivo do narrador-personagem, vem a se apresentar com bastante nitidez. Vejamos na leitura:

> A enfermeira preparava ganchos e bolinhas de algodão e ligava o vídeo onde uma raposa perseguia um pássaro numa paisagem de dunas. Lá fora, as granadas do calor de setembro destruíam a cidade fachada a fachada. (...) Na parede encaixilhava-se a caricatura de uma médica idosa, de grande peito, a segurar triunfalmente um molar com uma chave inglesa. A raposa, de muletas, coberta de cruzes, de adesivo, empenhava-se na fabricação de um camaroeiro gigante escorado por uma parelha de rochedos, e destinado a pescar o pássaro que galopava no deserto, o verão rebentava os prédios como bolhas de acne.[8]

Aqui pode ser a descrição de um desenho animado. E se não for? Então estabelece-se uma diferença de perspectiva fundamental pelo escritor português e seus dois companheiros de ofício do Brasil, Noll e Flávio Moreira da Costa. O uso do protótipo estilístico de narração empreendido por Lobo Antunes caracteriza-se por um desvio, uma renovação, uma modificação de um processo já então fossilizado. Como afirma e reitera tantas vezes, quase hipnoticamente, Flora Süssekind — mesmo desde o título de seu ensaio aqui analisado, "Ficção 80 [dobradiças e vitrines]":

De fora ou de dentro, narradores e personagens estão sempre esbarrando nesses vidros; há sempre uma vidraça, um vidro intransponível entre a subjetividade do autor-personagem. Ou uma vitrine.[9]

No caso de Lobo Antunes, a subjetividade contra-ataca com magnificência surrealista, reatualizando, retocando, transformando a própria imagem impingida pelo vídeo. O método de Lobo Antunes é o da metamorfose, o mesmo que usa o jovem estreante Fabiano Figueira. Nesses dois autores, a subjetividade ameaçada reage com um diapasão inesperado a todas essas fórmulas teórico-narrativas. A subjetividade não esbarra aqui na superfície de vidro do vídeo. Ao contrário, ali mergulha e modifica as imagens, interferindo no que ali se desenrola. Há, portanto, uma deglutição crítica, mesmo que advinda de um inconsciente crítico operante subterrâneo, minando, desde as raízes de um automatismo verbal libertador, tudo o que a escola-pós-modernista, pelo seu mais elaborado estilema cenográfico-dramático-teórico-narrativo, tenta nos convencer.

Fabiano Figueira e seu mestre-método, António Lobo Antunes, não são escritores-fêmeas (uso aqui expressão herdada de Cortázar em seu *O jogo da amarelinha*, ligeiramente modificada; no seu livro de capítulos combinatórios ele escreve "leitor-fêmea"), não recebem passivamente as fórmulas, os moldes, os esquemas, os códigos, as massas estruturais narrativas pós-modernas. Como gigantescos estômagos pensantes eles trituram tudo isso. Verdadeiros terroristas dos castelos de vidro pós-modernos, eles injetam fogo nos cenários, nos simulacros, explodem magicamente essa cenografias transparentes. O método de Fabiano Figueira, repetimos, é o da caostrução.

Esse autor, como estudante universitário de um curso de letras (UFRJ), foi convidado a receber um repertório de informações teóricas contemporâneas dispostas numa certa orquestração — a qual agora podemos detectar, passados alguns anos desde a sua instalação — por quase todo o mundo ocidental, que, numa progressiva e insinuante simultaneidade desde os primeiros esboços teóricos de Walter Benjamin, apontavam para a morte do autor, da capacidade de narrar, do sujeito, do sujeito-narrador, da subjetividade, do próprio escritor, da própria criação. A retirada das Musas, extirpadas vagarosa, mas incisivamente, de todas as conversações teóricas num arco que vai de Baudelaire até Lyotard e Linda Hutcheon.[10]

Por entre as dobradiças teóricas de Flora Süssekind, para nos conduzirmos por uma palavra tão cara a nossa colega ensaísta, encontramos ainda baforadas emanadas desse tema. Não custa nada retrocedermos a esse ensaio hoje, mas que então simulava uma certa estratégia que pouco a pouco vamos reconfigurando numa compreensão retroativa, não sem um certo estupor e com uma certa difusa sensação de escândalo.

Comparando o que ela considerava a característica tônica principal da atividade literária no Brasil dos anos 1970 com aquela, que no seu entender, se desenhava nos anos 1980, a crítica refletia:

> Mudança significativa, pois, entre a ficção que se vem produzindo nos anos 1980 e a que dominou a década anterior. A prosa do eu e o memorialismo dificilmente resistem à superexposição da vitrine. Sobretudo porque nela não parece haver muito lugar para o elogio personalista da singularidade ou para o reforço da interioridade, da ideia de consciência individual. Pelo contrário, na vitrine, predominam o anonimato e a mediania.[11]

Parte de nossa crítica vinculada a essa leitura não criou as ideias/chaves (morte do autor, da subjetividade, da singularidade etc.) que fundamentam seus discursos. Reforçaram as teses vindas de endereços transparentes, mas arquitetadas em alguma projeção não muito clara ainda. Ouvimos por entre as dobras dessa sintaxe, por trás dos ombros desses escritores, a respiração de um ser-abismo. Cada respiração desse ser aspira e apaga os verdadeiros conteúdos da questão. Aspirador de ideias tentando refazer o mundo como até então ele fora aceito, vivido e conhecido. E dos arquitemas. Bem pós-moderno!

E, mais adiante, vemos como, no ensaio, essa cosmovisão vai sendo em gotas, em pitadas, disseminada, ao longo; quando trata da ficção de outra ficcionista da, naquele tempo, ainda futura escola pós-moderna (por que não ex-moderna? — seria mais autocontundente), inserindo uma citação de outra adepta dessa escola (Berta Waldman), então ainda em manjedoura conceitual:

> Zulmira dá de barato a impossibilidade de um sujeito singular e único, num contexto onde se eclipsam, pouco a pouco, as diferenças entre os homens.[12]

Um certo tema vai sendo inoculado o tempo todo. Ele nunca é retirado do debate.

A tentativa de desmagnetização da ficção brasileira, de certos modos que a singularizam em relação a tantos outros procedimentos em todo o mundo, de uma certa tradição mítica, mágica, fantástica vai se desenrolando diante de nossos olhos de leitor com visão de quebrar vidraças e vitrines. Isso torna-se claro desde o início do ensaio, quando toda essa vertente é simplesmente estreitada, descontextualizada e — por que não dizer? — ocultada, posta à margem apenas numa expressão: "prosa alegórica". Toda uma tradição é retirada do caminho, porque senão a teoria que vai se preparar perderá o seu sentido-meta.

Retrocedendo mais ainda ao início do ensaio, porque vamos percebendo os meandros do jogo teórico à medida que vamos lendo e relendo um texto repleto de volteios, fendas, fissuras, sortilégios, cenografias teóricas, um texto inteligentemente montado, que na verdade não revela seu objetivo, que apenas sugere com epistemológicos arabescos sutis sua origem, as fontes de suas ideias-chave. Um texto que, repetimos, também contém ideias-formas, formideias, esquemas teóricos que não nasceram dessa reflexão, que são oriundos de outros textos — aquela época em que foi escrito, quase invisíveis — e que precisam ser captados em seus arquétipos, exatamente em suas dobradiças. A estratégia dessa ruptura repousa num acolchoamento de plumas, silenciosos algodões que escondem em seu interior cruéis vidros esmigalhados. O que se revela aqui na análise de Flora Süssekind:

> Se o gênero policial e os épicos de Jorge Amado e João Ubaldo funcionam como soluções de continuidade, em diferença, para a ideia de objetividade e para a construção de uma imagem literária heroica e sem fraturas do Brasil, característicos da prosa dos anos 1970, não é difícil perceber, nestes anos 1980, que há certas descontinuidades, certas armadilhas para esse mesmo ideário. O alvo mais evidente (*a linguagem, o vocabulário, é de guerra, balístico*) a figura mesma do narrador (*olha aí de novo*), da subjetividade, postos em questão seja, como em *Stella Manhattan* e *O nome do bispo*, numa ficção próxima ao ensaio, onde protagonistas e intriga propositalmente hesitantes, dialogam, críticos, com aquele que narra, dobradiça esse também, sobre cujo ombro olha outro que lhe rasura certezas, num verdadeiro abismo narrativo-ensaístico.[13]

Nessa estratégia de recolha dos autores que representariam a "prosa de ficção brasileira recente de modo geral", centenas de romances, livros de contos e de prosa experimental foram deixados de lado e à medida que esse processo de escolha, de separação, se avoluma, vai dispondo sua dinâmica de uma certa imposição estética e nos revelando uma certa barreira teórica contra processos de criação da literatura brasileira "de um modo geral" ao lado de um certo desdém estilístico a quase todas as possibilidades de uma verdadeira renovação da criatividade literária em nosso país.

Percebe-se um destaque cíclico a determinados autores desde os meados dos anos 1980 que preconizavam essa descoberta do estilo pós-moderno, ou uma filiação quase natural a essa tendência estética. Alguns, que também transitaram pela nova moda literária, nos salões de Iowa, se uniram a outros, sempre permeados por uma crítica constante, robusta, porém sutil.

O livro *Romance*, de Fabiano Figueira, surge em meio a essa atmosfera artificial. Seu autor também parecia estar sendo convenientemente preparado para articular-se a essas dobradiças e fórmulas narrativas, pois como aluno de um curso de letras foi obrigado a ler também o seguinte:

> Os artistas e escritores do presente não conseguirão mais inventar novos estilos e mundos (...) todos esses já foram inventados; o número de combinações possíveis é restrito; os estilos mais singulares já foram concebidos. Assim, a influência da tradição estética da modernidade — agora morta — "pesa como um pesadelo sobre os cérebros dos vivos". (Fredric Jameson, *Pós-modemidade e sociedade de consumo*).[14]

Entretanto, logo depois de citar essa frase em sua monografia, intitulada *A recente poesia brasileira*, Fabiano Figueira escreveu:

> Não estou bem certo se isso é verdadeiro. Pensemos juntos: se não há mesmo nada mais a ser criado, viveremos um eterno pós-modernismo ou iremos, de agora em diante, somente acoplar prefixos?[15]

Diante de outra conhecidíssima e repetidíssima citação, sua perplexidade se alastra. Diante de um novo ataque teórico à imaginação e ao gênio criador, Fabiano Figueira se mobiliza, se empina, se magnetiza também em rebelião imediata. Cita também a inexorável, radioativa frase de Adorno no mesmo trabalho que escreveu sobre *Auto dos danados*, de Lobo Antunes. É ela:

> Essa deve ser a posição do narrador. Ela se caracteriza hoje por um paradoxo: não se pode mais narrar, ao passo que a forma do romance exige a narração.[16]

Fabiano Figueira então se depara com esta outra citação do mesmo autor: "Narrar algo significa na verdade ter algo especial a dizer e justamente isso é impedido pelo mundo administrado pela estandartização e mesmidade."[17]

E então Fabiano Figueira comenta:

> Infelizmente não me é possível descobrir soluções para o problema em que o narrador penetrou, nem tampouco é meu objetivo; mas fez-se necessário atestar o dilema em que se encontra esse ser que só é quando um outro o quer. Diante de tamanha complexidade, resta àquele que quis fazê-lo ser, reinventar a criação.[18]

A postura aqui é claramente antipós-moderna. A proposta é de uma reinvenção da criação, como sublinhei no texto perplexo e quase eriçado de Fabiano Figueira.

Curiosamente, em outro ensaio que escrevi numa metacrítica ao livro de Linda Hutcheon *Poética do pós-modernismo. História. Teoria. Ficção*, também afirmei algo muito semelhante ao conteúdo do comentário feito por Fabiano Figueira a esse espírito de Eclesiastes (não há nada de novo sobre o sol) instaurado pelo pós-moderno e seus teóricos de aquém e de além-mar. Foram estas as palavras:

> Querem agora mesmo abolir a própria função de autoria, assim, com colaboradores internetizados, um texto cérebro coletivo. A estética do roubo e do furto das ideias, das próprias forças da mente, foi instaurada. Será que as formas artísticas do futuro somente serão criadas por meros jogos combinatórios de fragmentos textuais, aglutinações? Não será agora, aqui, novamente, articuladamente necessário um novo irromper, uma ruptura nova, que não surja mais de nenhuma citação ou referência?[19]

O modernismo não foi apenas modernismo. Isso precisa ser escrito. Inscrito. O modernismo é uma onda que sobe e desce desde os inícios das artes e literaturas humanas. Ele é a revolução romântica, o simbolismo, o surrealismo, o dadaísmo, parte de um certo setor vital do futurismo, ele é a revolução, a revolta eternamente cíclica contra as forças conservadoras, de direita, anti-humanistas. Ele é o signo de uma frequência ondulatória, uma ondulação sempre inevitável e necessária que ocorre em momentos de intensa cristalização social, cultural e mental, e econômica, e midiática, em épocas de emparedamento, de tentativa de liquidação dos fundamentos do homem como ser. Não dá para controlar esse movimento vibratório cíclico. O máximo que pode ser feito com ajuda de todas as armas disponíveis em mão dos conservadores de todas as camadas e de todos os setores é atrasar um pouco mais o surgimento, o avolumar-se agudo dessa onda. Mas quanto mais tentarem fazer isso, maior será a explosão contrária ao seu esforço e mais tempo no tempo e na história essa onda magnética abarcará, mais tremenda e radical será a ruptura, a evolução.

Há praticamente meio século, talvez desde a Segunda Guerra Mundial, que estamos conectados aos magnetos petrificadores do pós-modernismo, de uma estética política, cenográfica neoliberal que se infiltrou avassaladoramente por quase tudo, por todos os fenômenos, até aos mínimos gestos, que se intercalou na sintaxe, que se amplificou nas imagens, que se instaurou num gigantesco simulacro-catedral de falsos espantos e ventos de artifício. Pois. E então. Surgiu, rebentou. Já o próprio Walter Benjamin há decênios alertara: a estetização da política leva inevitavelmente à guerra. E não ouviram. Não quiseram simplesmente ouvir.

A linguagem secreta do mundo continua seus movimentos subterrâneos de rebelião. Um dos exemplos desse ritmo novo de conteúdos aqui se alastra, exemplarmente, nesse romance de pouco mais de 100 páginas escrito praticamente por um menino aos 23 anos, um menino que se viu subitamente enredado num mar de citações preparatoriamente dispostas para a efetivação de sua própria desconexão como artista escritor e criador. Mas que, os segredos fantásticos que se ocultam no desespero, se rebelou e se libertou das teias da aranha semiótica antes de seu abraço hipnótico fatal no próprio processo de escrita e criação de um romance, invertendo as operacionalidades semânticas de todos os estilemas e signos que lhe eram excretados pela aranha móbil. Esse livro é um microcosmo de novos procedimentos, um ser aparentemente híbrido do ponto de vista teórico-literário, oscilatório entre o moderno e o pós-moderno, tratando-se inevitavelmente de um novo arremesso, escapando em vertigem estrutural dos paradigmas existentes. É provável que aí residam os motivos para o silêncio que se construiu em torno dele pela crítica dita nacional.

Torna-se impossível resumi-lo do ponto de vista narrativo. Minha perplexidade foi tanta como leitor que, sem nenhuma referência existente sobre o autor, com a ausência de qualquer fortuna crítica sobre o livro, me vi envolvido num verdadeiro trabalho de investigação jornalística em busca do próprio escritor, do próprio suprassupranarrador dessa obra dificílima de penetrar e também de explicar de um modo racional e até mesmo de um modo irracional.

É a velha história: as obras verdadeiramente originais obrigam ao surgimento de novos métodos, o que não é o caso deste movimento estético conservador que é o pós-modernismo, que surgiu primeiro como teoria para depois tentar fisgar diacrônica e sincronicamente, ou monitorar, direcionar, dirigir as suas sobras como receitas, esquemas e estratagemas retóricos. E que para a ficção preparou uma inseminação de tabletes pré-moldados, módulos de narração pré-fixados, hoje, envelhecidos; meros estereótipos narrativos. Instigados pela leitura desse livro, que talvez nunca fôssemos ler, já que não tínhamos coordenadas sobre o autor e sua obra, nos pusemos em campo para encontrá-lo. Mora no Rio de Janeiro, é carioca. Tem agora 27 anos, formou-se em letras e hoje trabalha esporadicamente no ofício de tradutor. Recentemente passou uns meses em Londres. Não publicou ainda outro livro. *Romance* é o seu primeiro romance. E único, por enquanto. Também escreve contos, os quais mantém inéditos. Pedi-lhe outros textos seus, se possível teóricos. Mandou-me duas monografias das quais vou ritmicamente espalhando e semeando as citações ao longo deste pequeno ensaio. Reunindo as frases que julgamos mais significativas desses seus dois textos críticos podemos, se as deslocarmos e se as remontarmos, construir um verdadeiro manifesto antipós-moderno. Vejamos, pois:

Enfim, nada se cria, tudo se copia?
Pós-modernidade: movimento ou reciclagem?
A pós-modernidade não instaura nada. Não consultes dicionários. Instaurar não está aqui no sentido que lhes dão, mas no que lhe pôs o vulgo de começar, estabelecer, fundar.

O movimento modernista propôs uma transformação absoluta a todas as manifestações artísticas, chegando até a inaugurar uma nova retórica, que leva consigo seu próprio nome. Infelizmente não deixou herdeiros geneticamente revolucionários. Seu filho único, cujo nome é pós, conformou-se com um espaço à sombra do pai, pelo menos no que tange às nomenclaturas. Não foi possível precisar a data do nascimento do jovem: algo em torno de três décadas atrás. Órfão de pai, segundo a boca miúda, o pós-modernismo foi tipicamente rebelde. Sua luta, porém, restringe-se ao âmbito familiar, conseguindo apenas desdizer o que seu progenitor havia instaurado.

É simplesmente incompreensível, com a velocidade a cada dia mais alucinante dos acontecimentos, que um movimento (ou reciclagem?) que nem chega a propor uma profunda transformação tenha durado tanto tempo. Talvez a grande modificação instaurada pela geração modernista não tenha deixado nenhum espaço à seguinte, mesclando-se por diversas vezes com ela.

E quem somos nós, hoje, jovens entre 20 e 30 anos? Nem rebeldes nem caras-pintadas. Nós fazemos parte dos anos-sem-cara.

A pós-modernidade, esse movimento (ou reciclagem) amorfo que, já balzaquiano, não deu o seu grito de liberdade nem sucumbiu. E com essa idade talvez não lhe sobre outra opção que não a segunda.

Inseridos no que convencionamos chamar de uma pós-modernidade, os poetas brasileiros contemporâneos também não conseguem se desvencilhar do ranço da reciclagem.

Que me perdoem os normativistas retrógados, mas sou jovem e tenho mais é que curtir a vida literária de meus contemporâneos; e, com eles, estou decidido a mudar as regras, estabelecer novos valores e anarquizar o sistema já sedimentado (...). Sei que outros ainda olham com respeito exagerado para as normas rígidas instauradas por anciãos ávidos por censurar ideias reformuladoras.

Acho que basta. O manifesto pode ser ampliado com muitas outras frases que estão no interior do próprio livro do jovem e rebelde modernovista, autor revolucionário. A explosão narrativa; a invenção ali instaurada (palavra que ele tanto aprecia) ainda ecoa seus novos desenhos pós-atômicos dissolvendo todos os meus paradigmas teóricos anteriores. Como preparar uma nova teoria para esse recentíssimo assunto literário? E será mesmo necessário? Não estaremos, na verdade, partindo para algo maravilhosamente desconhecido? Vejamos os inventos de Fabiano Figueira que consegui pescar desse novo tipo de torvelinho narrativo que é o seu romance. Primeiro, talvez tenhamos que abolir a palavra romance para tudo que seja experimental, inovador. Que tal inventar um novo nome que nunca seja o mesmo a cada vez que é escrito, uma palavra cambiante sem estrutura, sem fonética, sem letras, sem imagens fixas, uma enigmagem? Que tal? Comecemos por aí.

Primeiro de tudo: Fabiano Figueira, da sua leitura-mergulho do romance *Auto dos danados*, de António Lobo Antunes, criou o conceito operacional do supranarrador. De que se trata esse supranarrador? E como foi esse procedimento instalado nas frases de seu livro, de seu *Romance*?

O que diz Fabiano Figueira sobre *Auto dos danados*?

> O que nos interessa aqui é uma voz maior que perpassa cada um destes danados, que sopra em seus ouvidos das maiores calamidades às mais discretas poesias, que humanamente, onipresente e por momentos raros desmascara-se e adquire todas essas múltiplas personalidades: o supranarrador. Importante ressaltar que essa especial figura por vezes confunde-se com o próprio autor da obra, numa espécie de autobiografia narrativa. Em toda a narrativa percebe-se essa voz maior que fala por meio dos personagens. O estilo inconfundível de seu autor não adquire nuanças ou diferenças de registro quando ocorrem as mudanças do narrador, talvez por isso seja explicada a grande dificuldade de se detectar de quem é a voz. (...) os personagens-narradores são, na verdade, múltiplos aspectos dessa personalidade caleidoscópica do supranarrador.[20]

Vejamos como as diversas vozes narrativas do supranarrador interagem sobre a polpa textual. Talvez devêssemos mesmo estudar a fisiologia alquímica do estômago, de seus sucos, de seus líquidos dissolventes, para descobrir os processos narrativos dessa obra. O narrador-personagem-autor (ou o personagem-colar-de-seres-engatados uns aos outros sem limites, sem fronteiras de pontuação — o que se reflete na construção de uma pós-pontuação, de uma não pontuação gástrica, dissolvente, dos limites entre as falas entre as vozes em vertigem em cinéticas acoplagens entre eles) totalmente vai se desenovelando, revolvendo giratoriamente. Ele se transforma no que quer e se transporta com a mais chispante desenvoltura no meio de uma frase para outra, transformando-se até no próprio leitor.

"Eu sou um bêbado e não tenho rumo certo e nem papas na língua."

Ao fundir-se, desmanchar-se no próprio leitor, dramatizando possíveis episódios virtuais, ele, o autor, ultrapassa os limites de um pós-modernismo até então agora estabelecido e normativo.

> Amiranda-te e sê todo ouvidos. A tempestade que vou te lançar é de difícil compreensão e se continuares fingindo estar prestando atenção hás de perder o que de melhor tenho a oferecer. Presta atenção porra: ou estás pensando que isto aqui é brincadeira?[21]

Isso talvez seja uma dentre tantas outras curiosidades desse livro informe, veloz e arrebatado, essa do próprio leitor — ser um dos personagens principais com quem um feixe de narradores dialoga, discute. Em certo momento do livro o leitor é duramente ameaçado pela voz do supranarrador.

Nessa proliferante algazarra narrativa, uma composição rotatória de personagens-colagem, personagens xifópagos, encontramos muitas riquezas.

> Recebi uma bronca de nós mesmos mas nem liguei o carro e saí sem tchau ao porteiro que não segurou a cobertura até eu chegar.[22]

Até, por exemplo, a completa ausência de vírgulas. Jamais Fabiano Figueira delas se utiliza em qualquer frase do seu livro. Nesse aspecto ele lembra a turma da Oulipo.

Desde o princípio, a partir de uma primeira leitura de *Romance*, já ficamos intrigados com o complexo jogo dessas vozes aparentemente aleatórias, que por ele todo transitam em suas frases-veículos sem pontuação. Fizemos a seguinte anotação à margem da página 23: "O nome do personagem (desse personagem embrulhado em muitos personagens) somente surge à página 23. Talvez se chame Lauro." Ainda não sabíamos do conceito de supranarrador lançado na noosfera por Fabiano Figueira, herdado de sua visão construtiva do *Auto dos danados*, de António Lobo Antunes, que por sua vez recebeu essa técnica narrativa de Gabriel García Márquez, em seu *O outono do patriarca*. Poderíamos chamá-la, em seus primórdios, no caso específico da realização em Gabriel García Márquez, de a voz de um ego coletivo. Todo o romance de Márquez é a apoteose da instauração dessa técnica.

Exemplo:

> (...) mas o senhor pode dormir tranquilo meu general, pois os bons patriotas da pátria dizem que o senhor não sabe de nada, que tudo isso acontece sem o seu consentimento, que se o meu general soubesse teria mandado Saen de la Narra colher margaridas no cemitério de renegados da fortaleza do porto, que cada vez que sabiam de um novo ato de barbárie suspiravam para dentro se o general soubesse, se pudéssemos fazê-lo saber, se houvesse uma maneira de vê-lo, e ele ordenou a quem lhe havia contado que não esquecesse nunca que de verdade eu não sei de nada, nem vi nada, nem falei destas coisas com ninguém, e assim recuperava o sossego.[23]

Dessa mesma técnica nos utilizamos em 1975, na pequena novela *A direção do vento*, publicada em folhetim na extinta *Gazeta de Notícias*, de Fortaleza, posteriormente inserida no livro *Ofos*. Trecho:

Nascidos. Morridos. Nasces. Mortos. Eu te nasci. Você me nasceu. Não vou mais voltar. Nem eu também. Falamos juntos pela mesma mão. Escuridão. Antes de ti, muito antes de ti, eu vou até ela. Juntos, eu e ela, nos amamos juntos. Fontes, tudo nas matas. Água clareando a escuridão. A luz pelas estrelas, um risco no céu negro é a nossa voz. Ela vem do fim até mim. Nós, você os mortos descendentes. Ri, muncos distantes. Ri, nuvens, ênuvens de medo. Ri, hoje, ontem. Nunca rirás, poucas vezes. Risco, linha das gerações gravada na escuridão. Eu, morto, falarei por ti, como um grupo de avós e tataravós cantou em uníssono pelo jardim, em procissão. Uníssono. Um só coração.[24]

No texto de Fabiano Figueira muitas vezes essa técnica realiza o milagre semântico-sintático de desdobrar um personagem em primeira pessoa em dois planos temporais simultâneos, sendo duas pessoas ao mesmo tempo no mesmo trecho-texto. Assim:

Abri a porta e conduzi os distintos senhores até o banheiro onde estava minha ex-mulher não porque a gente tenha se separado até porque não éramos casados mas porque ela estava morta e não era mais ela era outra coisa que não sei dizer o quê. marcaram um giz em volta do corpo que nem tinha visto nos filmes policiais no cassete do vídeo e continua a fazer mais e mais perguntas querendo que eu desse alguma pista me enrolasse com alguma informação ou confessasse o crime. tudo inútil porque nunca fui violento e acho crime passional uma besteira sem tamanho coisa de quem não tem mais o que fazer a não ser ver filmes policiais na TV. de repente tudo ficou preto e pensei que ia desmaiar quando o carcereiro ou qualquer coisa que o valha que estava de capuz preto para que eu não visse seu rosto veio me trazer um prato que não tinha exatamente comida mas era melhor que a gosma que serviam no colégio. devorei o prato sem dar tempo dele se virar e ir embora e porque nunca gostei de ficar junto de prato sujo de comida cheirando a feijão e bebi um gole da água que estava no copo sujo de gordura cheirando a batata brita.[25]

O narrador, nesse livro, sempre é habitante numa encruzilhada de frases desflechadas. Esse livro também é a enlinhada história de uma família estraçalhada por um estranhíssimo vento psíquico de misturados acontecimentos. Nesse ponto se parece o tema com aquele acionado por Lobo Antunes no *Auto dos danados*. Também trata-se de um romance tragicômico, humorístico, desapiedado, cruelmente desenfreado. Como se todas as linguagens dos discursos tivessem rompido todas as paredes de uma só vez, numa escritura de relâmpagos narrativos entrelaçados.

Toda essa trama dessa família liquefeita alucinada é um jogo de estares, de tempos embutidos, colados às frases de múltiplas dobraduras tempoespaciais, colagem engenhosa inserida na sintaxe, amálgama de diferentes tempos narrativos.

> Mas já vai baixando a porrada só porque a desgraçada da lia Percebo leitor que teu fôlego começa a faltar, vou tentar narrar em frases curtas.[26]

Essas mudanças inumeráveis dos focos narrativos subvertem muitos códigos. Essa linguagem coloquial escorrente velocíssima, essa catadupa veloz do dizer sem limites instaura em descentramento quântico total. Frases-flechas.

A narrativa se remove num processo de jogos, perspicácias tateantes, deslizares, desembestamentos. Há sempre cenas recorrentes nesse não mapa de explosão narrativa. Essa explosão poderia ser descrita como a dinâmica de muitos fazedores de um romance ao mesmo tempo se debatendo e discutindo, todos tentando construir qualquer compasso, ou eixo, de alguma possível estrutura, mesmo que dinâmica, todos eles lutando por ocupar seus espaços nas páginas simultâneas. Nesse aspecto o tema é semelhante ao que se nos depara em *O equilibrista do arame farpado*, de Flávio Moreira da Costa. O que comprova que certos arquétipos temáticos estão mesmo no ar e são bebidos por muitos autores simultaneamente. Ou não?

Há em *Romance* também muitos recursos de citação, de metalinguagem, de pastiche. Toda uma parte dele é uma espécie de paródia de famosos *road movies*, sendo que nele há muito de cinematográfico. No entanto, por mais que esses procedimentos sejam herança aparente do pós-modernismo, eles, de fato, não o são. No máximo o movimento pós-modernista os popularizou. Como já dissemos em outra parte deste trabalho, essas técnicas não são de modo algum invenções pós-modernas. São recursos que sempre foram usados pelos grandes escritores em todos os tempos. O pós-modernismo simplesmente se apropriou desses expedientes antiquíssimos de elaboração literária como se tivesse inventado a ponte pênsil antes dos chineses. O que fez Cervantes em seu *Quixote* senão parodiar, citar e fazer pastiche das novelas de cavalaria medievais? Ou Virgílio com Homero, e depois Dante com Virgílio e James Joyce com a própria *Odisseia*, que usou como estrutura mítico-formal para o seu *Ulysses*?

Poderíamos até mesmo ter a ousadia de dizer que qualquer história ou não história romanesca escrita em qualquer época tem o seu mito ali inscrito, mesmo que não ouse explorá-lo ou demonstrá-lo. Todas as narrativas têm seu molde; são a evaporação de um mito. Mesmo, e principalmente, daqueles mitos que se perderam, inumeráveis, e quem sabe se na verdade não sejam os mais importantes. De qualquer modo, sempre ficarão as tiras, os vestígios de um mito que reboa sempre invisível, o relevo de um ecoar incessante e aparentemente inaudível.

Tudo aqui são transleituras, tateamentos, pois como penetrar num livro como esse que foi escrito exatamente para não ser decifrado?

Notas

1. Marjorie Perloff, *O momento futurista*.
2. Fabiano Figueira, *Romance*, p. 10.
3. Fabiano Figueira, *Epígrafes*, p. 8.
4. Flávio Moreira da Costa, *O equilibrista do arame farpado*, p. 129.
5. Flora Süssekind, *Papéis colados*, p. 240.
6. *O livro do seminário*, p. 71-100.
7. Flora Süssekind, *Papéis colados*, p. 242.
8. António Lobo Antunes, *Auto dos danados*, p. 25.
9. Flora Süssekind, *Papéis colados*, p. 243.

10. O livro de Linda Hutcheon é toda uma operação logística para justificar a ideologia e a estética pós-moderna. Descreve, ao longo de sua argumentação, quase que historicamente, como o tema do desaparecimento do autor foi tratado por diversos pensadores.
11. Flora Süssekind, *Papéis colados*, p. 246.
12. Flora Süssekind, *Papéis colados*, p. 247.
13. Flora Süssekind, *Papéis colados*, p. 240.
14. *Apud* Fabiano Figueira, *A recente poesia brasileira*, p. 4.
15. Idem, ibidem.
16. *Apud* Fabiano Figueira, *Epígrafes*, p. 4. Citação de "Posição do narrador no romance contemporâneo", de Theodor Adorno.
17. Idem. Citação também de Theodor Adorno, retirada da mesma obra.
18. Fabiano Figueira, *Epígrafes*, p. 4.
19. Carlos Emílio Corrêa Lima, *Táxi, de Adriano Espínola. A transnovação de todos os sentidos ou a ruptura da teia semiótica*, p. 18.
20. Fabiano Figueira, *Epígrafes*, p. 4.
21. Fabiano Figueira, *Romance*, p. 22.
22. Idem, p. 12.
23. Gabriel García Márquez, *O outono do patriarca*, p. 224.
24. Carlos Emílio Corrêa Lima, *Ofos*, p. 233.
25. Fabiano Figueira, *Romance*, p. 33, 34.
26. Idem, p. 11.

Referências

ANTUNES, António Lobo. *Auto dos danados*. Lisboa: Publicações Dom Quixote. 1996. 323 p.

CORTÁZAR, Julio. *O jogo da amarelinha*. Rio de Janeiro: Civilização Brasileira, 1970. 521 p.

COSTA, Flávio Moreira da. *O equilibrista do arame farpado*. Rio de Janeiro: Record, 1996. 205 p.

FIGUEIRA, Fabiano. *Romance*. Rio de Janeiro: 7Letras, 1996. 115 p.

_____. *A recente poesia brasileira*. Monografia inédita. Rio de Janeiro, 1992. 25 p.

_____. *Epígrafes*. Monografia inédita. Rio de Janeiro, 1994. 23 p.

JAMESOM, Fredric. *Pós-Modernismo, a lógica cultural do capitalismo tardio*. São Paulo: Ática, 1996. 431 p.

KAPLAN, E. Ann (org.). *O mal-estar no pós-modernismo*. Rio de Janeiro: Jorge Zahar Editor, 1993. 236 p.

LANDIM, Teoberto de Moura. *Notas de aula sobre o romance brasileiro contemporâneo e o pós-modernismo*. Lido no original.

LIMA, Carlos Emílio Corrêa. *Ofos*. Fortaleza: Nação Cariri, 1984. 265 p.

_____. *Táxi, de Adriano Espínola*. A transformação de todos os sentidos (ou a ruptura da teia semiótica). Monografia. Fortaleza, 1998. 46 p.

SANTIAGO, Silviano. "Fechado para balanço". In: *O livro do seminário*. São Paulo: LR Editores, 1983.

SÜSSEKIND, Flora. *Papéis colados*. Rio de Janeiro: UFRJ, 1993.

TADIÉ, Jean-Yves. *O romance no século XX*. Lisboa: Publicações Dom Quixote, 1992. 208 p.

João Almino, o crítico como romancista
José Luís Jobim

JOSÉ LUÍS JOBIM, pesquisador do Conselho Nacional de Desenvolvimento Científico e Tecnológico (CNPq) e "Cientista do nosso estado" da Fundação de Amparo à Pesquisa do Estado do Rio de Janeiro (Faperj), é professor titular de teoria da literatura na Universidade do Estado do Rio de Janeiro (UFRJ) e leciona a mesma disciplina na Universidade Federal Fluminense (UFF). Entre suas mais recentes obras publicadas figuram: *A biblioteca de Machado de Assis* (Rio de Janeiro, Topbooks/ Academia Brasileira de Letras, 2001), *Formas da teoria — sentidos, conceitos, políticas e campos de força nos estudos literários* (2ª ed. Rio de Janeiro, Caetés, 2003), *A crítica literária e os críticos criadores no Brasil* (Rio de Janeiro, Editora da Uerj/Caetés, 2012). Ensaio publicado em *Crítica e Literatura*. Rio de Janeiro/ Belém do Pará, De Letras/Universidade Federal do Pará, 2011, p. 11-26.

A partir do século XIX, no Brasil, tivemos muitos escritores de primeira linha que exerceram a crítica literária. No oitocentos, podemos ressaltar a figura de Machado de Assis, ainda hoje considerado nosso maior autor por muitos, e no século XX, entre outros, também as figuras de Mário de Andrade e Manuel Bandeira. Nenhum deles passou inconsequentemente pela função de crítico, que marcou suas respectivas carreiras em pelo menos dois aspectos.

O primeiro diz respeito ao caráter social da atividade literária. Machado de Assis, por exemplo, que foi crítico literário antes de ser romancista, acabou deixando de lado essa atividade, segundo Mário de Alencar, porque não queria mais correr o risco de magoar os criticados.[1] Mário de Andrade e Manuel Bandeira também relataram problemas em suas relações sociais, advindos das opiniões que emitiram sobre terceiros e que também repercutiram na recepção de suas obras e nas formas de sociabilidade literária em que se inseriam em seus momentos históricos. No entanto, esse é apenas o aspecto mais aparente.

O segundo aspecto, visível somente a um olhar mais atento, é a produtividade que a atividade crítica teve na criação literária desses autores. É preciso, para tanto, resgatar as interseções entre a crítica e a criação, em suas várias faces — por exemplo, observando em que medida a avaliação de obras alheias configura opiniões e estratégias que serão usadas na criação própria do crítico-autor. Não vou me estender aqui sobre esse assunto, mas apenas apontar que a dupla face de João Almino — crítico e romancista — insere-se também em uma certa tradição em que julgamentos de autores-críticos sobre textos e contextos relacionam-se com produções literárias próprias.

Contudo, antes de mais nada, é relevante assinalar que nem todos os ficcionistas são também críticos e ensaístas. Dentre os que o são, muito poucos são bons em ambos os campos de atuação. João Almino é um desses, conseguindo transitar entre a ficção criativa, o ensaio e a crítica literária sem perder qualidade. Devemos descartar, entretanto, a opinião de que a sua escrita não é marcada pela passagem em campos distintos, embora relacionados entre si. De fato, o próprio Almino desenvolve uma reflexão sobre essa passagem em *Escrita em contraponto* — ensaios literários:

> Se há uma diferença entre o narrador e o autor, não é menor a distância entre ambos e o ensaísta que se refere a sua obra, uma distância tão grande quanto a que separa um artigo sobre música da execução de uma peça, ou um comentário de cinema da projeção de um filme. Quem fala aqui, portanto, não é o autor dos romances nem seu narrador, mas uma terceira *persona*, que veste provisoriamente o chapéu do ensaísta.[2]

Tentando explorar de modo sintético a relação entre o romancista e o crítico João Almino, nas breves linhas que se seguem, vou explorar três caminhos: 1) a questão da instância narrativa; 2) a crítica ao "realismo"; e 3) a intertextualidade. Talvez eu devesse colocar o primeiro e o segundo itens subsumidos no terceiro, porque minha perspectiva vai enfocar predominante e brevemente João Almino como um leitor atento e crítico de Machado, interagindo com esse autor e incorporando-o criativamente em *O livro das emoções*, inclusive em exercícios intertextuais mais explícitos. Minha argumentação vai abranger o romance *O livro das emoções* (2008) e os volumes de ensaios literários *Escrita em contraponto* (2008) e *O diabrete angélico e o pavão* — enredo e amor possíveis em Brás Cubas (2009).

Quem fala no texto?

Como vimos, o crítico João Almino diz que, se há uma diferença entre o narrador e o autor, não é menor a distância entre ambos e o ensaísta que se refere a sua obra. Para ele, quem fala em seu ensaio não é o autor dos seus romances nem seu narrador, mas uma terceira *persona*, que coloca provisoriamente o chapéu do ensaísta.

Sabemos que essa questão de qual é a instância que "fala" no texto é complexa. Helen Caldwell, em seu conhecido livro sobre *Dom Casmurro*, defendeu que quem escreveu o romance foi Bento Santiago, e não Machado de Assis.[3] Claro, essa posição gerou problemas. Por exemplo, ela afirmou que é Santiago que escreve a história, embora os nomes fossem dados por Machado,[4] porém é possível alegar que ou bem se credita a criação total do mundo ficcional ao autor ou será preciso um argumento mais elaborado para estabelecer créditos de autoria neste mundo. Talvez seja mais interessante, ao delimitar a "diferença entre o narrador e o autor", de que fala Almino, considerar hierarquicamente que o autor (Machado de Assis, neste caso) é o criador de todas as instâncias narrativas que aparecem no romance, inclusive o narrador Bento Santiago, o qual, por sua vez, sendo criatura do autor, poderia ser considerado a instância enunciadora da narrativa.

No caso de Machado de Assis, se podemos também aceitar a afirmação de Almino de que há uma "distância" entre o ficcionista e o crítico, precisamos, todavia, qualificar melhor essa "distância", pois Machado, em sua crítica literária, antecipa linhas de encaminhamento que realizará em sua produção romanesca, ainda que seja pelo negativo: o que vai condenar na crítica servirá como modelo negativo para o que ele vai empreender como escritor. Em outras palavras, ele evitará o que condena no modelo negativo.[5]

Como sabemos, o bruxo do Cosme Velho foi crítico antes de ser romancista. *O passado, o presente e o futuro da literatura brasileira* é de 1858, mas seu primeiro romance, *Ressurreição*, só surge em 1872. Assim, torna-se importante acompanhar a evolução do pensamento crítico de Machado, talvez menos para chegar a conclusões sobre a justeza ou não de suas opiniões do que para entender como se foram estruturando as opções do escritor em sua própria obra, no diálogo com seu pensamento crítico.

De fato, em sua maturidade Machado aproveitará mais seu tempo em criações literárias, e não na crítica, embora no início de sua carreira ele ainda a praticasse de um modo e com um objetivo especiais. Seria problemático, entretanto, dizer do Machado jovem que ele era um ficcionista "que veste provisoriamente o chapéu do ensaísta", porque no início de sua longa carreira Machado não escrevia ainda romances. No entanto, podemos relacionar o momento inicial aos posteriores, os antecedentes aos consequentes, e postular que, é claro, foi somente depois de Machado haver-se tornado romancista que ficou nítida a relação entre o que escrevia como crítico e o que fez como romancista. Em outras palavras, foi só depois da existência do romancista que se pôde descrever o crítico como precursor de ideias que seriam elaboradas nos romances. O antecedente passa a ter um novo sentido, a partir da análise do consequente. Um sentido que não poderia existir antes de o crítico tornar-se também romancista.

Como crítico, Almino expressa a seguinte opinião sobre os narradores de Machado de Assis:

> (...) os narradores de Machado, frequentemente em primeira pessoa, como é o caso das *Memórias póstumas de Brás Cubas* e de *Dom Casmurro*, veem necessariamente através do prisma subjetivo e, portanto, limitado. A Machado interessa a problemática da identidade — quem sou, o que faço no mundo, que sentido têm minhas ações, qual é a fronteira para mim entre a razão e a loucura. Seus romances geralmente relatam as aventuras de um "eu" inconsequente e frustrado.[6]

Do narrador de *O livro das emoções* também poderíamos dizer que relata as aventuras de um "eu" inconsequente e frustrado, ou que narra "as desventuras do desejo",[7] como diz Almino sobre Machado.

De fato, Machado de Assis, em sua crítica literária, desenvolveu algumas das principais ideias estéticas que fundamentarão a arquitetura de seus romances. E Machado é uma referência declarada por João Almino:

> Ainda leio Machado como se fosse um escritor contemporâneo. Não existe a necessidade de desculpá-lo por ter escrito noutro século. Ele é o mestre por excelência de minha geração literária no Brasil e me influenciou e a outros escritores, como fez com gerações passadas.[8]

Como eu já disse antes, João Almino não é apenas romancista, mas também crítico e ensaísta de talento, capaz de produzir tanto ensaios de abrangência ampla, como alguns dos que foram incluídos em *Escrita em contraponto* — ensaios literários (2008), quanto interpretações sofisticadas de obras singulares, como a de *Memórias póstumas de Brás Cubas*.[9]

Já adianto que não vou aqui, em relação a João Almino, ficar fazendo o papel que Agripino Grieco fez em relação a Machado de Assis, de apontar as referências a outros escritores e considerar isso um demérito. Claro, Grieco poderia ter como desculpa para ter feito o que fez o fato de, em sua época, ainda ser comum cobrar a "originalidade" como valor basicamente derivado do romantismo, imaginando-se o autor como a instância responsável pela gênese absoluta da obra e valorizando-se, pois, a irredutibilidade da obra a qualquer instância precedente. Em outras palavras: considerava-se um demérito a presença da intertextualidade com outras obras e autores, o que hoje preferimos considerar como condição incontornável de qualquer obra literária.

Também sabemos que a pretensão a uma originalidade absoluta é, no mínimo, equivocada. Toda obra encontra *a priori* um certo quadro de referência já presente, a partir do qual, contra o qual ou com o qual se constitui e pode ser entendida. Não há como admitir o autor como fundamento absoluto da criação textual se esse fundamento não é incondicionado, nem há como conciliar a ideia de liberdade absoluta de criação com o fato de a atividade de produção textual se exercer com/a partir de/contra práticas e tradições preexistentes, que funcionam como um certo substrato pré-constituído, no próprio momento da gênese do texto.

João Almino faz parte de uma linhagem de autores modernos que em vez de insistir na imagem de um sujeito autoral, com uma identidade absoluta, reclusa em si própria, prefere outro caminho. E reflete sobre isso em seu ensaísmo.

Cadu, o narrador de *O livro das emoções*, declara que aquele livro, com base no seu velho diário fotográfico, "poderá ser considerado um álbum das [suas] memórias sentimentais e incompletas, de uma época em que [ele] via, e via demais."[10] Como memórias, então, o livro tem um narrador que, velho e cego, transforma eventos pessoais e sociais ocorridos no seu passado em texto escrito posteriormente, mas há marcas do gênero "diário", como a datação de segmentos de texto e a respectiva narração do que ocorreu na data assinalada, seja em termos de ações, seja em termos de reflexões produzidas naquela data.[11] Não se espere, contudo, uma narrativa em que predomine um descritivismo cronológico do passado, porque o narrador (como os de Machado) é propenso a digressões e não segue uma linha temporal estrita: "A vida não se mede por minutos, nem memórias são escritas com a enumeração de tudo que se passa diante dos ponteiros do relógio."[12]

De todo modo, o sentido geral do empreendimento — a chamada "versão final", com a seleção e o arranjo verbais do que vai ser incluído (e a decisão sobre o que vai ser excluído) — é posterior aos eventos narrados e é atribuído ao narrador, que declara, no último parágrafo: "Imprimi O *livro das emoções* para entregar a Joana. Não fiz mudanças, a não ser a substituição da última fotografia e o acréscimo do último parágrafo."[13]

A crítica do "realismo"

Sabemos que tanto na crítica quanto na obra literária de Machado há restrições ao realismo/naturalismo que então vigorava no ambiente luso-brasileiro. É muito conhecida a sua crítica a O *primo Basílio*, de Eça de Queiroz, porém de fato podemos enumerar uma série de outras objeções fundamentadas que Machado fez àquele estilo.[14] Mas a questão do realismo não acabou no oitocentos; continuou em aberto no século XX. No período em que transcorre o enredo de O *livro das emoções*, há uma série de produtos artísticos (romances, autobiografias, filmes) cujos autores alegam estar de algum modo refletindo uma certa "realidade", anterior e exterior ao texto. Isso serve como pano de fundo para a tematização da relação entre a arte e a realidade pelos personagens de Almino.

Entre outras coisas, há uma discussão sobre o "realismo", através da própria atividade de Cadu como fotógrafo. Se, por um lado, desde o daguerreótipo, a fotografia tem forçado os pintores a repensarem sua arte — pois uma pintura "realista" perdeu terreno diante da nova técnica de reprodução do real — por outro lado o próprio desenvolvimento de uma arte da fotografia fez a pintura ser muito mais do que apenas "reprodutiva". E depois, como uma problematização da própria função da fotografia, estabelece-se para ela também a possibilidade de ser algo mais do que somente o espelho do real, podendo aspirar à artisticidade, inclusive com a produção de imagens que se relacionam diretamente com as artes visuais "abstratas", com pretensões menos miméticas em relação ao real.

Assim, em *O livro das emoções*, o narrador-personagem fotógrafo faz geralmente descrições verbais de suas fotos que não remetem somente ao referente delas, mas aos aspectos de composição da imagem e às intenções e sentimentos do "criador" delas. Por exemplo, sobre a "foto abstrata em preto e branco" de número 4, ele declara:

> Cada grão de areia aparece em perfeita nitidez, realçado numa impressão em prata. Inicialmente intitulei aquela fotografia "As formas da solução", mudando anos depois para seu título atual. Muitas vezes dava títulos que revelassem o que eu sentia e que não fossem meramente descritivos. Aquelas formas enigmáticas em textura tão nítida não se desenhavam apenas na areia. Também na minha mente.[15]

Mesmo quando não pode mais enxergar, Cadu continua a bater fotos e elas continuam a ter um sentido mais ligado ao fotógrafo do que ao referente.[16] É interessante observar que em relação às suas fotos feitas no período em que enxergava, com frequência Cadu produz descrições que poderíamos considerar mais como "realistas", porém depois atribui ao quadro apreendido uma emoção:

> Naquelas horas sempre me apaixonava pela paisagem. Tudo ficava bonito: o porteiro passando com a vassoura na mão, um casalzinho desfilando pelo centro da quadra, as crianças jogando bola no calçamento, os bebedores de cerveja, ao longe, no bar da entrequadra... Tudo aquilo devia acontecer ao mesmo tempo, junto com folhas voando... Por isso usei a grande-angular. Para que a emoção que me invadia se mostrasse na foto de número 8 acima, todo o espaço encolheu para caber no campo de visão da câmara. Aquela é a foto de uma emoção de fim de tarde, indefinível, sem sentido algum, composta pelo olhar de um ébrio que se esquece na janela.[17]

Sobre a foto número 12, por exemplo, que ele tira de Aída, no primeiro reencontro do futuro casal, diz: "Eis a prova de que a fotografia é capaz de armazenar diálogos inteiros e momentos únicos que nos são caros."[18] E é também com Aída que Cadu tem um diálogo que tematiza mais explicitamente a questão do realismo e da realidade.

Ela desejava ver um filme sobre narcotráfico nos morros do Rio de Janeiro e Cadu protesta, usando as palavras de seu irmão, que considerava o filme "uma exaltação demagógica da violência e do crime",[19] ao que retruca Aída: "É a realidade [...]. As coisas são assim e alguém precisa mostrar."

A sequência do diálogo, com a resposta de Cadu, é elucidativa:

> E não é realista o sonho? O conforto dos ricos? E não será real a minha vida, de passar o dia sem fazer nada, sem viver uma única catástrofe, sem ser assaltado, sem encontrar um bandido pela frente, sem conhecer a criminalidade? Mas nisso não há narrativa. Não daria um filme. Para mim, ainda mais real do que a violência é viver com medo da violência, sem me enfrentar jamais com o perigo. O cinema não precisa me convencer de que as notícias de jornal estão certas. Não preciso nem ler jornal.[20]

Aída acha que Cadu, por ser fotógrafo, deveria ser comprometido com a ideologia realista: "A essência da fotografia é representar a realidade, você sabe disso."[21] No entanto, Cadu argumenta que a "realidade" fotografada é "instantânea, passageira e muitas vezes mentirosa".[22]

Exemplo de que a realidade fotografada podia ser mentirosa é a foto da "conversa fingida" que Cadu e Escadinha tiveram na vernissage da exposição de fotografias sobre Eduardo Kaufman. Também é irônico que as fotografias dessa exposição, feitas para ridicularizar e expor os defeitos de Kaufman (a quem Cadu odiava), tenham sido interpretadas de modo completamente diferente das intenções do fotógrafo, como uma demonstração das qualidades de Cadu "de humorista criativo, que, como um mágico, conseguia transformar um personagem sério em grotesco; de fotógrafo caricaturista que não recorria a montagens nem a manipulações."[23] Assim, embora Cadu tivesse a intenção de produzir um sentido, o público produziu outro diferente. E o sucesso veio não mediante o sentido atribuído às fotos pelo autor, mas através do atribuído pelo público: "Fui mal interpretado e, assim, reconhecido pelas razões erradas. Gostaram do que não tive intenção de fazer."[24] E se, por um lado, o ressentimento de Cadu — por não ser reconhecido em função do que considerava ser o mais relevante em sua obra — pode ser entendido no quadro de uma certa compreensão de autoria que considera que o autor não é apenas o proprietário da obra, mas também de seu sentido, por outro lado, o tratamento irônico da situação pode remeter a uma crítica da posição autoral. Em outras palavras, pode colocar em cena uma certa linha de avaliação de obras artísticas que as considera objetos que têm autonomia em relação a seus criadores (e suas respectivas intenções, ao criá-las) e que assim poderão gerar vários e diferentes sentidos, em função dos diferentes e sucessivos públicos que produzirão suas interpretações conforme os contextos históricos e sociais em que se inserem.

Em *O livro das emoções*, quem encarna o projeto realista como fotógrafo que "representa a realidade" é o personagem Escadinha, fotógrafo que teria até feito fotos de criminosos na Papuda — e que, muito sintomaticamente, era quem fazia sucesso, embora Cadu considerasse seu trabalho "produto comercial de baixa qualidade, com embalagem de mercado, como um sabonete".[25] Não poderíamos aqui, *mutatis mutandis*, também perceber uma crítica extensiva às narrativas literárias que, à moda Escadinha, vendem produtos comerciais de baixa qualidade, atendendo a uma suposta demanda de mercado, consubstanciada explicitamente na declaração de gosto de Aída? Não estaria *O livro das emoções* também oferecendo ao público um produto refinado e fora do padrão presumido para best-sellers, o que lhe poderia gerar uma situação assemelhada à de Cadu como fotógrafo marginalizado, em oposição ao Escadinha consagrado?

A opinião de Aída parece constituir a versão para fotografia da opinião de Guga, o irmão do narrador, sobre literatura — que veremos adiante. Seu gosto por filmes "realistas", baseados em narrativas de cunho autobiográfico, é assim descrito pelo narrador:

Aída se maravilhava que fossem histórias verdadeiras, que as personagens existissem na vida real, que a ficção não fosse ficção, que as notícias de jornal pudessem se estender detalhadamente por duzentas, trezentas ou seiscentas páginas, com riqueza de gírias, e depois fossem levadas ao cinema.[26]

Intertextualidades

Ao longo da narrativa, há um certo volume de referências literárias, algumas mais explícitas para o leitor comum, outras menos. O capítulo "Quincas Borba e sua dona", por exemplo, faz referência ao romance homônimo de Machado de Assis. Se o Quincas machadiano também deu ao cachorro de sua propriedade o seu próprio nome, e obrigou Rubião a cuidar dele para não perder a herança, na narrativa de João Almino o irmão do personagem principal, Guga, foi quem deu nome ao cão que intitula essa seção. Guga tinha, na visão do narrador, teorias que "se resumiam quase sempre à constatação de que a vida era um longo lamento e nada valia a pena". Claro, isso difere das teses do filósofo Quincas Borba, dono do cão do mesmo nome, que aparece em dois romances da chamada fase madura de Machado (*Memórias póstumas de Brás Cubas* e *Quincas Borba*).

Quincas Borba, o personagem machadiano, pensava ter desenvolvido "um novo sistema de filosofia": "Chamo-lhe Humanitismo, de Humanitas, princípio das coisas. Minha primeira ideia revelava uma grande enfatuação; era chamar-lhe borbismo, de Borba; denominação vaidosa, além de rude e molesta." O caráter individualista e narcísico dessa filosofia é apresentado pelo mesmo personagem, no romance *Quincas Borba*, em que diz, no capítulo VI: "...o Humanitismo é o remate das coisas; e eu, que o formulei, sou o maior homem do mundo."

O "filósofo", então, cujas ideias foram reunidas em "quatro volumes manuscritos, de cem páginas cada um, com letra miúda e citações latinas", expõe seu pensamento, uma mistura das ideias cientificistas da época, articuladas de forma a gerar efeitos humorísticos no leitor.

Guga não tem o perfil do personagem machadiano, mas sabemos que há toda uma linha de abordagem da obra de Machado que considera que o sentido profundo dela é uma certa atitude do autor, que alguns chamam de niilismo e outros de ceticismo, e que pode levar à "constatação de que a vida era um longo lamento e nada valia a pena".

E Guga também é responsável pela verbalização de um argumento sobre a criação literária, quando Cadu lhe pergunta sua opinião sobre escrever um livro. Para o irmão, se o autor não for favelado, transexual ou não estiver no meio de nenhum "conflito étnico, cultural ou racial", sua história não interessa: "A menos que substituas a narrativa por uma catástrofe ou uma cena hiperviolenta."[27] Quando Cadu diz que não tem pretensão literária, que deseja modestamente ser exato sobre o que viu e viveu, produzindo uma espécie de diário, usando suas fotos, Guga acrescenta:

> Ainda assim, precisa haver uma trama na tua vida, que possa criar o enredo ou o suspense. Ou pelo menos tua história deve ser exemplar em algum sentido: deve mostrar que tu conseguiste construir alguma coisa, ainda que seja uma família ou uma empresa, entendes?[28]

E Cadu responde: "Entendi. Por culpa de meu caráter dispersivo, eu de fato nada construíra."[29] De fato, embora a referência de Cadu seja a sua vida, o "caráter dispersivo" serve também para a narrativa que ele constrói sobre ela. Afinal, Cadu vive ao sabor das circunstâncias, exercendo uma ocupação (fotógrafo) que não está atrelada a nenhuma rotina mais definida de trabalho e lhe permite deslocamentos espaciais e existenciais, transformando-o numa espécie de *flâneur*, flanando pelos lugares e pelas situações, com o olho e a máquina fotográfica prontos para tentar captar o sentido de momento ou de uma emoção configurada numa imagem. À falta de foco de sua existência correspondem os focos de suas lentes fotográficas e de sua narrativa. As suas reflexões estão, por consequência, associadas a isso.

As digressões do narrador de Almino, como as do narrador machadiano, com frequência dirigem-se também à própria estruturação do enredo, como aquela digressão que antecipa a busca e o encontro de Cadu com o seu suposto filho:

> Pensei naqueles romances em que o personagem central, em geral o próprio narrador, de uma hora para outra e em decorrência de uma iluminação, de um acidente trágico ou por uma razão qualquer decide procurar o pai, a mãe, o assassino do pai ou da mãe, o filho ou a filha, o marido ou a mulher desaparecidos, ou alguém que represente a promessa de amor...[30]

De fato, ao fim da narrativa, a própria crença de que tinha um filho desfaz-se, com a confissão de Berenice de que Pezão é filho de outro homem. Assim, a própria busca do suposto filho perde o sentido original que tinha e transforma-se em outra coisa, que o aproxima da esterilidade do personagem Brás Cubas.

Em relação à obra de Machado, sintomático também é o nome da cadela de Cadu: Marcela.

Afinal, a personagem Marcela de *Memórias póstumas de Brás Cubas* pode sem maiores problemas ser classificada como uma "cadela", já que o narrador diz sobre ela: "Marcela amou-me durante 15 meses e 11 contos de réis; nada menos."[31] A personagem feminina Marcela de *O livro das emoções*, por outro lado, declara não desejar fazer parte da coleção de mulheres do narrador: "Não quero fazer parte da sua coleção de mulheres — me disse, irritada."[32] Mas acaba fazendo, e o narrador promete: "Se um dia eu tiver uma filha, vou dar o teu nome: Marcela."[33] Depois, em vez de dar o nome à filha que não teve, Marcela acaba sendo o nome da cadela: "Sem filhas nem gatas, daria a minha cadela o nome de Marcela."[34]

Homem de muitas mulheres, Cadu só guardou afeto mais denso para pouquíssimas e terminou, como o narrador de *Memórias póstumas*, sem deixar descendentes. Da história de *O livro das emoções* pode-se dizer o mesmo que João Almino diz sobre as *Memórias póstumas*:

> Não há crime nem castigo, não há punição que vá além dos pequenos dramas, o drama de não se poder ter tudo, o drama das ausências e separações, o drama do medo e o drama da perda.[35]

Usando as palavras do crítico João Almino sobre o romance de Machado,[36] podemos considerar que o amor de Cadu por Joana depende das circunstâncias objetivas, é um amor pouco linear e imperfeito, ardente e depois esfriado pelo tempo, que sobrevive sob outra forma, a ponto de a declaração final de Cadu ser a de que vai entregar o livro a Joana. Essa ligação profunda com Joana, no entanto, não impediu que ele desfizesse a relação amorosa no passado, tal como aponta Almino sobre Brás Cubas, e nem que tivesse uma série de outros relacionamentos superficiais e passageiros, basicamente de natureza sexual, no que se aproxima de Bentinho:

> Se pudermos chamar de amor o que [Brás Cubas] sentiu por Virgília uma boa parte de sua vida, Brás amou Virgília e nenhuma outra mulher e [...] a ela se dirige do além, no presente da narrativa, como "minha amada". Nem sequer o narrador dará a entender que procurará outras mulheres para preencher o vazio que Virgília lhe deixou e isso contrasta com outro importante personagem de Machado de Assis, o Bento de *Dom Casmurro*, que afirma no penúltimo capítulo daquele livro: "Já sabes que a minha alma, por mais lacerada que tenha sido, não ficou aí para um canto como uma flor lívida e solitária. Não lhe dei essa cor ou décor. Vivi o melhor que pude sem me faltarem amigas que me consolassem da primeira".[37]

Cadu, no entanto, se teve muitas mulheres que o consolassem, não teve apenas uma referência de relacionamento afetivo mais denso. De fato, ele chega a casar-se com Aída, que, como a princesa etíope da ópera de Verdi, morre junto do narrador e cujo filho ele vai de alguma maneira "adotar" — se podemos entender essa palavra não somente em seu sentido estritamente legal, mas como a designação de uma relação de longa duração.

Enquanto Brás Cubas, na frase final de suas *Memórias*, declara que não teve filhos e não transmitiu "a nenhuma criatura o legado da nossa miséria", Cadu acreditou durante boa parte de sua vida que tinha tido um filho, fruto de uma relação clandestina com uma empregada, Berenice. Chega mesmo a encontrá-lo, mas acaba descobrindo que ele não era seu filho. No entanto, embora Cadu não tenha deixado descendentes, são os filhos (Maurício e Carolina) de mulheres de sua vida que o acompanham na velhice. Eles são uma espécie de compensação para os filhos que desejou, mas não teve. E embora seu irmão Guga ache fundamental a presença textual de uma "lição de vida", de uma tese ou algo do mesmo âmbito semântico para que a narrativa desperte interesse no público leitor, Cadu explicita sua posição contrária à tentativa de elaborar uma transcendentalidade em relação à vida narrada: "As histórias de nossas vidas não precisavam provar nada, ter final feliz nem um sentido acima delas mesmas."[38]

Também o crítico João Almino, ao analisar o romance de Machado, sublinha em *Memórias póstumas* a ausência de um sentido transcendental. O que poderia ser mais adequado para um narrador da linhagem machadiana?

Notas

1. Mário de Alencar, "Advertência", in: Machado de Assis, *Crítica literária*, p. 9.
2. João Almino, *Escrita em contraponto — ensaios literários*, p. 9.
3. "[...] Machado de Assis (em contraste com sua criatura Santiago) não tinha o hábito de escrever romances de intriga. A base de seus romances, como ele mesmo afirma em mais de uma ocasião, é mostrar o drama resultante da inter-relação de naturezas contrastantes." (Helen Caldwell, *O Otelo brasileiro de Machado de Assis*, p. 31.)
4. "É Santiago quem escreve sua estória, mas os nomes dos personagens — com exceção de Ezequiel — foram conferidos pelo autor real. Eles representam o elemento do romance que pode, com absoluta certeza, ser posto na conta de Machado." (Helen Caldwell, *O Otelo brasileiro de Machado de Assis*, p. 55.)
5. Desenvolvi mais analiticamente esse argumento em: José Luís Jobim, "Machado de Assis: o crítico como romancista", *Machado de Assis em linha*, disponível em:

http://machadodeassis.net/download/numero05/num05artigo07.pdf, *acesso em: 10 jul. 2010.*
6. João Almino, *Escrita em contraponto — ensaios literários*, p. 42.
7. Ibidem, p. 46.
8. Ibidem, p. 44.
9. João Almino, *O diabrete angélico e o pavão; enredo e amor possíveis em Brás Cubas.*
10. João Almino, *O livro das emoções*, p. 15.
11. "Não somente no livro que pretendo escrever, mas também neste novo diário, vou comentar o que for surgindo, na ordem em que for surgindo." (João Almino, *O livro das emoções*, p. 13.)
12. Ibidem.
13. Ibidem, p. 254.
14. José Luís Jobim, "Revendo Quincas Borba e Rubião", *Revista da Anpoll*, v. 24, p. 45-56.
15. João Almino, *O livro das emoções*, p. 26.
16. Veja-se o que diz das fotos que, já cego, tirou de Laura em [14 de julho]: "Claro, não pude ver o resultado, mas cada foto está associada ao sorriso que imaginei em seu rosto, a palavras que ouvi de sua boca, a seu cheiro e à delicadeza de suas mãos." (João Almino, *O livro das emoções*, p. 46.)
17. João Almino, *O livro das emoções*, p. 48.
18. Idem, p. 61.
19. Ibidem, p. 66.
20. João Almino, *O livro das emoções*, p. 67.
21. Ibidem.
22. Ibidem.
23. Ibidem, p. 244.
24. João Almino, *O livro das emoções*, p. 244.
25. Ibidem, p. 68.
26. João Almino, *O livro das emoções*, p. 128.
27. João Almino, *O livro das emoções*, p. 39
28. Ibidem.
29. Ibidem.
30. João Almino, *O livro das emoções*, p. 52.
31. Machado de Assis, *Memórias póstumas de Brás Cubas*, p. 44.
32. João Almino, *O livro das emoções*, p. 65.
33. Ibidem, p. 217.
34. Ibidem, p. 224.

35. João Almino, *O diabrete angélico e o pavão; enredo e amor possíveis em Brás Cubas*.
36. Ibidem, p. 94,95.
37. Ibidem, p. 95.
38. João Almino, *O livro das emoções*, p. 135.

Referências

ALENCAR, Mário de. "Advertência". In: ASSIS, Machado de. *Crítica literária*. Rio de Janeiro: W. Jackson Editores, 1942.

ALMINO, João. *Escrita em contraponto — ensaios literários*. Rio de Janeiro: Tempo Brasileiro, 2008.

_____. *O livro das emoções*. Rio de Janeiro: Record, 2008.

_____. *O diabrete angélico e o pavão — enredo e amor possíveis em Brás Cubas*. Belo Horizonte: Editora da UFMG, 2009.

ASSIS, Machado de. *Memórias póstumas de Brás Cubas*. São Paulo: Ática, 2006.

CALDWELL, Helen. *O Otelo brasileiro de Machado de Assis*. Tradução de Fábio Fonseca de Melo. São Paulo: Ateliê, 2002 [1960].

JOBIM, J.L. "Revendo Quincas Borba e Rubião". *Revista da Anpoll*, v. 24, pp. 45-56, 2008.

_____. "Machado de Assis: o romancista como crítico". In: *Machado de Assis em linha*, ano 3, v. 5, 2010. Disponível em: http://machadodeassis.net/index.htm.

Dos benefícios de um piparote[1]
Marta de Senna

MARTA DE SENNA, ex-professora de literatura comparada da Universidade Federal do Rio de Janeiro (UFRJ), é pesquisadora da Fundação Casa de Rui Barbosa. Sobre Machado de Assis, publicou *O olhar oblíquo do Bruxo: ensaios machadianos* (2ª ed., Língua Geral, 2008) e *Alusão e zombaria: citações e referências na ficção de Machado de Assis* (2ª ed., Edições Casa de Rui Barbosa, 2008). É responsável pelo site www.machadodeassis.net e coeditora da revista eletrônica *Machado de Assis em linha*.

> (...) *procura-se estabelecer o que o autor quis dizer, e nunca o que o leitor entende.*
> Roland Barthes, O rumor da língua
> (...)*se não te agradar, pago-te com um piparote, e adeus.*
> Machado de Assis, Memórias póstumas de Brás Cubas, "Ao Leitor"
> *O respeito mais verdadeiro que podeis mostrar pelo entendimento do leitor será dividir amigavelmente a tarefa com ele, deixando-o imaginar, por sua vez, tanto quanto imaginais vós mesmo.*
> Tristram Shandy, II, xi

Atiçado por um piparote e desvanecido por um galanteio, o leitor de Machado de Assis e de Sterne sabe que não pode ler suas narrativas de modo descomprometido. Se há uma literatura que convoca irrevogavelmente o leitor para uma participação indispensável, sob pena de perder-se o melhor que ela oferece, essa literatura é a de Tristram Shandy, *Viagem sentimental*, *Memórias póstumas* e *Quincas Borba*.

De Sterne, fiquemos com *Uma viagem sentimental através da França e da Itália*, pouco prestigiada neste nosso fim de século pós-moderno, mais facilmente fascinado pela anarquia óbvia (e aparente) de Tristram Shandy e muitas vezes ludibriado pelo enganoso sentimentalismo do segundo romance do mordaz clérigo britânico.

A *Viagem* é uma narrativa *sui generis*, que, por não se deixar apreender em nenhum rótulo, acaba por exigir um leitor arguto e cooperativo, que não apenas esteja disposto a lhe atribuir um sentido, mas que esteja, sobretudo, disponível para se deliciar com a própria indefinição (ou indecidibilidade) do texto que tem em mãos. Construído como uma conversa e dela tomando emprestados determinados vezos da linguagem oral, em que gestos, olhares, atitudes corporais muitas vezes complementam, suplementam ou até suprem a linguagem verbal, o romance de Sterne teve, talvez por isso mesmo, uma recepção ambivalente e contraditória na sua contemporaneidade imediata e mesmo na posteridade.

A oralidade da narrativa sterniana (que Virginia Woolf enalteceu e que o próprio Sterne dizia almejar[2]) traz em si toda a ambiguidade da conversação, em que muitas vezes um olhar, um sorriso, um franzir de sobrancelhas ou um silêncio inesperado podem ratificar ou contradizer o "texto". A comunicação escrita, exatamente por não dispor do apoio que a interlocução oral proporciona, teria necessariamente, para suprir essa falta, de visar à clareza. É isso, exatamente, o que o texto de Sterne não faz, como que se comprazendo na indeterminação. Essa indeterminação é uma das estratégias mais eficazes para cooptar o leitor a participar do livro, uma vez que, se não o fizer, sentir-se-á perdido. O leitor que o tomar ao pé da letra ficará perplexo, porque não há pé da letra possível num texto que começa já começado e termina antes de terminar; num texto em que aposiopeses repentinas exigem do leitor que ele atribua um (ou vários) sentido(s) àquilo sobre que cala o narrador; num texto em que as referências à enciclopédia do leitor são tão múltiplas e diversificadas que parecem supô-lo apto a jogar o jogo que lhe está sendo proposto. Não é de espantar que Sterne fosse um dos autores preferidos de Joyce, que nele percebia procedimentos que ele, Joyce, usaria nos romances com que mudou o curso da história do gênero, no início do século XX: da transubstanciação do passado literário aos malabarismos formais a serviço da quebra da linearidade — para ficarmos nos mais evidentes.

> A recepção da *Viagem*, dentro e fora da Inglaterra, como narrativa sentimental e até moralista, indica a disposição pré-romântica de um público exausto de racionalismo, farto da autocomplacência elegante e perversa da aristocracia decadente, ávido por ver estampados em livro os bons sentimentos burgueses. O público europeu médio das três últimas décadas do século XVIII, relativamente recém-formado, começava a se deliciar com as narrativas sentimentais à Richardson ou com as narrativas

"picantes" (e no entanto moralizantes) à Fielding — isso para nos atermos ao universo britânico — que contavam histórias com princípio, meio e fim. Era também, pela primeira vez na história da cultura ocidental, um público majoritariamente constituído de leitores privados, decodificando, na solidão de suas poltronas, os textos que lhes caíam nas mãos. Não quer isso dizer que não houvesse leitores contemporâneos capazes de fruir a excentricidade de um texto ambivalente e exigente de cooperação;[3] ou que nós, pela mera condição de pósteros, estejamos mais habilitados a prestar tal cooperação. Entretanto, não nos podemos abstrair do fato de que o lemos duzentos anos depois, com uma visão distanciada que nos permite captar (ou crer que captamos) a estratégia de um autor que nos constrói para construí-lo e com isso se regozija. Qual é essa estratégia, em que consiste a "bem entramada sintaxe" que nos fascina pouco a pouco, que faz com que a *Viagem* seja um livro que, nas palavras de Barthes, a princípio, só se consegue ler sobre a mesa, para depois ir-se tornando um livro que se lê prazerosamente na cama? A resposta, se não é única e definitiva, me parece passar necessariamente pela questão da cumplicidade que se estabelece com o leitor desde a primeira página, desde a primeira linha. Se não estiver disposto a tentar imaginar a que o texto se refere ao afirmar, abrupta e intempestivamente, "Tratam desses assuntos, disse eu, melhor na França"; se não se propuser decifrar o que Yorick pretende ao narrar, num fragmento, o que aconteceu na cidade de Abdera quando nela se encenou uma peça de Eurípides (da qual a posteridade só conhece fragmentos); se não se dispuser a tentar ver o que está escondido num texto cujo narrador é uma mistura de clérigo sentimental e bufão zombeteiro, uma mistura de *homme du monde* libertino do século XVIII e pastor anglicano cônscio de seus deveres de pregador de uma doutrina cristã rigorosa, ainda que "amaciada" pela benevolência dos latitudinários e pela simpatia de Hume; se não estiver preparado para ler, reler de modo diferente e tornar a ler achando ainda outro sentido antes oculto; se não for capaz de fruir exatamente essa "viagem", o leitor não será um leitor ideal, sua leitura não será uma "leitura recompensada", para usar a expressão de Jean Viviès. Para ele, uma leitura literária de *Uma viagem sentimental* o aborda como um texto polissêmico, não no sentido de que vários elementos podem ter este ou aquele sentido, mas no de que vários sentidos coexistem e dotam o texto de uma certa densidade. Em outras palavras, a interpretação de uma obra de arte tão sofisticada não exige que o leitor ou crítico selecione esta ou aquela linha de análise, mas uma consciência, de sua parte, da qualidade plural do texto. Por exemplo, as várias insinuações e ambiguidades não são bem-sucedidas por sugerir erotismo, mas porque sugerem ao mesmo tempo várias construções semânticas, inclusive erotismo, mas não necessariamente erotismo.[4]

Os exemplos de Viviès são dos capítulos "A tentação" e "O caso de delicadeza" e a respeito desse último o crítico se pergunta se o leitor efetivamente preenche as lacunas deixadas pelo texto ou se, ao contrário, "curte" as lacunas, "curte" o fato de haver lacunas a preencher. Essa é a capacidade do que Viviès chama de "leitura literária" e que me parece ser a única leitura possível de *Uma viagem sentimental*. O texto de Sterne estabelece com o leitor um pacto diferente do estabelecido pelas narrativas tradicionais e, em lugar da "suspensão da descrença" de que falaria Coleridge — no contexto romântico — há uma suspensão da construção permanente de sentido — construção que é exigência incontornável do romance de corte realista-naturalista. O leitor se delicia com o espectro possível de sentidos sem ter de escolher um sentido específico, o leitor se deleita na ambiguidade. Por isso Sterne foi um inovador, por isso questionou, problematizou os hábitos de leitura, por isso escreveu para leitores ideais contemporâneos e pósteros, entendendo que a suprema realização do narrador ao fim da *Viagem* não é nos ter transformado em *voyeurs* de suas aventuras amorosas, mas a de nos ter mostrado que, tal como ele, narrador, não somos entidades fechadas, com uma identidade estabelecida e fixa, mas seres em mutação, como o narrador, como sua narrativa, que começa no meio de um diálogo e acaba no meio de uma ação.

Não é muito diferente o que ocorre em *Memórias póstumas*, em cujo prólogo "Ao Leitor" o narrador confessa a filiação formal a Sterne. Parece determinado a nos persuadir de que tem os mesmos sestros estilísticos do autor de Tristram Shandy: o amor à digressão, a andadura irregular da narrativa, o "guinar à direita e à esquerda". Creio que a afinidade é mais do que meramente formal, intensificando-se na interlocução constante com o leitor, a meu ver muito mais, nos dois autores, do que simples cacoete do estilo.

Diz o narrador escrever seu livro para cinco leitores e, no entanto, declara querer agradar às duas colunas máximas da opinião contemporânea: os leitores frívolos e os graves. O possível público-alvo do romance brasileiro por volta de 1881 (quando as *Memórias* são publicadas em livro) é ainda um público "feminino", de expectativa romântica, muito semelhante ao público da novela de televisão nossa contemporânea. Esse convive com o público "grave", o dos romances realistas-naturalistas, cheios de delitos morais e de defesas de teses político-sociais, causas destinadas a despertar o interesse "masculino". (O que pode haver de clichê/estereótipo nesses dois adjetivos é intencional, porque de ambos Machado, que cria um narrador-protagonista como Brás Cubas, parece estar mofando.) Tanto uns — frívolos/público "feminino" — quanto outros — graves/público "masculino" — deixam escapar o que o livro tem de melhor, que é a pluralidade de sentidos.

Depois do arquicitado livro de Roberto Schwarz, *Um mestre na periferia do capitalismo* — Machado de Assis, estamos como que condicionados a ler o romance como uma crítica magistralmente conduzida da elite brasileira do Segundo Reinado, ambivalentemente fascinada pelo liberalismo burguês e enraizada na cultura escravocrata que lhe sustentava o ócio. Na visão de Schwarz, a construção de um narrador volúvel seria o golpe de mestre do autor Machado, que, através dele, destilaria sua lucidez em relação à sociedade de seu tempo. O que Schwarz pode nos levar a pensar, porém, é que só seremos bons leitores de *Memórias póstumas* se formos, nós também, leitores volúveis. E aí será forçoso ir além da leitura de Schwarz e ler o romance como algo além de uma reflexão sobre a (um reflexo da) sociedade brasileira. Teremos de admitir a dimensão existencial (a vida do indivíduo Brás como uma vida sem sentido e sem escolhas); a dimensão ontológica, a condição humana concebida como miséria — do narrador e do leitor, já que é "nossa"; a dimensão poética (como a viu José Paulo Paes[5]), de obra que se volta sobre si mesma e se discute enquanto processo; a dimensão metanarrativa, que problematiza a relação da arte com a realidade, que questiona o empreendimento mimético e põe a arte realista sob suspeita, fato para o qual esse romance chama a atenção do leitor desde o seu título, que é um acinte à verossimilhança.

O leitor com que o autor dessa narrativa firma o seu pacto não é o grave nem o frívolo, mas aquele que percebe o grave e o frívolo caindo nas armadilhas do narrador e frui, "autoralmente", a indefinição/indefinibilidade da obra, que, ao ser lançada, causou perplexidade entre *experts*, como Capistrano de Abreu, que chega a perguntar-se se trata ou não de um romance.[6] Volúvel, esse leitor arguto saberá discernir o gume do estilete com que o autor recorta a sociedade do seu tempo, mas saberá discernir também outras dimensões, outras significações que transcendem essa sociedade e esse tempo, para inserir a obra no não espaço e no não tempo das obras clássicas, que se deixam reinventar a cada leitura.

Em *Quincas Borba* não é diferente. Se não há aqui a agressão à verossimilhança do romance anterior, nem por isso o título é ingênuo: a ambivalência, que remete ao Quincas Borba-homem e ao Quincas Borba-cão, se torna ainda mais provocante quando o leitor se dá conta de que nenhum desses dois é a personagem central — que tem, no entanto, traços de um e de outro.

Habitualmente considerado o romance mais visivelmente realista de Machado, *Quincas Borba* faz com perícia um preciso retrato da sociedade carioca do segundo oitocentos, alargando, em relação ao universo de *Memórias póstumas*, o espectro social considerado: embora não chegue a haver uma presença significativa de classes populares (que seria a escolha dos naturalistas), não se trata mais do patriciado quase exclusivo do romance anterior, havendo aqui maior espaço para personagens correlatas de dona Plácida. O tratamento dessa sociedade, se pode ser lido como uma denúncia naturalista, a isso não se limita (ou não seria Machado), antes levando a que se considere, pelo menos, que a crueldade da sociedade ecoa a indiferença cósmica.

A questão da participação do leitor se complica um pouco, já que esse pensa se defrontar com uma narrativa de terceira pessoa. Logo, porém, percebe que, de fato, o narrador apenas não integra a galeria de personagens, porém é um eu explicitamente assumido, não só como narrador, mas como autor (perigosamente identificável ao autor empírico) do livro que o leitor tem em mãos.⁷ Assim, é o leitor convocado a participar, desde o início, quando o narrador o convida a entrar num *flashback* e viajar no espaço e no tempo, do Rio para Barbacena, do presente para o passado: "Deixemos Rubião na sala de Botafogo, batendo com as borlas do chambre nos joelhos e cuidando na bela Sofia. Vem comigo, leitor; vamos vê-lo, meses antes, à cabeceira do Quincas Borba" (capítulo III). Talvez a estratégia da voz anônima do "autor" seja aqui uma estratégia dramática, isto é, uma chamada ao leitor para que assista aos fatos como se eles se desenrolassem à sua frente, *in praesentia*.

Seria talvez interessante propor-se uma reflexão sobre a "oralidade" de *Quincas Borba*, que se constitui, inesperada e espantosamente próximo da *Viagem sentimental*, como uma grande conversa com o leitor. Conversa em que se discute a fatuidade do positivismo; em que se parodia a lei da sobrevivência do mais apto; em que se aponta para a solidão irremediável do homem que se perde na multidão impessoal da cidade; em que se incita o leitor a rir ou a chorar (é indiferente) diante da miséria humana, que aqui não aparece "narrada" na voz de um narrador volúvel, de quem aprendemos a desconfiar em *Memórias póstumas*, mas "mostrada" no ato demente de Rubião a coroar-se imperador de nada; em que se diz com clareza ao leitor que, como os de Rubião, ou como os dos dois Quincas Borba, o seu riso e a sua lágrima são nada diante da impassibilidade do Cruzeiro do Sul.

Desde Homero o projeto ficcional é um projeto de representação da realidade. Entretanto, a demonstrar que essa relação é, desde a origem, mais complexa do que fazem supor os best-sellers (e os maus roteiros de novelas televisivas) dirigidos a leitores (e espectadores) entorpecidos, já na *Odisseia* (Cantos VIII a XII) o narrador se desdobra e eis Ulisses, primeiro a ouvir e depois a narrar suas próprias aventuras aos feácios que o acolhem e anseiam por ouvir-lhe os relatos. Aí, nessa inserção magistral de um personagem como narrador de seus próprios feitos, que, em parte, são matéria ficcional de outra obra sua, Homero turvou para sempre a transparência da ficção em relação à realidade e instituiu a primeira relação intertextual do Ocidente. Desde a origem, nenhuma ficção de qualidade é inocente.

Numa espécie de resposta ao livro de Roberto Schwarz sobre as *Memórias póstumas* mencionado acima, Sergio Paulo Rouanet, no ensaio intitulado "Contribuição, salvo engano, para uma dialética da volubilidade", desenvolve o argumento de que a volubilidade narrativa de Brás Cubas não é, necessariamente, uma volubilidade "brasileira", da "periferia do capitalismo". Segundo ele, "a volubilidade literária não é a mimese de uma sociedade, e sim a mimese de um dispositivo estrutural, de uma forma histórica, a forma do deslocamento. E essa pode ser comum a sociedades que em tudo mais sejam diferentes".[8]

O que quero propor é que as narrativas de Machado, como as de Sterne, geram um leitor apto a perceber que a volubilidade literária não é, necessariamente, uma mimese. O leitor avisado aprende a ver nela uma denúncia da precariedade de qualquer tentativa de representação da realidade. Os narradores volúveis de Machado, como os de Sterne, são narradores criados por seus autores para despertarem nos leitores a consciência de que a representação do real é sempre fragmentária e parcial. Mas não seria isso, ainda e inexoravelmente, uma mimese?

Para escapar ao piparote de Brás Cubas e para corresponder à responsabilidade que lhe é outorgada por Tristram Shandy, o leitor de Machado e de Sterne se habilita à mais fecunda das interpretações de suas obras: aquela que lhe diz que interpretar é inesgotável. Aquela que se felicita por concluir-se em interrogação.

Notas

1. Este artigo foi originalmente publicado na revista *Tempo Brasileiro*, n. 133, 1998. p. 127-134. Fizeram-se, além da atualização ortográfica, pequenos ajustes que não lhe alteram em nada a estrutura e a proposta de leitura nele contida.
2. Cf. Virginia Woolf, "The *Sentimental Journey*", in: *Collected Essays*. p. 95-101. Cf. também Laurence Sterne, *Tristram Shandy*, II, ix: "A arte de escrever, quando devidamente exercida (como podeis estar certos de que é o meu caso) é apenas um outro nome para a conversação." Uso a tradução de José Paulo Paes, publicada em 1984 pela Editora Nova Fronteira.

3. Na correspondência de Sterne, editada por L.P. Curtis (*Letters of Laurence Sterne*. Oxford: Clarendon Press, 1935), existem cartas que revelam leitores argutos, dotados de enorme senso de humor, que demonstram total compreensão da ambiguidade dos textos do autor. Um deles, o médico norte-americano John Eustace, chega a mandar de presente a Sterne uma curiosa bengala "shandyana" — vale dizer, "excêntrica" — bifurcada na parte superior, como para ser usada por duas pessoas ao mesmo tempo, ou pelo mesmo usuário, com ambas as mãos.
4. (Tradução minha, p. 250). Cf. *"A Sentimental Journey, or Reading Rewarded"*, in: Bulletin de la Société d'Études Anglo-Américaines des XVIIe et XVIIIe Siècles, p. 243-253.
5. Cf. "A Armadilha de Narciso", in: *Gregos e baianos*.
6. Cf. "Prólogo da Terceira Edição", in: *Obra completa*, p. 512.
7. Cf. o capítulo XV, em que diz "Se me fizeste o favor de ler as *Memórias póstumas de Brás Cubas...*"
8. "Contribuição, salvo engano, para uma dialética da volubilidade", in: *Mal-estar na modernidade*, p. 335.

Referências

ABREU, Capistrano. "Prólogo da Terceira Edição". In: Assis, Machado, *Obra completa*. Rio de Janeiro: Aguilar, 1971, v. 1.

PAES, José Paulo. "A armadilha de Narciso". In: *Gregos e baianos*. São Paulo: Brasiliense, 1985.

ROUANET, Sergio Paulo. "Contribuição, salvo engano, para uma dialética da volubilidade". In: *Mal-estar na modernidade*. São Paulo: Companhia das Letras, 1993.

SCHWARZ, Roberto. *Um mestre na periferia do capitalismo — Machado de Assis*. São Paulo: Duas Cidades, 1990.

STERNE, Laurence. *A vida e as opiniões do Cavalheiro Tristram Shandy*. Tradução, introdução e notas de José Paulo Paes. Rio de Janeiro: Nova Fronteira. 1984.

_____. *Letters of Laurence Sterne*. Oxford: Clarendon Press, 1935.

VIVIÈS, Jean. "A Sentimental Journey, or Reading Rewarded". *Bulletin de la Société d'Études Anglo-Américaines des XVIIe et XVIIIe Siècles*, Lille, 1994, p. 243-253.

WOOLF, Virginia. "The *Sentimental Journey*". In: *Collected Essays*. Londres: Hogarth Press, 1980, v. 1.

O "Ensaio Teórico-Crítico-Experimental" de Roberto Corrêa dos Santos

Alberto Pucheu

ALBERTO PUCHEU é professor do Programa de Pós-Graduação em Letras (Ciência da Literatura), da UFRJ. Bolsista de produtividade do CNPq desde 2011 e, de 2007 a 2009, Jovem Cientista de Nosso Estado pela Faperj, doutorou-se em 1999 no Programa em que atua. Em 2010, publicou os livros *Giorgio Agamben: poesia, filosofia, crítica* (Rio de Janeiro, Azougue Editorial/Faperj, 2010), *Antonio Cicero por Alberto Pucheu* (Rio de Janeiro, EdUERJ, 2010 — Coleção Ciranda da Poesia, organizada por Ítalo Moriconi, Masé Lemos e Diana Klinger) e *O amante da literatura* (Rio de Janeiro, Oficina Raquel, 2010). Em 2008, organizou o livro *Nove abraços no inapreensível; filosofia e arte em Giorgio Agamben* (Rio de Janeiro: Azougue Editorial/Faperj, 2010). Em 2007, publicou seu primeiro livro de ensaios, *Pelo colorido, para além do cinzento; a literatura e seus entornos interventivos* (Rio de Janeiro, Azougue Editorial/Faperj, 2007), com o qual ganhou, no mesmo ano, o Prêmio Mário de Andrade de Ensaio Literário, concedido pela Fundação Biblioteca Nacional/Ministério da Educação. Em 2007, como poeta, teve sua poesia reunida no livro *A fronteira desguarnecida (poesia reunida 1993-2007)* (Rio de Janeiro, Azougue Editorial, 2007). Encontra-se no prelo o livro por ele organizado, *O "Carnaval Carioca (1923)", de Mário de Andrade*, a sair pela Azougue Editorial em parceria com a Faperj.

Dois livros abrem o que pode ser chamado de o terceiro momento da obra de Roberto Corrêa dos Santos: *O livro fúcsia de Clarice Lispector* e *Luiza Neto Jorge, códigos de movimento*. Momento poético-plástico-conceitual que demarca o que seu autor entende como uma literatura contemporânea por excelência, ou seja, o efeito, para ele principal, da dobra da escrita do agora ou do contemporâneo em o "ensaio teórico-crítico-experimental" ou o "ensaio-teoria-crítica-romance-poesia-conceito". Nesse "roçar de invenção e ensinamento", o que mais importa é criar uma "zona de rangência", uma indecidibilidade entre o ensaio e a ficção, uma inseparabilidade entre o ensaio e o poema, um desguarnecimento de fronteiras entre o ensaio, a ficção e o poema, entre o gesto e o conceito, entre o conceito e a imagem e o ritmo, entre a plasticidade e a escrita, entre o risco, o rabisco, o desenho, a foto, a fotocópia e a letra, para que, de dentro de uma escrita acadêmica ou teórica, com a provocação de uma necessidade da escrita a demandar novas sintaxes, novos ritmos, novos modos de estruturação do pensamento, possa-se "borrar uma tese universitária e propor uma semântica vital". Rangência de modos de escrita, rangência, ou seja, co-pertencimento do que antes parecia antagônico, igualmente, de tipos de saberes, filosófico, histórico, crítico, erótico, literário, fotográfico, cinematográfico, plástico e artístico de modo geral, psicanalítico, linguístico etc., sem sobredeterminação de um pelo outro, para que o desejo e a vitalidade, o pensar e o sentir em condições de conhecimento criador, ganhem uma sintaxe e uma semântica de vigores concentrados. Eis, para Roberto Corrêa dos Santos, a beleza, e o que ela requer para a escrita crítica e teórica, já poética e literária, que o leva, por exemplo, a chamar *O nascimento da tragédia*, de Nietzsche, de "ficção filosófica" e os diversos textos do filósofo de ensaios cuja escrita se deixa possuir pela força da poesia, denominando-o de "cantor", "músico"; ou a salientar a "necessidade da narrativa", única, para a obra científica de Freud, na qual aquela se mostra como "processo integrante da própria construção da teoria e do método psicanalíticos", inserindo neles essa "dramatização", ou esse "romanesco", que, mostrando a "conduta literária" de Freud, mistura arte e ciência na tradição dos romances policiais ingleses; aos dois, denomina de "artistas filósofos", que instigarão um futuro, no qual claramente se inclui, do mesmo modo que a Platão chama de "artista extremo".

A arte das rangências está, portanto, plenamente realizada nisso que ele chama de "ensaio teórico-crítico-experimental" ou "quase poema — poema expandido". Em uma teoria em versos recém-publicados sob o nome de "Novas sobras", o projeto maior buscado ao longo de sua obra ganha nome e explicação:

> quem-aqui-escreve supõe não ter emergido uma literatura contemporânea, tal como o termo *contemporâneo* tem sido visto segundo tantos saberes,
> entre eles os das artes plásticas;
> no âmbito da literatura, essa atitude venha ocorrendo somente talvez e de modo raro na ordem do ensaio teórico-crítico-experimental, quase poema — poema expandido;
> o *efeito* de obras esplêndidas de certos escritores realizadas lá antes — e com o poder contemporâneo semelhante ao do *efeito-duchamp* em arte — não se manifestou em escritas mais próximas;
> logo, em literatura, não se construiu um campo de forças — em sua diferença brutal — capaz de, em embate-encontro com a literatura moderna, trazer uma massa distinta de audácias de recurso e de pensamento expressas;
> isso, ainda, talvez, talvez.

Não se pretende aqui trabalhar a negativa, polêmica, de seu pensamento (o fato de não ter emergido uma literatura contemporânea), mas a porção afirmativa de sua frase, a compreensão do "ensaio teórico-crítico-experimental" ou do "quase poema — poema expandido" enquanto a emergência, mesmo que rara, do contemporâneo literário. Somando até agora uma obra com 20 livros, os que realizam plenamente tal demanda de escrita e de pensamento são: *O livro fúcsia de Clarice Lispector*; *Luiza Neto Jorge, códigos de movimento*; *Perdão, Caio (assinado e datado) carta-a-quem-escreva*; *Talvez Roland Barthes em teclas: anotações de teoria da arte*; *Primeiras convulsões: últimas notas sobre o Grande Vidro*; *Zeugma Livro dos rastros O que você sabe sobre a dor — sentenças impulso para a construção de obras artísticas contemporâneas*; *Tecnociências do poema: arte e transmitância*. Aqui, serão abordados os dois primeiros.

Abrindo a última e mais arrojada fase da escrita de Roberto Corrêa dos Santos, a que assume plenamente o poema do contemporâneo em sua dobra enquanto o "ensaio teórico-crítico-experimental", que se situa, instaurando-a, em uma "zona de rangência" capaz de ampliar os sentidos da crítica e levá-la para além das convenções pressupostas, absorvendo, inclusive, uma forte plasticidade na criação de vários livros-de-artista, *O livro fúcsia de Clarice Lispector* introduz um elemento plástico inovador a afetar diretamente o texto em seu aspecto visual, semiótico e semântico: a linha, o risco. Na linha seguinte ao fim de todo parágrafo, grafado em negro, o risco se coloca para, do começo ao fim do livro sempre com a exatidão da mesma extensão (duas linhas e mais ou menos um quarto de linha), propiciar o começo de um novo parágrafo logo após o risco menor. Ele não apenas vincula o parágrafo anterior ao posterior, como, sobretudo, pelo inesperado de sua utilização ampliando intervalos, os distancia, transformando os parágrafos em blocos fragmentários ou em blocos de "proposições livres" afastados uns dos outros. O risco ou a linha leva o leitor a se posicionar na tensão entre a coesão e o afastamento, entre a continuidade e a ruptura. Porque as "pausas são elementos dos raptos", o procedimento mencionado é certamente uma das muitas maneiras de que Roberto Corrêa dos Santos se utiliza para criar uma interrupção poética em sua prosa teórica, sequestrando algo do contemporâneo literário. Importante lembrar que, já em seu segundo livro, tais pausas, marcas de corte claramente estruturantes no poema e, para o autor, salientadas também na prosa, estão colocadas sob o conceito de "indicadores de *espaçamento*": a existência do parágrafo, da pontuação, das divisões em capítulos, das indicações numéricas e outros elementos faz com que "tal princípio [que] é evidente na lírica [seja] básico também à narrativização. O narrar implica partir, deslocar, justapor, retroceder, adiantar, interromper, antagonizar, confrontar".

Ainda que sem a intervenção do elemento plástico, é frequente sua escrita trazer em si a descontinuidade rítmica para quebrar o andamento do texto, como, por exemplo, logo no início de O *livro fúcsia*: "Que estejamos merecedores. Os potentes ares. (O céu está volumoso). Palavras de abertura." No lugar de o habitual "Que, já nas palavras de abertura, estejamos merecedores dos potentes ares [da escrita de Clarice Lispector]", o ponto, a quebra, o desencaixe, a arte da montagem vindo à tona na prosa experimental crítico-poética, dando uma intensidade maior a seus elementos isolados, que continuam soando com mais força. Sem se apagarem completamente, os predicados se tornam sujeitos de novas frases ou pedaços de frases, cheios de interrupções, permitindo ver que, tudo estando em ação, não há qualquer subserviência do que seria uma parte da oração à outra, principal, ou de um momento da frase a outro privilegiado. A quebra outorga uma importância igual à multiplicidade das frases e dos pedaços de frases isolados, equilibrados na suspensão causada pelos abismos das fortes pausas. Em sua superfície, a escrita existe em muitas camadas, que, espessas, permanecem vibrando equânime e harmonicamente. Logo após esse início, um novo corte: os parênteses, com outra informação (literal, do dia em que o Roberto está, ou metafórica, do texto mesmo de Clarice, ou, literal e metafórica, remetendo-se a um só tempo ao crítico e à ficcionista, apagando as distâncias entre eles?).

Através de uma artrologia, as palavras de abertura querem iniciar outras possibilidades de escrita, de pensamento. Elas requerem também a superfície dos riscos pretos, das linhas negras, que logo se oferece enquanto intervalar, enquanto o espaço livre que possibilita as (des)articulações. Mostra-se o começo:

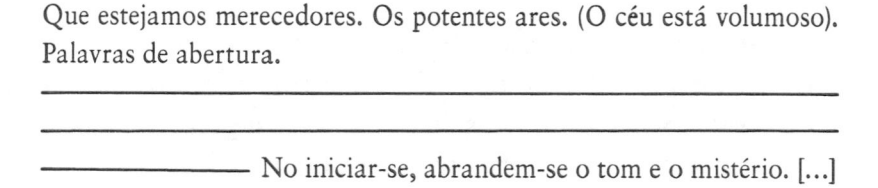

Que estejamos merecedores. Os potentes ares. (O céu está volumoso).
Palavras de abertura.

―――――――――――――――――――――――――――――――――――

――――――――― No iniciar-se, abrandem-se o tom e o mistério. [...]

Na evidenciação de sua grafia sem palavras, as linhas, além de servirem como elementos de descontinuidade, funcionam também como a explicitação de momentos não escritos de um caderno pautado, clareando tanto o caráter fragmentário, inconcluso e faltoso da escrita que se realiza quanto o convite para a participação do leitor no texto que, pelo branco silencioso deixado por sobre as linhas negras, ainda está para ser escrito. Se observadas com mais atenção, essas linhas negras que servem como pautas não estão dispostas abaixo do nível das palavras na expectativa de, enquanto um campo de possibilidades ou uma zona potencial, acolher as novas frases a serem escritas pelo leitor por sobre elas: como pode ser facilmente visto na terceira e sempre inconclusa linha, elas se direcionam em altura intermediária, exatamente no meio da verticalidade do texto por vir. Irrompendo das duas linhas anteriores sem qualquer palavra e do silêncio da margem esquerda, a terceira, diminuída, lembra a trajetória de uma flecha querendo atravessar o texto escrito vindouro, quase o invadindo, quase o tachando, quase o riscando. Sem hesitação, ela para, deixando a possibilidade em aberto. Não se trata de apagar o texto, mas de, escrevendo-o, trazer nele uma promessa de risco. Ao mesmo tempo em que é arriscado escrever um texto crítico, é preciso escrevê-lo, mas com a promessa de riscá-lo, para deixá-lo simultaneamente presente e ausente, para, na sua presença, instalar o sinal de sua possível ausência e, de sua ausência, deixá-lo ainda se presentificar, para, em sua legibilidade, instalar um sinal que indique sua ilegibilidade anunciada e, de sua ilegibilidade anunciada, permita ainda assim sua legibilidade, ainda que fragmentária, ainda que inconclusa, ainda que por se fazer. Com toda a sua variedade de sentidos que mantém a mobilidade, é preciso resistir "até dar-se ao maravilhoso risco". O risco, como uma das surpresas da escrita crítico-poética, ensaístico-experimental.

Por se relacionar com outro texto, no caso, o de Clarice, o texto crítico é duplo, dizendo respeito ao texto criticado e a si mesmo enquanto texto crítico. Sendo outro de si, ele também é si próprio enquanto um outro do outro. O outro como princípio contínuo de reversibilidade do texto crítico. Flagrar, ampliando-o, o intervalo tensivo dessas duas alteridades, desses dois outramentos, colocando-se nele, parece ser um dos atos instaurados nesse livro. No texto de Roberto Corrêa dos Santos, como se dá a relação entre o texto criticado e o texto crítico? É fácil perceber que, no caso estudado, o texto crítico parte de uma simpatia, de um posicionar-se apaixonada e admirativamente na ambiência do texto criticado, de uma diluição *a priori* das distâncias entre texto crítico e texto criticado. O que ainda não sabemos é como se realiza tal simpatia. Sobretudo porque nesse texto crítico nenhuma história dos contos e romances de Clarice nos é recontada (nas raras vezes em que se mostram, são por um "mínimo de cena", por uma cena mínima), nenhuma tentativa de representação do texto clariciano é esboçada, nenhuma citação de Clarice chega com ares de autoridade para impor respeito ao texto ou para que, submetida ao texto crítico, uma tese qualquer se confirme, nenhum esforço é feito para descrever o texto clariciano, nenhuma clarificação dos meios pelos quais suas histórias são construídas compareçam, nenhuma (quase nenhuma) de suas frases "límpidas, diretas, impactantes" — nenhuma (quase nenhuma) de suas "suaves frases bélicas" — vem para nos estarrecer, nenhum (quase nenhum) de seus vocábulos vem nos emprestar sua sabedoria, seus dramas, paixões e aventuras não vêm em nosso auxílio, seus desenhos não ilustram as novas páginas, seus jardins não comparecem aos nossos passeios de leitores, seus táxis não nos são úteis meios de locomoção pelo texto, não afagamos seus animais, nem mesmo os de palavras, não cozinhamos em seus fogões, não regamos suas plantas, não sabemos de suas matérias, imagens, sonhos, devaneios...

É dito ser preciso "resistir à vossa fulguração verbal", "escapar trancando a porta ao sair". Resistir a deixar a violência da materialidade do texto de Clarice adentrar o seu é o que realiza Roberto Corrêa dos Santos, levando suas escritas a se relacionarem, a princípio, a partir de dois foras.

Um é o fora do outro. Contrariamente ao habitual da crítica que se quer janela aberta para o texto estudado, a imagem da porta a ser trancada. Longe de se querer isomórfico projetando uma semelhança em relação ao texto abordado, o que o texto do crítico busca estabelecer no modo de se posicionar frente ao texto que o impulsionou é o asseguramento de uma heteromorfia que garanta, inclusive, uma inacessibilidade ao texto abordado como é nele mesmo, que garanta, inclusive, uma inapropriabilidade do texto abordado. Não apenas o texto crítico mantém sobre si a possibilidade do risco, mas também o texto criticado passa a requerer a possibilidade de ser tachado, assegurando seu não-dito. Manter o texto abordado em estado de liberdade em relação ao que o aborda é o mesmo que manter este em estado de liberdade frente àquele. A lucidez crítica anuncia: "Clarice, não rapidamente, impossível." Diante dessa impossibilidade de apreensão, em tudo, o texto crítico é diferente — quer-se diferente — da obra criticada, no caso, da de Clarice Lispector.

De dentro de tal intervalo e distanciamento, de dentro do fosso que se quer presente e ampliado, como, então, a simpatia? Se as sentenças de Clarice são estarrecedoras, se o mínimo vocábulo nos oferta sua mão sábia, se a beleza está sempre presente no nome, o vigor e a potência de sua obra exigem mais: exigem "que se segure não só a frase", exigem ultrapassar os parágrafos lidos, exigem que se perceba "a barbárie de sensos", exigem o saber de que, escritas ao modo de quem não sabe escrever, suas "palavras não são para a Memória". No lugar da "Memória", alcançar o "esquecimento do dito", os "livros com traças inerentes, desfazendo conceitos, imagens, sistemas". O que, provocando a simpatia, quer se deixar contagiar é o efeito da "exposição do processo de pensar", ou seja, a desproporcionalidade do texto de Clarice, aquilo que, mesmo que compremos o livro, nunca temos asseguradamente, ou, melhor dizendo, aquilo "que se compra para não se ter". Ler é habitar vividamente tal desproporcionalidade, residir na desconformidade existente na fenda entre a frase e o que a ultrapassa, entre o sentido e sua desfiguração monstruosa, entre o que se compra e o que, apesar de comprado, nunca se pode possuir: "O caos sempre perfeito. (Caos não é o distúrbio da ordem). (O caos como o (in)alcançável da forma).

Aproximam-se incomensuráveis fatias de sentidos. Portanto: forças, forças, forças."

A simpatia não busca aproximações de atos de escritas ou de escritas em suas atualizações. Ela requer o encontro de forças, a obra enquanto ato fragmentado alçando-se, descriativa e inoperantemente, para além de si, alçando-se para o "(in)alcançável" caos. Por essa exigência voraz, segurar as frases e a totalidade do que na obra foi atualizado apenas para saber a hora — agora, desde o princípio — de largá-las. Não à toa, o texto de Roberto Corrêa dos Santos começa com uma demanda, a de se estar merecedor não da obra em sua forma, mas do que na forma e pela forma sopra a ventania do informe. Deixar-se ser tocado e, mais do que tocado, envolvido, pela "energia" do ato da obra, até "À primeira palavra dita, *afunda*[r]-*se o pé*. Mais outra e afunda-se mais um pouco. Depois, já não se sabem as razões; está-se irremediavelmente submerso". Aforgar-se no texto de Clarice, submergir-se até o fim no fruto da portátil máquina de escrever Olympia, despojando-se, "até a pobreza — que dissestes ser afinal o amor". "Gritemos por socorro! Pouco adiantará: eis o livro (vermes e seivas)." Com o texto e o leitor despojados de suas individuações até a pobreza maior, até a perda maior, submersos nos "vermes e seivas" ou nos nascimentos e mortes da obra atualizada, entendidos estes enquanto o amor diante do qual qualquer ato é pobre, a única aprendizagem que um crítico como o em questão — hipnotizado, entorpecido e em êxtase — pode fazer: a de que "de alguns textos talvez nada se devesse dizer". E, mesmo assim, não adiantando pedir socorro, com "uma consciência discretamente não mais capaz de agir", afundado, afogado, submerso, hipnotizado e em êxtase nesse "nada dizer" — dizer. Para que, se a literatura é grandiosamente entendida enquanto "a longa história das potências condensadas", a crítica possa, de fato, estar igualmente à altura ou à fundura da literatura, preservando a dinâmica que a hospeda e a move no texto crítico, agora, também literário, poético. Falando desde o "túmulo" ou desde o "âmago convulso" ou desde o selvagem que faz brotar, como a literatura, a crítica é a distribuição e a ressonância do literário que contribui para a tatuagem da flor da potência no peito do leitor: "Vê-se em seu peito a flor" — conforme explicava seu sobrenome, *Lis-pector*.

Tendo de, em nome da potência linguageira da literatura, riscar os nomes de modo que eles se deixem legíveis e ilegíveis a um só tempo, de modo que os nomes se coloquem em sua perda como trampolins para o salto na linguagem, como chamar Clarice Lispector? — "Clarice (como chamar?)" — Como não deixar o nome estacionar em um nome próprio nem no próprio exclusivo de um nome? Como levar o patronímico a uma metamorfose que o faça beirar o inominável, mergulhando, se possível, nele, afogando-se, se possível, nele? Como privilegiar modos múltiplos de chamamento, mais próximos dos apelidos deslizantes para viabilizar a fraqueza de um nome? Como dizer "o não ter nome"? Como dar nome, riscando-o até a convulsão, tachando-o até o surto, ao "não ter nome"? São perguntas que demandam um esforço de procedimentos narrativos, ficcionais, inventivos no texto crítico em "zona de rangência". Dentro de um espectro mais esperado, o nome escrito "Clarice Lispector", logo no título, o nome "Clarice", continuamente repetido, o nome "Lispector" algumas vezes ao longo do livro, mas também, cada vez mais em direção a um anonimato atrelado ao exercício de escrever, "a Senhora", "a Dama", "a Senhora-de-Grandes-Segredos-e-Domínios", "a Anciã", "A-Mais-Secreta-das-Secretas", "A-Mais-Secreta", "A-Secreta", "A-Que-Escreve", "Aquela-Que-Escreve", "a Escritora". Algumas vezes, refere-se a esses múltiplos modos de tratamento, como esperado, na terceira pessoa do singular, outras, na pouco habitual entre nós segunda pessoa do plural.

Mas e quanto ao crítico? Há um nome próprio para o crítico? Há um momento em que o texto de Roberto Corrêa dos Santos se escreve no imperativo: "Abram-se as amplas janelas da casa de Santa Teresa." No parágrafo, tal abertura das janelas de uma casa qualquer se dá para que se acolha um trânsito múltiplo de escritas, afetos, estados, pessoas, palavras, pensamentos, vãos...: "Páginas repletas, espessas — imagens, sonhos e devaneios — mortes, propósitos, restauros. Vultos, tanta gente transita por essas linhas. Abram-se as amplas janelas da casa de Santa Teresa. Leva-nos a extrema brancura de alguns de vossos gestos. Ternura e violência. Quereis demais! Fecho-vos na face o livro. (eu, disseram: *eu*)." Ao fim do livro *Imaginação e traço*, há uma nota biográfica a partir da qual não é difícil admitir que, neste parágrafo de O *livro fúcsia*, a inserção da casa de Santa Teresa pode se referir a um elemento biográfico do crítico. Ao mesmo tempo, do "*eu*" biográfico do crítico aqui aparentemente presente, é dito "eu, disseram: *eu*", ou seja, o "*eu*" — do crítico — (em itálico) não diz a si mesmo, quem o diz é o impessoal presente no "disseram". Se, como se sabe, a indiferença pelo quem fala é um dos princípios éticos fundamentais da escrita contemporânea, assim como o "eu" de Clarice é ficcionalizado em múltiplos modos de chamamentos, o "*eu*" do crítico é dito desde um impessoal que assegura a também ficcionalização de si enquanto um personagem. Igualmente no crítico, desde uma inviabilidade de seu sujeito biográfico, é um impessoal que fala, ainda quando o impessoal traz para o texto elementos de uma vida pessoal, transformados então em elementos de uma vida de personagem. Dito de outra maneira, se um dos apelidos dados a Clarice é "Senhora", o crítico poderia se confundir com o professor do conto Os *desastres de Sofia*, do livro *Felicidade clandestina*. Em O *livro fúcsia de Clarice Lispector*, ele é tratado seguida e brevemente como "um senhor", "um homem": "Um senhor começa a transformar-se frente à tirânica mocinha", "Um homem, pois, sucumbe". Se Clarice é a "Senhora", o crítico, também professor, pode ser esse "senhor" que se transforma frente ao texto de Clarice fazendo-o transformar-se, o crítico, também professor, pode ser esse "senhor" que sucumbe (e submerge e se afoga) na potência da literatura, onde se perde para, desde sua perdição, desde a perdição também de Clarice, desde o "não ter nome" de um nem de outro, falar, escrever.

Se Clarice é a "Senhora" e se pudemos deduzir um "senhor" também para o crítico, tais chamamentos para o que não se tem nome é um modo de ficcionalização narrativa desse ensaísmo experimental que transforma o escritor abordado, o escritor que o aborda e o leitor que o(s) lê em personagens. No lugar de uma crítica epistemológica, dá-se lugar a uma crítica dramática, propícia à encenação: um eu biográfico se retira para que o escritor-crítico, o escritor-criticado e o leitor se tornem personagens de uma crítica performática instauradora de um acontecimento favorável à aparição repentina da potência enquanto potência. Mesmo com os "eus" biográficos imperceptíveis aos outros e restando inexprimíveis no livro, tornados personagens, eles estão abertos a jogarem suas vidas no jogo inesperado e indecidido da escrita. Tal procedimento se estende (e se radicaliza) no livro seguinte, *Luiza Neto Jorge, códigos de movimento*. Enquanto a poeta portuguesa aparece no texto como "senhora", "Senhora", "Senhora Dona", "Senhora Dona Luiza Neto Jorge", "Senhora Dona Luiza", "Luiza", "Dona Luiza Neto Jorge" e "Senhora-da-Letra", o crítico, ou melhor, o crítico enquanto personagem é autodenominado "também senhor". Por não ser de forma alguma gratuita, desde o começo do livro, a homonímia se estende a todo ciclo de quem participa criadoramente da literatura: enquanto na primeira página escrita comparece um imperativo ("Disponham-se"), na seguinte, a repetição e o acrescido — "Disponham-se Senhores/ por gentileza —", trazendo o leitor para o mesmo tratamento dado à poeta e ao crítico. Temos a tríade que envolve o campo da leitura: o(a)s três senhore(a)s: o(a) poeta, o(a) crítico, o(a) leitor(a).

Jorge Fernandes da Silveira, a quem o livro é dedicado e que futuramente organizará a primeira antologia da poeta portuguesa editada no Brasil com apresentação justamente de Roberto Corrêa dos Santos, em um texto intitulado "Aparelhando Luiza", no qual faz uma leitura de *Luiza Neto Jorge, códigos de movimento*, lembra que "chamar Luiza de Senhora Dona até a 'Luiza, tu sabes', no parágrafo final, é, declaradamente, uma intervenção crítica ao poema 'Exame' (*Quarta Dimensão, Poesia 61*), em que a formalidade dos que chamam senhora a menina começa a fraturar-se: 'Pode/ pode sentar-se senhora// Eu não sou senhora eu não sou menina'". Ainda que seja preciso lembrar mais uma vez que no livro anterior já havia a presença do termo "Senhora" para se referir à Clarice Lispector, não sendo, portanto, obrigatoriamente uma "intervenção crítica ao poema 'Exame'" quando o texto chama Luiza Neto Jorge pelo mesmo substantivo, e sim um desdobramento da própria obra crítica performática, não deixa de ser muito arguta a intervenção de Jorge Fernandes da Silveira, mesmo que não exclusiva, de tal observação. Sobretudo se levarmos em conta algumas peculiaridades de tal poema que oferece igualmente um diálogo entre um professor e uma aluna em uma sala de aula durante um exame.

No começo citado do poema, não apenas se fratura a formalidade lusitana de chamar uma menina de senhora; na medida em que, quando convidada pelo professor a se sentar, ela diz que, além de não ser senhora, não é tampouco menina, fratura-se igualmente a possibilidade do modo de chamamento da menina enquanto menina. A fratura — que se coloca destacadamente na página seguinte de texto ao convite para os leitores se disporem, com "o a seguir/ fractura-se" — é mais radical: nenhum pronome pessoal ou de tratamento — nenhum dizer que queira designar a identidade de alguma coisa — consegue fazer com que o nome se identifique com o nomeado: esta é a fratura maior da linguagem e, consequentemente, a do texto crítico em relação ao texto criticado. Se o texto crítico se refere a um outro, criticado, é desde uma fratura, desde um desconhecimento fundamental, desde uma cegueira essencial, desde um negativo que se impõe enquanto a impossibilidade de o texto criticado se identificar com o texto que o critica. A impossibilidade de comunicação do texto criticado no texto crítico faz com que o criticado, quando mencionado pelo crítico, pague o preço de sua própria existência. Por esse sacrifício ou por esse crime ou por essa perda ou por essa retirada de cena de um outro determinado, cuja expectativa, para alguns desavisados, talvez fosse de ele ser a referência primeira para um texto segundo, Roberto Corrêa dos Santos chama a escrita de Luiza de "esquizografia", realizando-a também ele, ou seja, descobrindo em sua grafia "os arrebatamentos dos estado em que não há um outro" ou, então, a contínua convocação de um outro por sobre um outro (Luiza Neto Jorge, Clarice Lispector, Artaud...), indefinidamente, de tal maneira que cada uma das alteridades se assumem vagas, cambiáveis, vazias. Diante do sacrifício do texto abordado, diante do crime a ele cometido, tem-se uma crítica que assume para si a crueldade, a crueldade de uma traição entendida, literária e criticamente, enquanto amor.

No poema citado de Luiza Neto Jorge, o negativo impera no modo de denominação da personagem, que se diz também "sem olhos sem ouvidos fala", "um balão vazio", e quando ela chama o professor de "senhor professor doutor" é a vez deste afirmar: "Eu não sou senhor professor doutor/ minha não-senhora minha não-menina." A senhora é, antes, uma não-senhora, a menina é, antes, uma não-menina, o senhor professor doutor é, antes, um não-senhor-professor-doutor. A identidade está cindida em nome da eclosão da diferença que se torna impositiva. Como as personagens do poema, as figuras da "Senhora" poeta, do "senhor" crítico e do "Senhor" leitor são, antes de mais nada, modos de determinar os participantes da ambiência literária de não-poeta, não-crítico, não-leitor, ou de ~~poeta, crítico, leitor~~. Nenhum dos papéis a serem desempenhados está pré-determinado naquilo que, identitário, é o esperado de cada um. Nenhum dos papéis é estanque nem se identifica com o que seria previsível (e mesmo imprevisível) de si mesmo. Construídos a partir de um vácuo que garante o não ser a tudo o que é fazendo aflorar o negativo, os agentes do ciclo que envolve a escrita estão dispostos de modo a permitirem a eclosão da diferença de si pela da literatura. Se logo de cara, tanto na primeira quanto na segunda página escrita, é demandado que os "Senhores" leitores se disponham para que possam receber os versos que querem se alojar no coração e no pensamento de quem os lê até, uma vez formado o "campo magnético" que finda as distâncias, arrastá-los consigo fazendo-os girar bem na ambiência da obra, é para que, de antemão, eles estejam predispostos à voltagem que o texto literário impõe ou, como escreve o "senhor" Roberto Corrêa dos Santos (o não-crítico ou ~~o crítico~~), é preciso "reconhecer por força — a urgência de uma arte impõe-se soberanamente". Como no livro anterior, o texto crítico estabelece uma distância em relação à forma do texto criticado para ser simpático à urgência de suas forças. Enquanto as imagens "escapam da caixa de papel, voam sobre a sala", tornando seu leitor habitante de tal meio que atua em seu humor, consciência, inconsciência, pensamento, sentidos e sentimentos, ~~o crítico~~ sabe que um turvamento torna as traduções de tais imagens inviáveis. Aqui, onde o saber crítico acolhe a ignorância e sua visão acolhe a cegueira trabalhando em nome de uma vidência imaginativa, é preciso, para não haver decepção, que a curiosidade inicial de quem porventura chegue a tais textos se transforme no vigor de uma necessidade que compreende que a escrita — já não importa se literária, crítica ou teórica — não é uma representação de qualquer realidade fora de si, mas que se implanta ela mesma no "mais e mais real".

Neste momento, na primeira página totalmente escrita do livro a partir da poeta portuguesa, outro procedimento que já se encontrava em O *livro fúcsia de Clarice Lispector* comparece — a linha, o risco. A linha (ou o risco) surge como maneira de reconhecer a força e a urgência da arte enquanto o deixar irromper o informe na forma ou, citando literalmente a passagem, como uma pedagogia que ensina "como escapar, transpassando o atual. _____ ". De novo, sempre, a busca poética e crítica pelo atravessamento do atual deixando-o escapar até despertencer-se de si de maneira propícia ao irromper arriscado da potência. De novo, sempre, a crítica entendida como, a partir de um gesto interventivo, a partir de uma prática instauradora, a necessidade de riscar o atualizado da obra de arte, esvaziando-o, em nome de resguardar o vazio por entre os porvires em constante movimento. Para deixar a pura abertura em sua diferença do atual irromper, em outro momento do livro, o mesmo procedimento do risco ou da linha "destina-se a deixar-nos livres aos sentidos diferentes dos imediatos, à brincadeira, aos processos. _____ ". Mais importante do que a instituição de um novo sentido é o posicionar-se no campo aberto da liberdade, onde, na anterioridade a todo e qualquer sentido, se brinca. Violentamente falando, assim como o da arte, o espaço da crítica é anterior a qualquer sentido, a qualquer forma, a qualquer obra.

Desorganizar, portanto, o que, a duras penas, conseguiu se organizar, levando a obra de novo à sua origem e, simultaneamente, ao seu destino, de modo a, em nome da pulsão artística, não deixar que a literatura assuma uma forma e um sentido estabelecidos que possam ser determinados enquanto o privilégio de uma convenção qualquer. Se a obra de arte organizada ilumina, a iluminação maior do agir artístico ou ~~crítico~~ provém do escuro ainda mais radiante da inoperância desorganizadora que nela existe. Tal força desconstrutiva ou descriativa que contorna a lucidez exclusiva do entendimento, minando-a, foi chamada por Roberto Corrêa dos Santos, em vários momentos de uma aula inaugural na UFBA, intitulada *O campo expandido da crítica*, de "contemporâneo", ou seja, isso que, ao invés de se ligar "à forma explícita dos marcadores do estar-coeso", vincula-se antes às cisões e incoesões. Se a postura dessa crítica contemporânea (ou, se se preferir, dessa não-crítica, dessa ~~crítica~~ entendida enquanto o poema contemporâneo por excelência) se utiliza das palavras e das linhas ou riscos em nome de, mergulhando no negativo em que qualquer sentido e qualquer forma dados ou imediatos são esfacelados no negativo, é para se posicionar, desde o abismo e das incongruências entre texto criticado e texto crítico, num campo de liberdade, desde o qual novas formas e sentidos diferenciados são gerados para encontrarem, mais uma vez, sua origem ou destinação.

Na ~~crítica~~ ou no poema contemporâneo em questão, diversos elementos plásticos são trazidos para estabelecer a "zona de rangência" mencionada desse "ensaio teórico-crítico-experimental" ou desse "ensaio-teoria-crítica-romance-poesia-conceito" capaz de levar a crítica ao que, no contexto das artes plásticas, foi chamado por Rosalind Krauss de "campo ampliado" ou "campo expandido". Na aula inaugural mencionada, Roberto Corrêa dos Santos, aproveitando-se da terminologia da crítica americana e se situando entre pares escolhidos como Barthes e Deleuze entre outros, explicita o seu fazer, sobretudo o principal dessa sua última fase, como a criação de "livros-de-artista" que, em busca do encontro de linhas entre afeto, pensamento e letra, realizam "a crítica em campo expandido": "crítica em campo expandido. Termo de Rosalind Krauss, provindo de Joseph Beuys, para designar certas obras que são a um só tempo desenho, pintura, escultura, arquitetura, escritura. Rasuram-se limites. Eis o que venho propondo em estudos sobre Teoria da Arte, em estudos e realizações de performances, em estudos e realizações de livros-de-artista. Neles: plasticidade, escrita, teoria, papel, tinta, linha, volume, vento, osso, carne".

Nesse sentido, *Luiza Neto Jorge, códigos de movimento* talvez seja o livro-de-artista (ou de teórico, ou de teórico-artista, ou de artista-teórico), que cria a crítica literária em campo expandido, mais extremo dentro do percurso de Roberto Corrêa dos Santos e da crítica literária brasileira como um todo. É ele mesmo quem, na aula inaugural em Salvador, afirma: "já não sabemos aquele livro o que é que é — não se falaria exatamente de crítica, no sentido restrito [...]. Mas, enfim, estamos nesse campo de uma crítica que se produz por realmente sujar; ao sujar, levar ao extremo esse sujo". A sujeira do livro, com a qual borra o objeto — perdido — por sobre o qual fala e com a qual fabrica uma conjunção tensiva entre palavra e imagem ou entre o discursivo e o visual (com a qual fabrica o próprio livro-de-artista de uma crítica em campo expandido), comparece nas páginas pares com a inscrição de diversos elementos plásticos, como linhas retas, linhas curvas, pontos, desenhos, fotografias, letras impressas de diversos corpos e tipos, frases impressas em múltiplos tamanhos ou escritas à mão, ora legíveis ora ilegíveis por entre a bagunça plástica e a diagramação nada linear da página, letras soltas dispersivas, rabiscos, riscos, colagens, fotocópias, borrões dos excessos de escurecimento da tinta da fotocopiadora, diversas espécies de usos de canetas e lápis, citações, indicações, setas, círculos, nomes, versos apreendidos de Luiza Neto Jorge, fragmentos, recortes, montagens, retratos de Luiza e de outros escritores, anotações, pedaço de calendário, gritos, farrapos, repetições, alguns XXX...

Nas páginas ímpares (assim como as pares, seguindo o formato do livro, para serem lidas horizontalmente e não como de hábito na vertical), o texto escrito pelo "senhor", com letras grandes, amplas margens, largos espaçamentos entre as linhas, a brancura da página chamando atenção em relação aos diversos tons de um cinza caótico eclodido das páginas pares em que sempre se encontram, dentre outras imagens e anotações, versos de Luiza Neto Jorge, se protegendo em geral minimamente em pequenas janelas brancas para não sucumbirem de todo no amontoado de grafismos e plasticidades. Na sujeira borrada das páginas pares, entre os muitos elementos, comparece, literalmente, a "Senhora", a "não-senhora", a "não-menina", a não-poeta, a~~ poeta~~; nas páginas ímpares, com suas anotações, o "senhor", o "não-senhor", o não-crítico, ~~o crítico~~. Onde comparece a~~ poeta~~, entretanto, já é ~~o crítico~~ a comparecer. Tal duplicidade que expõe o jogo de fotocópias (importante frisar que, na medida em que o texto crítico não quer representar um original que, perdido, nem comparece na leitura, há apenas cópias e não simulacros) retorna em "Adagiários", divididos em duas seções, "Adagiário I" e "Adagiário 2". Essas duas recolhas de versos de poemas esparsos, que buscam partir e repartir os poemas de Luiza Neto Jorge a partir da retirada e do deslocamento de trechos que redistribuem frases lhes dando novas ordens para "rebentar o mínimo de senso existente", diagramadas em duas colunas paralelas, compõem, desdobrando conceitualmente a partilha existente entre as páginas pares e ímpares do livro crítico de artista, na primeira coleção, o que é chamado de "o maravilhamento da branqueza (o verso, a tessitura, as claridades)" e, na segunda, o que é designado de "o estupor dos grafites (o anverso, o texto, as manchas)". Mostrar, também do verso, sua duplicidade, o anverso e o reverso, de modo que tudo no excesso ruidoso da forma leve à sua destruição.

No texto anteriormente mencionado, Jorge Fernandes da Silveira descreveu aspectos importantes do volume de forma bastante acurada: "É um objeto que mais parece uma apostila. Se, à primeira vista, o formato livro não lhe cabe, quer seja uma coisa ou outra, não deixa de ser um aparelho no qual se inscrevem caracteres sujeitos à descodificação, à leitura; pela forma em folha A4, espiralada, o livro-apostila parece igualmente um caderno, objeto de escrita; é, portanto, alguma coisa dúplice, quer no que diz respeito à forma, quer no que respeita ao conteúdo. É, em síntese, um suporte de leitura que foge ao modelo padrão, mais no que corresponderia à sua forma de reconhecimento cultural, a partir da modernidade, do que à sua práxis social de instrumento de conhecimento, no mundo contemporâneo. Há, diga-se assim, duas variações do objeto livro: o como se fosse apostila e o como se fosse caderno. Ambos, desdobramentos de um, 'configuram-se em aparelhos', como diz Roberto Corrêa dos Santos." Para tal aparelhagem do pensamento da escrita crítica em campo expandido, não há a fratura entre um original (o texto de que se fala) e uma cópia (o texto crítico a falar do suposto original). A fratura é de outra ordem: dá-se exatamente na impossibilidade de um original se sustentar, estabelecendo qualquer tipo de hierarquias: no lugar da leitura de um original, no lugar do livro da poesia completa da poeta portuguesa, sua fotocópia, a poesia completa da poeta portuguesa lida em cópias xerografadas. Sem a recusa do original, mas com ele perdido, ilegível, inacessível e inapreensível, e com o livro-apostila-caderno composto por fotocópias sem que se encontre um original para ele que é espiralado de modo a agrupar frouxamente as folhas, um jogo horizontal entre cópias a se desdobrarem em diferenças afetando-se mutuamente.

O paradigma de tal crítica artística nos é dado, ofertando-nos os códigos utilizados pelo "senhor" que, pelo desenho, pode fazer, através de um processo de descodificação, através de uma "esquizografia", um rosto ir alterando sua forma para se constituir em outro e outro, indefinidamente:

> [Viu-lhe as fotos na edição em Xerox de *Poesia* (1960-1989), organizada e belamente prefaciada pelo Senhor Fernando Cabral Martins]. Olhando-a na reprodução escurecida das fotocopiadoras, não resiste. A fotocópia gesta-se em imediato parentesco com o desenho a carvão; assim, dedica-se ele, também senhor, selecionando o lápis, a retocar-lhe os olhos, um pouco descidos (o que lhes dá uma tristeza campesina), aumentando-lhes o traço a certa altura; retirada a linha curva, fez, conforme uma das regras dos textos lidos (ser reto na expressão), rejuvenescer e iluminar-se todo o rosto, alongando ainda os lábios inferiores, grossos e concentrados, de modo a reduzir o desequilíbrio provindo da força que se enfraquece por deixar tombar (desconsiderando o conjunto), o peso em um sítio predominante. Cobre-lhe o homem as orelhas com o escuro cabelo, como se com o tempo pudesse ter crescido. Tudo fazer (qual um apaixonado retratista) para conciliarem-se alma e letra. Ao suavizar levemente o queixo e o nariz, quase então reconhece sob o desenho: Clarice (assim diz por consentimento pessoal). No entanto deixa de modificar a inegável, visível — embora súbita e assustadora presença de um homem outro, ali retido, mas prestes a assaltar-lhe a face de uma vez por todas: Artaud."

Com tal paradigma, a crítica, que tem a ver com o jogo de cópias da caverna e com o carvão do desenho, que acata a maquiagem ou o make-up, não resiste a uma intervenção transfiguradora que distorce e desconfigura o objeto por sobre o qual ela se aplica, mostrando-o enquanto nele mesmo perdido; ela desenha, retoca, aumenta, retira, alonga, cobre, suaviza, interfere, enfim, ativamente no outro texto, descobrindo, no antigo, novas redes de relações, outras possibilidades de encontros não antevistos, até chegar à composição de um novo texto, de uma nova "Senhora", de uma "Senhora" desconhecida de todos. Na crítica, a cosmética se estende à cirurgia plástica, propondo um novo rosto, voluntariamente adulterado, para o anteriormente visto.

Referências

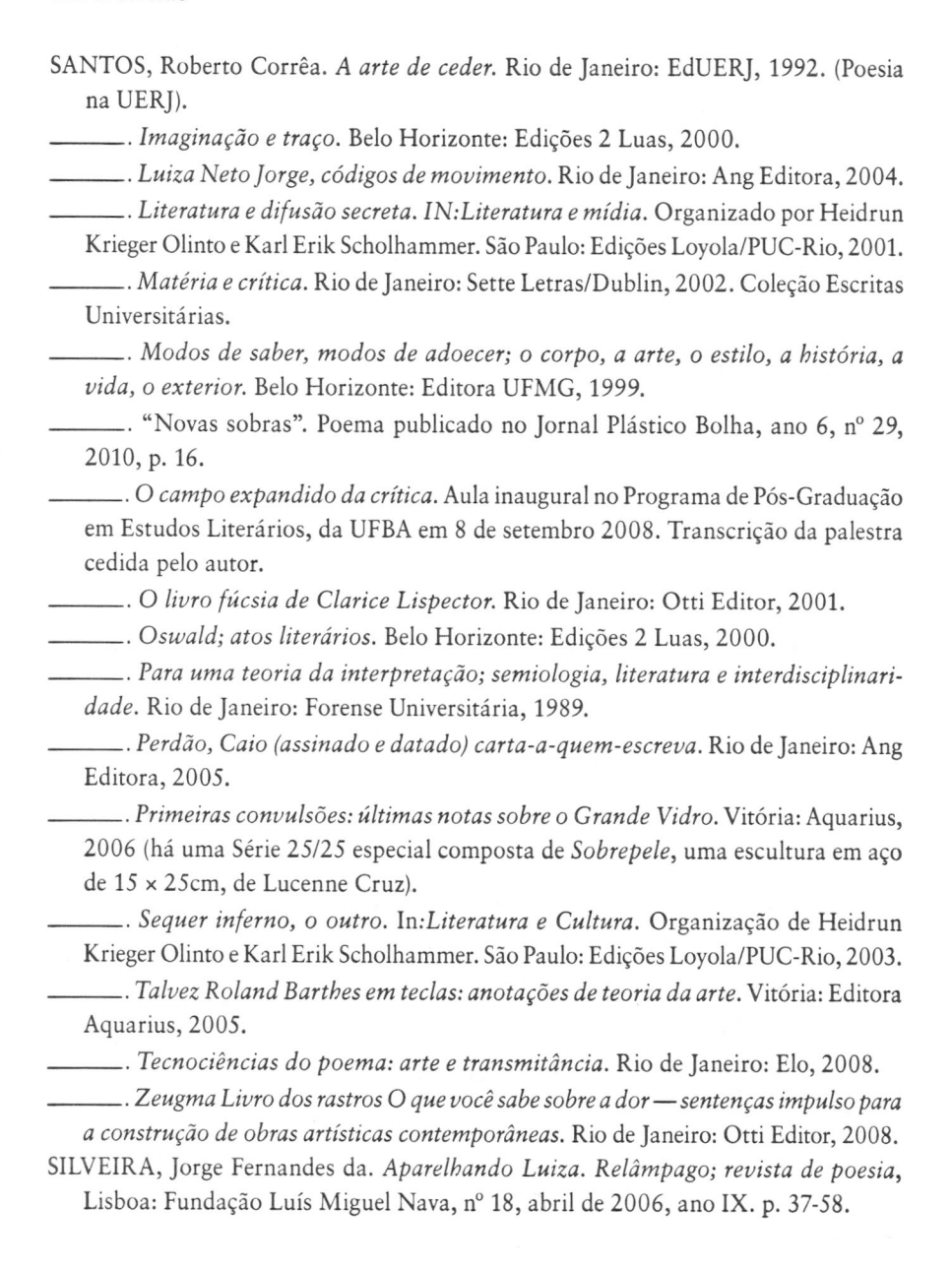

SANTOS, Roberto Corrêa. *A arte de ceder.* Rio de Janeiro: EdUERJ, 1992. (Poesia na UERJ).

_____. *Imaginação e traço.* Belo Horizonte: Edições 2 Luas, 2000.

_____. *Luiza Neto Jorge, códigos de movimento.* Rio de Janeiro: Ang Editora, 2004.

_____. *Literatura e difusão secreta. IN:Literatura e mídia.* Organizado por Heidrun Krieger Olinto e Karl Erik Scholhammer. São Paulo: Edições Loyola/PUC-Rio, 2001.

_____. *Matéria e crítica.* Rio de Janeiro: Sette Letras/Dublin, 2002. Coleção Escritas Universitárias.

_____. *Modos de saber, modos de adoecer; o corpo, a arte, o estilo, a história, a vida, o exterior.* Belo Horizonte: Editora UFMG, 1999.

_____. "Novas sobras". Poema publicado no Jornal Plástico Bolha, ano 6, nº 29, 2010, p. 16.

_____. *O campo expandido da crítica.* Aula inaugural no Programa de Pós-Graduação em Estudos Literários, da UFBA em 8 de setembro 2008. Transcrição da palestra cedida pelo autor.

_____. *O livro fúcsia de Clarice Lispector.* Rio de Janeiro: Otti Editor, 2001.

_____. *Oswald; atos literários.* Belo Horizonte: Edições 2 Luas, 2000.

_____. *Para uma teoria da interpretação; semiologia, literatura e interdisciplinaridade.* Rio de Janeiro: Forense Universitária, 1989.

_____. *Perdão, Caio (assinado e datado) carta-a-quem-escreva.* Rio de Janeiro: Ang Editora, 2005.

_____. *Primeiras convulsões: últimas notas sobre o Grande Vidro.* Vitória: Aquarius, 2006 (há uma Série 25/25 especial composta de *Sobrepele*, uma escultura em aço de 15 x 25cm, de Lucenne Cruz).

_____. *Sequer inferno, o outro. In:Literatura e Cultura.* Organização de Heidrun Krieger Olinto e Karl Erik Scholhammer. São Paulo: Edições Loyola/PUC-Rio, 2003.

_____. *Talvez Roland Barthes em teclas: anotações de teoria da arte.* Vitória: Editora Aquarius, 2005.

_____. *Tecnociências do poema: arte e transmitância.* Rio de Janeiro: Elo, 2008.

_____. *Zeugma Livro dos rastros O que você sabe sobre a dor — sentenças impulso para a construção de obras artísticas contemporâneas.* Rio de Janeiro: Otti Editor, 2008.

SILVEIRA, Jorge Fernandes da. *Aparelhando Luiza. Relâmpago; revista de poesia*, Lisboa: Fundação Luís Miguel Nava, nº 18, abril de 2006, ano IX. p. 37-58.

No enveredamento das sertanias
José Carlos Pinheiro Prioste

JOSÉ CARLOS PINHEIRO. PRIOSTE é professor adjunto de teoria da literatura da UERJ. Publicou recentemente o ensaio "Oswald de Andrade: um redescobridor do Brasil" no livro *Descobrindo o Brasil* (EDUERJ, 2011.) Sua linha de pesquisa é poesia virtual. Ensaio inédito.

O sertão está em toda parte.

O que é o sertão? Guimarães Rosa parece não querer responder a tal questão, nem sequer postulá-la. Então, instauremos tal interrogativa não para respondê-la com uma afirmativa, mas como uma vereda em que nortearemos nosso trilhar por um meio de apreender a proposição rosiana.

O sertão delimita-se a um dimensionamento geográfico? A complexidade do mundo reduzir-se-ia a uma dimensão regional? Caracterizar o sertão através de um *modus vivendi* a se tipificar externamente é ocultar o que se adensa em camadas palimpsésticas no enveredar de cada um. Esse espaço a que se denomina sertão não se confrange às cercanias de coordenadas mensuradas sistematicamente pela raciocinação catalográfica, mas sim a uma amplitude não dimensível do ser que engloba toda a parte. A precisão da nomenclatura taxonômica impõe limites onde tal rigor não impera. As cercanias em que vige o sertanejar não se divisam por marcos visíveis, pois ultrapassam o saber que não é sabor. Assim, a grafia da geo que o sertão supõe grassa onde o onde deixa de se evidenciar como marca para instaurar a perpetuidade de um nenhures mais do que a conformação a algures e alhures. Se o precisar das coordenadas espaciais administra o viável, as sertanias inviabilizam tal regulamentação frente ao imponderável que não se confrange ao estreito de um sendeiro. Se a viagem é um per/curso que trans/corre em um tempo e espaço, o viajor em estado permanente, enquanto instância de vivente, transfunde tais dimensões em condição de possibilidades de transcendência do permissível. Ou seja, a vivência na plenitude do ser não transige na determinação do determinável, do que é administrável, do que é compreensível. Mais do que isso: ser e sertão se complementam em permanente indissociabilidade. Dizer isso não significa asseverar a subsunção do ser ao estar sob uma condição determinada, mas sim que o determinismo do espaço não constringe o ser ao limitável, antes a ubiquidade de um estado se manifesta sob diversas condições, sendo, no entanto, a mesma.

Não é o sertão que molda o ser, mas esse que se apresenta como sertão em toda parte do TODO. Resumir a sertania ao aspecto reconhecível na imediação do experiencial, ou seja, ao sensorial, é tangenciar o senso comum, agrilhoar-se ao previsível. E é isso o que parece *Grande sertão: veredas* pôr em questão: a restrição do ser ao apreensível pelo imediato ou pela convenção da mediação. A cognição delineada pela retenção do comunal é apresentada através da voz de um narrador que se posiciona em confronto com tal perspectiva imobilizadora. O romance, ao recusar uma representação realista-figurativista de uma determinada região reconhecidamente marcada pelos traços do despovoamento, da secura e da vigência da tradição, postula uma presentação dessas caracterizações pela configuração interna nos personagens. Tanto o ermamento, a sequidão e o tradicionário configuram a paisagem constituinte de cada um. O ser e o sertão se conjuminam em uma indistinta simbiose entre o dentro e o fora, o sujeito e o objeto, o isto e o aquilo, o sempre e nunca, o tudo e o nada. Tudo se conforma em uma unidade dual indissociável da complementaridade dos opostos. Menos do que uma configuração espacial diferenciada da temporalidade, o que se apresenta em *Grande sertão* é a unidade espaciotemporal em conformidade do ser com o sertão. Esse, no entanto, não se subsume ao determinismo geográfico, mas se indetermina ao ser enquanto instância fundada na solitude. A parte que abrange a sertania não se restringe às fronteiras demarcadas pela objetividade, mas ao todo como parte de cada parte que conforma o sertão como um todo que é o mundo, ou seja, tudo aquilo que funda o ser em sua não dimensionalidade, mas na angústia diante do nada. Esse conforma com o tudo um nadatudo, um tudonada a assinalar o ser em sua instância de paradoxalidade que se funda na simultaneidade dos contrários em permanente conflito. O sertão sintetiza, amalgama as antíteses como um microcosmo a conter a diversidade e amplitude do macrocósmico. O sertão não é sertão na acepção habitual, mas destituído de suas contingências limitantes converge para uma concepção de mundo que se constitui no mínimo de cada parte que abarca em si o todo. Esse, assim como o sertão, não é uno de acordo com a ideia de unidade distinta do seu contrário, mas dual em uma unidade conjugante das oposições complementares. O sertão está em toda a parte porque em sua particularidade específica representa um aspecto da totalidade que conforma o modo de ser humano, daí sua universalidade além do regional, pois tudo o que se encontra nas sertanias é partícipe antes do homem do que de uma característica espacial.

Atentemos, no entanto, que Guimarães afirma que o sertão ESTÁ em toda parte, portanto menos do que uma assertiva sobre o ser vigora uma observação sobre o estar. A língua portuguesa permite tal distinção entre ser e estar. Mas o que tal distinção estabelece? A origem etimológica de estar, sto, as, stéti, státum, are, significa estar de pé, em posição vertical, firme, e configura uma condição não permanente, transitiva. A firmeza e a verticalidade fundam-se em uma solidez desamparada de apoio, amparada em si mesmo. No entanto, a impermanência de tal condição sustenta-se em uma complementaridade com seu oposto, a infixidez da mobilidade inerente à existência. Assim, o sertão conflui entre a fixidade do permanente e a impermanência da variabilidade, posto que se instaura a partir da condição humana, ou seja, mutável. Entretanto, a presença em toda a parte se institui pela dinâmica implícita a esta condicionalidade: ser uma constante variável a se complementar entre a estabilidade e a mutabilidade. Onde então o ser do sertão que está em toda parte? Ou seja: se o sertão ESTÁ, e não É, em toda parte, como entender o ser do sertão? Ao se caracterizar pela ubiquidade, desvincula-se do sertão o condicionante determinante, porém não a condição atinente ao humano que lhe dá contornos universalizadores. Por se constituir na dimensionalidade do humanizado é que o sertão se funda em uma amplitude muito mais abrangente do que a determinante pela espacialidade e pela temporalidade. Essas condicionam o existente, mas não a vividez do que é vivífico. Esse se indetermina, posto que se funda no permanecente, e, portanto, instaura constantemente a resistência ao agônico, no entanto vige simultaneamente a margeação ao perecimento a cada instante. Assim, o sertão se apresenta por toda parte na constância de um devir que é um morrer/nascer indefinito.

O estar — ao se fundar como uma condição em que vige a impermanência, ou seja, o que não fica até o fim, o que não se conserva como no seu início, mas que se transforma, se modifica e não se preserva em um estado imodificável — postula uma condicionalidade indissociável do transitório. O estar em toda parte, e não à parte, implica não se delimitar ao limitável, ao circunscrito, ao demarcável, posto que cada parte compõe o todo que forma o sertão. Esse, antes de uma condição espacial, conforma um território de uma vastidão não física, mas de latitudes e longitudes indemarcáveis. A amplitude das sertanias abrange o incomensurável do estar aqui e agora dissociado do condicionamento espaciotemporal.

Entretanto, sertão, queiramos ou não, especifica uma determinação geográfica e essa termina por se configurar por uma especificidade menos linguística do que linguageira. Porém, tal particularidade do linguajar não delimita o ser ao sertão. Mais do que o quedar em uma condição espacial a determinar uma concepção de mundo adstrita à conformidade da linguagem, o estar no sertão se indetermina ao regionalismo de um linguajar característico. O sertão rosiano se funda em uma polifonia multilíngue não afeita ao particularismo condicionante. O falar sertanejo rosiano não se ampara na mimésis reprodutiva de um registro localista, mas através de uma oralidade que é um compósito de línguas, apresenta-se, menos do que se representa, a linguagem em estado de constante brotamento, invenção e criação. Aí vige o sertão: em toda parte em que medra a linguagem, moradia do ser.

A representação mimética como fundamento da literatura ocidental, de acordo com os pressupostos aristotélicos, não vigora em *Grande sertão* se pressupomos um figurativismo a transpor para o código verbal os fenômenos observados. Tal aspecto encontra-se na obra rosiana, mas não em concórdia com uma teoria que postule uma figuração especular, e sim atinente à linguagem como suporte da arte, não mais como cópia.

O aspecto mimético do linguajar sertanejo é enganoso quanto à noção de um regionalismo documental, pois ao fundar a narrativa na oralidade, o narrador que relata o fabulário e o imaginário sertanejo ultrapassa tal medida pela própria linguagem. Essa é que caracteriza o humano e esse se apresenta em sua inteireza de acordo com as suas especificidades, sem, entretanto, limitar o ser ao contingencial. Mais do que uma expressão local, o linguajar do sertão problematiza o humano em sua universalidade. A atinência ao local em Guimarães não se respalda no fotográfico, mas na observação do específico do humano em seu registro contingencial, que, no entanto não se delimita a tal confinamento, pois a condição humana, tal qual o sertão, ultrapassa o geo/gráfico e envereda-se adentro do mais recôndito do homem. A linguagem, mais do que o linguajar, funda o ser humano independentemente do aspecto regionalista e, tal como o sertão, está em toda a parte. Embora cada língua configure uma visão de mundo, a linguagem não se atém ao gramatiquismo ou ainda ao dialetal, ou seja, à especificidade de um determinado falar circunscrito às coordenadas espaciotemporais, mas desborda o circunstancial, pois se nutre no que funda o humano em sua consistência mais profunda. É essa instância que Guimarães parece buscar transpor para a literatura: o linguageiro em sua constituição mais identificadora do homem. Portanto, a ubiquação da sertania subsume-se à propriedade da linguagem como universalidade não dimensível. Se humano, portanto fala, e se fala, logo pensa, e se pensa, por conseguinte, existe na e pela linguagem.

Entretanto, o sertanejo, em sua universalidade apresentada em um linguajar particular, não reverencia o raciocinar enquanto um rumo certificativo. Prefere, antes, o enveredamento na obscuridade de um duvidar que nunca se resolve. Tangencia as fronteiras do irrespondível com um indagar que afronta o bom senso e o conformativo. Diante do indesvendável, do indeslindável, ousa se nortear nos confins do mais ainda. A linguagem que o conforma presenta um modo de ser que se anuncia nos interstícios do sertão como redução do universo. Tudo *é* linguagem.

Entretanto, viver é perigoso. Eis a sertania por toda parte. O risco se apresenta como corisco, faísca, raio, catástrofe, desgraça. Presumíveis, possíveis, palpáveis. A aniilação potencial do vivencial coabita a ressurgência preeminente do que se esvai. Portanto, a confluência das margens se coordena em um fluxo simultâneo indivisível. A terceira margem *é* o rio. Como, então, balizar o vivível? Pelas teias da textura do que se voga como legível? No entanto, há que ser letrado no que não é soletrável... Muito mais do que a potencialidade do cognoscitivo, imprescindível para o imediatismo da sobrevivência, há que se impregnar do impremeditável. Aqui vigora a adversidade com que se há de se pelejar a cada vereda em que nos embrenhemos. Nas emboscadas de nós mesmos, no sertão em toda parte, a defrontação com a iminência do que é ameaçante resulta em nos encaramujarmos através de uma couraça impediente da descobertura das coisas. Essas, no entanto, se eclipsam sob a casca dos signos. Esses envolvem tudo sob o manto do dissimulo, que, por sua vez, aglutina o cognoscível ao visgo do prenunciado. Vislumbra-se apenas o controlável. A inquietude do que formiga no fervilhar do adventício perturba o senciente adestrado somente na ciência do precaucioso. Periclitar é vivenciar o sertão em sua indirigível fluididade. Para tanto, o temerário em tudo que HÁ se apresenta em imperecível desdobrar-se nas veredas que se bifurcam na incessância do ser.

Então, viver se resume, inclusivamente, ao perigar? Viver significa a agrura das atribulações na apertura das provações, das vicissitudes e dos contratempos? A desventura, a infortunidade, os óbices e o revés constituem o estar com vida. Se o sertão está em toda parte, viver é vivenciar o estado sertão como uma sinonímia da proximidade de poder morrer. Viver implica a todo momento uma condição de possibilidades múltiplas de deixar de estar vivo; portanto, a noção de perigo acompanha nossa sombra como o sol sobre nossas cabeças. O agro, o vivo à vista, não se desvanece e nem há lenitivo enquanto no enveredamento viger o viver. Vir a vigorar envolve um vigiar incansável. A pertinácia do subsistir se irmana com a argúcia e a sagacidade perante o precipício que se arma a cada amanhecer. Todo dia se tocaiam logramentos no compassar de um átimo na passagem entre o vigente e o desvanecido. O extinto, não mais na aviventação, o invacilante, não invalesce pois que cessou de ser pertencente à convivência. Daí a ausência de adversidades. Então, inviável a vida. Essa advém enquanto risco de desarar, a ocorrência de contingências a desandar o veículo, de haver retrocedência no compassado entre o viável e o inderrogável. Isto é o viver: poder estar em instâncias simultâneas que oscilam sob o pêndulo incessante a mover-se entre o ser e o não ser. Sem isso nada há, nem o ficcional, apenas nenhumamente a inânia da insignificância de nenhuma palavra sem eco no nada de uma página nunca legível.

O nonada: coisa não nata, o nulo, nenhum, ninguém e nenhures da inexistência. Ausência sem rima, rio sem água, sombra sem sol, istmo sem ultimação. O sertão por estar em toda parte se opõe ao nonada, pelo advento da significância de ninharias nidifica o acontecível, o auferível, o admissível, o compossível, o exprimível, o extinguível, o extrassensível, o factível, o falível, o futurível, o iludível, o impercebível, o implausível, o impreterível, o inauferível, o reflexível, o traduzível, o transmissível, o transponível e o vencível. No nada o tudo se acerca em uma avença sem cessação. A parte que abarca a sertania se consuma como complemento constituinte do nada que o persegue no encalço da permanência incessante no universo. O isso e o nada disso contendem em um consórcio indissociável através de uma escaramuça que se adensa na superfície em que tudo se dá: na sertania, em toda parte o nonada e o tudo se abraçam em um enlace infinitivo. Do exir ao exitar, do nadir ao nadível, a parte do Todo partilha por toda a parte um tudo-nada que se aniila e se anela no invertível do que se avessa e do reverso que se adversa.

A periculosidade ao vivente vige decorrente da insignificância do não NADA se manifestar concomitante ao TUDO através de uma ubiquação que se faz permanente pela sertania. E essa, como propusemos, se indetermina ao espacializado. Tal indeterminação termina por dilatar a ubiquidade do sertão à amplidão territorial, se assim podemos dizer, do ser. O estar, por sua vez, em toda parte significa, em contraste com a in/significância do nonada, o perigo que se apresenta a cada bifurcação das veredas. O enveredar se designa pela tomada de uma direção que inVIAbiliza todas as outras virtualidades e nisto reside o perigo: no de/cidir. A de/liberação de um re/solver postula um des/ligar, um des/lindar, um des/atar cujo ato de separação, de afastamento, configurado etimologicamente pela prefixação, relaciona-se a uma demarcação da qual a vontade se desenreda, para se enlear em outra, *ad infinitum*...

Assim, por cada parte do todo, o sertão, enquanto incondicionado que advém à condição do espaço, assim como do tempo, se apresenta ao viver como perigo que há na realização de uma de/cisão ao enveredar no vértice de uma bifurcação. A furca que se impõe ao caminhar solicita um de/finir, um de/terminar, um juízo por uma opção a arbitrar na angústia da estreiteza de um desfiladeiro a certidão de uma distinção. E essa sempre há de instituir uma separação que intenta estabelecer uma valoração a precisar uma primazia. Tal predileção pressupõe uma propensão motivada por uma intencionalidade cujo discernir estabelece não mais um desígnio, mas a irreversibilidade de uma asseveração.

Aí reside o perigo: na linguagem, moradia do humano que, tal como o sertão, está em toda parte. O perigar que advém do linguajar irrompe de sua condição volátil, pois cada palavra, ao conferir a cada coisa um nome, esse passa a representá-la por um estatuto certificativo, porém arbitrário e convencional. A coisa não é o nome que lhe instituímos, pois esse está aquém da coisa. Conhecer qualquer coisa implica aceitar tal pacto em que a convenção se sobrepõe à verdade em si das coisas. Conhecer significa ter de lidar com o universo das palavras. Além do cerceamento do conhecimento ao limite de qualquer designação, há que se evidenciar que qualquer designação tem sua significação instável, pois essa é modificável em seus deslocamentos espaciais e temporais. Aquilo que por ora se institui verbalmente como o nome indissociável de uma coisa, talvez um dia venha a se revestir de um sentido diverso do vigente. O terreno em que se sedimenta o conhecimento é movediço, pois se funda não em alicerces sólidos, mas em convenções instáveis e modificáveis.

O processo significativo não é terminativo, pois cada signo remete a uma imensidade de outros que, por sua vez, nos transportam para outra variedade infinda. Como, então, termos algum veredito ao enveredarmos adentro o reino das palavras com que traduzimos o vívido? Entre o dito e o sentido transcorre um rio que se repete apenas no aparente reconhecimento da camada flutuante dos significantes. A cada emissão do mesmo som, esse se acompanha de uma infinidade de possibilidades de arranjos a construir novas interpretações dependentes de inúmeros contextos. É o mesmo que se repete em diferença. O mesmo que nunca é o mesmo, no entanto, na diferença é sempre o mesmo...

Eis o perigo do sertão em toda parte. Dentro de nós a linguagem a nos habitar. Um vazio cheio a nos complementar com palavras que não são propriamente as coisas, mas que as representam como outras coisas que se disfarçam em espelhos, mas que são máscaras. Ver as coisas implica, antes, traduzi-las através da lente desfocada das palavras, que as transmutam em outras coisas. Assim, como vislumbrar a verdade se essa se esconde por detrás da rede dos signos que nos mostram não o que é, mas o que pensamos ver através da fresta entre a representação e a realidade?

O perigo reside nesse interregno entre o percebido e o dito, como um alçapão a nos interceptar a recepção real das coisas. Tudo se reveste de camadas palimpsésticas a se mover constantemente e a nos enovelar em um labiríntico enredar sem a pretensão de um veredito. No entanto, o enveredar na sertania das palavras, essa impermanência quanto ao sentido real de tudo, esse inconstante e precário residir em uma moradia cujas aparentes paredes se alicerçam em fundações cediças, não seriam constituintes indissociáveis da condição de ser humano? Ou seja, o fato de estarmos atrelados aos signos por toda parte não implica uma disposição a um arbítrio menos propenso a um juízo determinante da verdade e mais ainda a um enveredamento adentro, uma permanente hesitação entre o possível e o dubitável? A indisponibilidade do acesso à inteireza da verdade através das palavras não nos possibilita, entretanto, uma problematicidade maior diante da vida como um perigo constante a ser enfrentado pelo fato de esse embate se dar com as lentes das palavras? No entanto, a própria condição de um mundo sentido através da representação nos põe diante de uma contradição entre a imposição do acordo verbal firmado pelo percebido e o designado como fundamento básico de qualquer comunicação e o ato libertário de pensar sobre a determinação do valor aparente de verdade que qualquer simulação verbal se apresenta como transparente mecanismo de verificação das coisas. O perigo ao se utilizar as palavras assenta sobre a imperiosidade de ao se lidar com a ilusão da representação como revelação da verdade transmutar o ardil da adulteração do real em consciência da ilusão que ela simula e, assim, possibilitar o exercício da liberdade.

Não existe perigo maior do que esse.

No sertanejar da vida, as palavras são o elemento recorrível ao entendimento de quase tudo. Pois, além disso, há o mais além. E nesse vige a invalidade do visgo entre o dito e o percebido. Ou seja: um percebimento transcendente ao percebível no imediatismo das mediações. Nessas medram as veredas das ardilezas que nos conduzem aos desacertos entre o crismado pelo hábito linguajado e o inviso além do divisado na romaria do dia a dia. Desbordar o limitâneo que nos confrange nas franjas do dicionarizado impõe-se ao enveredamento no periculoso do vivido. O palavrório que enrola nossa língua nos adestra para o óbvio, não para o enfrentamento das fendas que se inauguram a cada instante no enveredar do vivencial, onde o inventável é a provança que ocorre entre o sabor e o saber. Na prova do ocorrente insurge-se o devir na terceira margem entre o espaçado do tempo e o tempolábil do espaço. Nesse entre-lugar da palavra entreluz o enovelado que se revela pelo avesso do avezado. Não para precisar o exatificado corrente na moedagem do moldável, mas para depreciar o valorizável e reabilitar o dispensado pela habituação. Aí reside o perigo: na linguagem. E se nessa o ser é o habitante primordial, não há como escamotear o contrato de risco entre o arbitral da palavra, conveniado pelo uso, e o incristalizável de cada coisa inapreensível pelo dizível. Enveredar na linguagem é um jogo com regras determinadas, mas com peças mutáveis. Jogo de dupla face: a corrente e a contracorrente. No correntio do trivializado desata-se o nó do acaso, pois se perfaz a imperiosidade da obediência ao contrato coletivo tramado como suporte ao entendimento mútuo. Aqui não se infringem as margens, como no contrafluxo do lícito, onde o imperativo transmuta-se em facultativo. O normativo do consensual torna-se condição de possibilidade de dúvida. Daí o perigo que ronda o movediço, de se enveredar no recesso da linguagem, que não é território de certezas permanentes, mas produtriz de incessantes indagações. O nonada de tudo que se aninha no perceptivo além do entendimento não se traduz em definitórias conclusões conceituais. Perpassa-se antes pelo aniquilamento dos certificativos anestesiantes da angústia diante do nada insignificante. Por isso a imperiosidade de atestações peremptórias anulatórias do vazio que se instaura quando advém a incerteza, pois senão sobrevém o silêncio. E esse se abate sobre as consciências que não ousam enveredar no além/aquém da linguagem. Reticencia-se o adverso para que o consensual se mantenha intacto ao verminar de um universo que se traduz em palavra, mas que se mantém incólume ao destrinçar do olhar adestrado pela estereotipia.

Crônica, um gênero brasileiro
José Castello

JOSÉ CASTELLO é escritor, ensaísta, crítico literário, jornalista, mestre em comunicação pela Universidade Federal do Rio de Janeiro (UFRJ), colunista do suplemento "Prosa & Verso" do jornal *O Globo*, colaborador do jornal *Valor Econômico* e do mensário *Rascunho*. Mantém o blog "A literatura na poltrona" no Globo On Line. Publicou, entre outras obras, *O poeta da paixão*, biografia de Vinicius de Moraes (Companhia das Letras, 1993), Prêmio Jabuti 1995 de Melhor Ensaio e Biografia; o romance *Ribamar* (Bertrand Brasil, 2010), Prêmio Jabuti de Melhor Romance 2011; o livro de ensaios *A literatura na poltrona* (Record, 2007) e *Clarice na cabeceira*, organização e apresentação (Rocco, 2011). Ensaio lido em palestra na Academia Brasileira de Letras, no "3º Ciclo de Conferências 110 Anos de Literatura Brasileira II", Rio de Janeiro, 2007.

Nas fronteiras longínquas da literatura, ali onde os gêneros se esfumam, as certezas vacilam e os cânones se esfarelam, resiste a crônica. Nem todos os escritores se arriscam a experimentá-la e os que o fazem se expõem, muitas vezes, a uma difusa desconfiança. Para os puristas, a crônica é um "gênero menor". Para outros, ainda mais desconfiados, não é literatura, é jornalismo — o que significa dizer simples registro documental. Alguns acreditam que ela seja um gênero de circunstância, datado — oportunista. Não é fácil praticar a crônica.

Definida pelo dicionário como "narração histórica, ou registro de fatos comuns", a crônica ocupa um espaço fronteiriço entre a grandeza da história e a leveza atribuída à vida cotidiana. Posição instável e nem um pouco cômoda, em que a segurança oferecida pelos gêneros literários já não funciona. Lugar para quem prefere se arriscar, em vez de repetir. A crônica confunde porque está onde não deveria estar: nos jornais, nas revistas e até na televisão — e nem sempre nos livros. Literatura ou jornalismo? Invenção ou uma simples (e literal) fotografia da existência? Coisa séria ou puro entretenimento?

Supõe-se, em geral, que os cronistas digam a verdade — seja o que se entenda por verdade. Não só porque crônicas são publicadas na imprensa, lugar dos fatos, das notícias e da matéria bruta, mas também porque elas costumam ser narradas na primeira pessoa e o Eu sempre evoca a ideia de confissão. E ainda porque vêm adornadas, com frequência, pela fotografia (verdadeira!) de seu autor.

Então, se o cronista diz que foi à padaria, ou que esteve em uma festa, aquilo deve, de fato, ter acontecido, o leitor se apressa a concluir. É uma suposição antiga, que vem dos tempos do Descobrimento, quando os cronistas foram aqueles que primeiro transformaram em palavras a visão do Novo Mundo. Cronistas eram, então, missivistas empenhados em dizer a verdade, retratistas do real.

Contudo, e esse é seu grande problema, mas também sua grande riqueza, a crônica é um gênero literário. Não é ficção, não é poesia, não é crítica, nem ensaio ou teoria — é crônica. As crônicas históricas do passado, relatos de viajantes e de aventureiros, pretendiam ser apenas um "relato de viagem". Aproximavam-se, assim, do inventário, do registro histórico, do retrato pessoal e, ainda, da correspondência. Essas narrativas estavam mais ligadas à história do que à literatura. Tinham, antes de tudo, um caráter utilitário, pragmático: serviam para transmitir aquilo que se vira.

No século XIX, com a sofisticação dos estudos históricos, e também com a expansão da imprensa, a crônica se afastou do registro factual e se aproximou da literatura e da invenção. Nossos primeiros grandes cronistas — Alencar, Machado, Bilac, João do Rio — foram, antes de tudo, grandes escritores. Eles descobriram na crônica o frescor do impreciso e o valor do transitório. E a praticaram com regularidade e empenho.

Mas foi ao longo do século XX que a crônica se firmou entre nós, assumindo posturas e feições realmente próprias. É no século XX que ela se torna — nas mãos de cronistas geniais como Rubem Braga, Paulo Mendes Campos, José Carlos Oliveira, Sérgio Porto, Rachel de Queiroz, Fernando Sabino, Henrique Pongetti — um gênero brasileiro. Ou, dizendo melhor: que ela se adapta e se expande no cenário da literatura brasileira.

Isso não fala, contudo, nem de uma identidade nem de um modelo. Ao contrário: o que marca a crônica brasileira é que, em nossa literatura, ela se torna um espaço de liberdade. Qual escritor brasileiro, no século XX, teve o espírito mais livre do que Rubem Braga? Quem mais, desprezando as normas e as pompas literárias, e com forte desapego aos cânones e aos gêneros, apostou tudo na crônica — vista como um gênero capaz de jogar de volta a literatura no mundo?

A grande novidade da crônica que se firmou ao longo do século XX no Brasil é exatamente esta: sua radical liberdade. Embora abrigada nos grandes jornais e depois reunida em livros, ela já não tem compromisso com mais nada: nem com a verdade dos fatos, que baliza o jornalismo, nem com império da imaginação, que define a literatura. A crônica traz de volta à cena literária o gratuito e o impulsivo. O cronista não precisa brilhar, não precisa se ultrapassar, não precisa surpreender ou chocar; ele deseja, apenas, a leveza da escrita.

Gênero anfíbio, a crônica concede ao escritor a mais atordoante das liberdades: a de recomeçar do zero. Quando escreve uma crônica, o escritor pode ser ligeiro, pode ser informal, pode dispensar a originalidade, desprezar a busca de uma marca pessoal — pode tudo. Na crônica, ainda mais do que na ficção, o escritor não tem compromissos com ninguém. Isso parece fácil, mas é frequentemente assustador.

Pode falar de si, relatar fatos que realmente viveu, fazer exercícios de memória, confessar-se, desabafar. Mas pode (e deve) também mentir, falsificar, imaginar, acrescentar, censurar, distorcer. A novidade não está nem no apego à verdade nem na escolha da imaginação: mas no fato de que o cronista manipula as duas coisas ao mesmo tempo — e sem explicar ao leitor, jamais, em qual das duas posições se encontra. O cronista é um agente duplo: trabalha, ao mesmo tempo, para os dois lados e nunca se pode dizer, com segurança, de que lado ele está.

Na verdade, ele não está em nenhuma das duas posições, nem na da verdade nem na da imaginação — mas está "entre" elas. Ocupa uma posição limítrofe — e é por isso que o cronista inspira, em geral, muitas suspeitas. Os jornalistas o veem como leviano, mentiroso, apressado, irresponsável. Os escritores acreditam que é preguiçoso, interesseiro, precipitado, imprudente, venal até. E o cronista tem de se ver, sempre, com essas duas restrições. Uns o tomam como uma ameaça à limpidez dos fatos e ao apego à verdade que norteiam, por princípio, o trabalho jornalístico. Outros, por seus compromissos com os fatos e com as miudezas do cotidiano, como um perigo para a liberdade e o assombro que definem a literatura.

E assim fica o cronista, um cigano, um nômade a transitar, com dificuldades, entre dois mundos, sem pertencer, de fato, a nenhum dos dois. Um errante, com um pé aqui, outro ali, um sujeito dividido. E o leitor, se tomar o que ele escreve ao pé da letra, também pode se encher de fúria. Como esse sujeito diz hoje uma coisa se ontem disse outra? Como se descreve de um jeito se ontem se descreveu de outro? Onde pensa que está? Quem pensa que é? Mas é justamente essa a vantagem do cronista: ele não se detém para pensar onde está ou no que é; ele se limita a sentir e a escrever.

O cronista conserva, desse modo, os estigmas negativos que cercam a figura do forasteiro — aquele que sempre desperta desconfiança e em quem não se deve, nunca, acreditar inteiramente. Vindo sabe-se lá de onde, inspira uma admiração nervosa — como admiramos os mascarados e os *clowns*, sempre com uma ponta de insegurança e um sorriso mal resolvido no rosto. Errante, ele nos leva a errar — em nossas avaliações, em nossas suposições. Uns o veem, por isso, como um trapaceiro; outros, mais espertos, aceitam aquilo que ele tem de melhor a oferecer: a imprecisão.

Censuramos aos cronistas de hoje sua falta de rigor, seu sentimentalismo, seu apego excessivo ao Eu, seu lirismo, sua falta de propósitos. O que faz um sujeito assim em nossos jornais? — pensam os jornalistas. O que ele faz em nossa literatura? — pensam os escritores. Rubem Braga relatou, certa vez, que seus amigos escritores lhe cobravam, sempre, um grande romance — grande romance que, enfim, nunca chegou a escrever. Braga tentava lhes dizer que o romance não lhe interessava, mas só a crônica. E os amigos tomavam essa resposta como uma manifestação de falsa modéstia ou, então, de preguiça. Nunca puderam, de fato, entender a grandeza de que Braga falava.

Numa conversa com Rubem Braga, republicada agora em *Entrevistas* (coletânea recém-lançada pela editora Rocco), Clarice Lispector lhe diz: "Você, para mim, é um poeta que teve pudor de escrever versos." E diz mais: "A crônica em você é poesia em prosa." Sempre a suspeita: de que, no fundo, o cronista é um tímido, alguém que se desviou do caminho verdadeiro, alguém que não foi capaz de chegar a ser quem é. Depois de lembrar a Clarice que já publicara alguns poemas, Braga, ele também, talvez por delicadeza, ou quem sabe seduzido pelos encantos da escritora, termina por ceder: "É muito mais fácil ir na cadência da prosa e quando acontece de ela dizer alguma coisa poética, tanto melhor."

Depois da explosão de gêneros promovida pelo modernismo do século XX, o cronista se torna — à sua revelia, a contragosto — uma figura exemplar. Transforma-se em um pioneiro que, entre escombros e imprecisões, e sempre pressionado pelo real, se põe a desbravar novas conexões entre a literatura e a vida — sem que nem a literatura nem a vida venham a ser traídos. Figura solitária, o cronista se torna, também, uma presença emblemática, a promover simultaneamente dois caminhos: o que leva da literatura ao real e o que, em direção contrária, conduz do real à literatura.

Há na literatura contemporânea um sentimento que se não chega a ser de impotência, até porque grandes livros continuam a ser escritos, é, pelo menos, de vazio. O modernismo esgarçou parâmetros, derrubou clichês, tirou do caminho um grande entulho de clichês, de formas gastas, de vícios de estilo. Depois de Kafka, Joyce, Proust, depois de Clarice e de Rosa, como continuar a ser um escritor? Como prosseguir em um caminho que, depois deles, se define pela fragmentação, pela dispersão, pelo vazio — exatamente como nosso conturbado mundo de hoje? O escritor já não pode mais conservar a antiga postura de Grande Senhor da escrita. Ele deixou de ser o Mestre da Palavra, para se converter, mais, em um aprendiz.

O escritor foi empurrado de volta a um ponto morto — ponto de recomeço, lugar fronteiriço que se assemelha, muito, ao ocupado pelos cronistas. Foi lançado, de volta, às perguntas básicas. Por que escrevo? O que é escrever? De que serve a literatura? Posição que, com as devidas ressalvas, podemos chamar de filosófica: pois parte das perguntas fundamentais, aquelas que, desde os gregos, definem a filosofia.

Eis a potência da crônica: sustentar-se como o lugar, por excelência, do absolutamente pessoal. Os líricos, como Vinicius, se misturam aos meditativos, como Carlinhos Oliveira, ou aos filosóficos, como Paulo Mendes Campos. Clarice praticava a crônica como um exercício de assombro; Rachel, como um instrumento para desvendar o mundo; Sabino, como um gênero de sensibilidade. Cada um fez, e faz, da crônica o que bem entendeu/entende. Nenhum cronista pode ser julgado: cada cronista está absolutamente sozinho.

Terreno da liberdade, a crônica é também o gênero da mestiçagem. Haverá algo mais indicativo do que é o Brasil? País de amplas e desordenadas fronteiras, grande complexo de raças, crenças e culturas, nós também, brasileiros, vacilamos todo o tempo entre o ser e o não ser. Somos um país que se desmente, que se contradiz e que se ultrapassa. Um país no qual é cada vez mais difícil responder à mais elementar das perguntas: "Quem sou eu?"

Gênero fluido, traiçoeiro, mestiço, a crônica torna-se, assim, o mais brasileiros dos gêneros. Um gênero sem gênero, para uma identidade que, a cada pedido de identificação, fornece uma resposta diferente. Grandeza da diversidade e da diferença que são, no fim das contas, a matéria-prima da literatura.

Poesia: escutas e escritas
Antonio Carlos Secchin

ANTONIO CARLOS SECCHIN é doutor em letras e professor titular de literatura brasileira da Universidade Federal do Rio de Janeiro (UFRJ), além de professor visitante de várias universidades estrangeiras — na França, em Portugal, na Itália, na Venezuela, no México. Ensaísta, poeta e ficcionista, autor de dez livros, entre os quais *João Cabral: a poesia do menos* (2ª ed. Topbooks, 1999) e *Todos os ventos* (poesia reunida, Nova Fronteira, 2002). Eleito em 2004 para a cadeira 19 da Academia Brasileira de Letras. Ensaio publicado originalmente em *Memórias de um leitor de poesia* (Rio de Janeiro, Topbooks, 2010).

Em antigo poema, referi-me a um *"operário do precário"*. Hoje percebo que, mesmo sem intenção expressa, acabei formulando nesse verso uma definição do ofício do poeta: um operário da linguagem, um experimentador de formas, cuja eficácia é posta à prova a cada verso ou estrofe que acaba de erguer. O alvo de sua palavra é instável e flutuante: abarca, a rigor, todos os meandros da experiência humana, em suas calmarias e convulsões, em sua sede inesgotável do ínfimo e do absoluto, na inestancável demanda de novos sentidos. Eis a sina do escritor: acertar não no que vê, mas no que intui.

Para duplicar apenas o que já está configurado, não seria necessária a arte. De algum modo, todo grande poema ritualiza a imemorial função de reordenar o mundo, não porque faltem nomes às coisas, mas talvez, ao contrário, porque existem nomes demais e ainda assim não nos bastam. O poeta desbasta essa abundância falaciosa de signos prolíficos, vazios — em busca de um núcleo ou do nervo de um real sufocado sob um turbilhão de palavras: folha prolixa, folharada, diria João Cabral, que existe exatamente para impedir que percebamos o que pode haver atrás delas — um lado além do outro lado, uma quarta margem, pois até a terceira já está muito sinalizada.

Tanto a repetição mecânica e anódina do discurso da tradição quanto o obsoleto receituário "desconstrutor" da vanguarda (diferente da necessidade, vital, da contínua reinvenção do verso) não dão conta da complexidade da poesia. Muitos manifestos de vanguarda são ferozes em seu furor censório, pois condenam à execração os que com eles não comungam. Por outro lado, não creio que, no século XXI, se possa ainda praticar o poema do século XIX. Quando minha poesia visita a tradição, o tom, com certa constância, não é de cega reverência, comporta um viés irônico. Mas constato que se encontram bem vivos vários poetas predecessores, tão vivos quanto mortos podem estar inúmeros contemporâneos. A força criadora não é fenômeno acima da história, não é um apanágio privativo de todos que hoje decretam nos jornais a invenção semanal da literatura. O conhecimento da tradição, nesse sentido, é um aparato contra a arrogância de nos supormos inaugurais, no mesmo passo em que nos conclama para um desafio: o de, herdeiros, rejeitarmos o peso dessa herança, reconhecendo que ela existe, mas que não podemos nos contentar com ela. Discordo de que o desconhecimento do processo histórico da poesia possa constituir-se em álibi ou benefício para o que quer que seja em matéria de criação. Mas isso não implica afastar-me de meu tempo. Não é possível ficar imune aos signos da globalização da cultura. O simulacro, o virtual, o desterritorializado são manifestações tão ostensivas quanto o foram os saraus e os lampiões no século XIX. Num e noutro caso, não houve impedimento para que se produzisse boa e má literatura. Frente ao nível do que hoje se produz, descarto o apocalipse, mas não engrosso o coro dos contentes.

A poesia é o lugar onde tudo pode ser dito. Mas não vale o escrito, se ele não se submeter ao imperativo da forma. Quando o texto eclode como necessidade incontida de expressão, ele nasce, como escrevi em "Biografia", "sem mão ou mãe que o sustente". Tal força indomável, que possui valor de verdade para o sujeito que a sofre, desconhece as boas maneiras e a conveniência. A poesia é uma hóspede invisível: só percebemos que visitou, num frêmito, o corpo do texto quando já foi embora; o vestígio de sua passagem é o poema. O poema é o rastro possível da poesia que andou por lá.

A poesia não tem um rosto. A face pressupõe identidade e reconhecimento. Todavia, como disse Ferreira Gullar em "Traduzir-se", o poeta é (também) estranheza e solidão. Estranheza frente à linguagem cristalizada que subestima a irrupção da potência clandestina do cotidiano. Solidão, porque poesia é um baixo-falante, que capta e filtra os ruídos do mundo através da escala microscópica da sensibilidade de cada um.

O poeta é uma ilha cercada de poesia alheia por todos os lados: insulado em si, no seu compromisso radical de criar uma palavra tanto quanto possível própria, mas abastecida pelo manancial que flui dos mais diversos mares discursivos. Num poema, anotei que a escrita "é uma escuta feita voz". Tudo alimenta o poeta: o crítico, o ficcionista, um certo azul nas manhãs de junho, o sobressalto amoroso, a procissão das formigas. Tudo são variações de espanto e de resposta em busca de linguagem, de uma formulação irrepetível que resgate da morte a fulguração da beleza.

O desafio do escritor consiste em inscrever a voz frente à tentação paralisadora e confortável da homogeneização discursiva. Em meio a seus pares, o poeta tem o dever de ser ímpar. Mas conseguir demarcar diferença ainda não resolve o problema, pois existe o risco de o artista tornar-se o repetidor da própria voz, numa prática exaurida que transforma em clausura o que antes fora libertação. O poeta deve, portanto, se precaver contra as jubilosas certezas que comece a erguer a propósito de si próprio. Ele é mais frágil do que seu texto, pois o poema sabe o que o poeta ignora.

No território da crítica, fui um estudioso contumaz de João Cabral. Creio, porém, que minha poesia é bem diversa da dele. Estudei os seus textos para aprender como ele faz, magistralmente, a literatura que eu não quero fazer. Um grande poeta não costuma deixar herdeiros, e sim imitadores. Abre mil portas, mas deixa todas trancadas quando vai embora...

Por isso tento ser fiel a uma poética do desreconhecimento, em que, a haver um fio condutor no que escrevo, ele não se localize nem na influência tutelar de um guia nem na recorrência de temas, ou tampouco na reiteração do estilo. De minha parte, entendo o criador como um solitário profissional. Dois poetas juntos já formam um complô; três, academia.

O interesse pela palavra em todos os seus desdobramentos — ficcionais, poéticos, ensaísticos — me acompanhou desde muito cedo. Mas é provável que muitos aqui nunca tenham ouvido falar de minha experiência poética, limitada a poucos volumes de ínfima circulação. Na década de 1990, atuei bastante na crítica e em geral vigora um preconceito ou uma desconfiança contra o crítico que, repentinamente, se arvora "a ser poeta". Minha primeira coletânea de versos tinha 69 páginas, a segunda, 44, a terceira, 8. Quem sabe eu não estaria caminhando para a perfeição do nada absoluto, para alívio dos leitores...? A consolidação da carreira no magistério e os frequentes convites para a elaboração de artigos e de ensaios acabaram restringindo as manifestações do poeta.

A título meramente ilustrativo, sem juízo de valor ou aprofundamento crítico, resumo a seguir essa trajetória poética, em ordem cronológica. O primeiro livro, *Ária de estação*, de 1973, minha "lira dos 20 anos", corresponde a um período de descoberta e encanto diante do universo da poesia e das múltiplas ressonâncias que esse universo me provocou. Daí conviverem tantos estilos, tantas leituras reprocessadas, do medievalismo à poesia concreta, do discurso social ao lirismo de fatura elíptica. Dois exemplos:

"Cantiga"

Senhora, é doença tão sem cura
Meu querer de vossos olhos tão distantes,
Que digo: é maior a desventura
Ver os olhos sem os ver amantes.
Senhora, é doença tão largada
Meu querer de vossa boca tão serena,
Que até mesmo a cor da madrugada
É vermelha de chorar a minha pena.

*

"Cartilha"

Me aprendo em teu silêncio
Feliz como um portão azul.

Dos vários caminhos sinalizados em *Ária de estação*, um deles se impôs quase absoluto no livro seguinte, de 1983, *Elementos*. É minha obra mais ambiciosa e arquitetada. Representa a opção por uma linguagem densamente metafórica, não raro hermética, com uma exacerbação metalinguística centrada na insuficiência da palavra frente a um real que sempre escapa. Leio, da seção "Fogo":

> *Toda linguagem*
> *É vertigem,*
> *Farsa, verso fingido*
> *No desígnio do signo*
> *Que me cria, ao criá-lo.*
> *O que faço, o que desmonto,*
> *São imagens corroídas,*
> *Ruínas de linguagem,*
> *Vozes avaras e mentidas.*
> *O que eu calo e o que não digo*
> *Atropelam meu percurso.*
> *Respiro o espaço*
> *Fraturado pela fala,*
> *E me deponho, inverso,*
> *No subsolo do discurso.*

e, da seção "Terra":

> *Não, não era ainda a era da passagem*
> *Do nada ao nada, e do nada ao seu restante.*
> *Viver era tanger o instante, era linguagem*
> *De se inventar o visível, e era bastante.*
> *Falar é tatear o nome do que se afasta.*
> *Além da terra, há só o sonho de perdê-la.*
> *Além do céu, o mesmo céu, que se alastra*
> *Num arquipélago de escuro e de estrela.*

Em 1988, uma plaquete com apenas oito poemas parecia sinalizar o fim de minha experiência poética. Refiro-me a *Diga-se de passagem* (passagem para o silêncio?), que abandonou a opulência metafórica de *Elementos* em prol da inserção do humor e de uma atenção especial para com a comunicabilidade do texto. É o que se percebe em "Biografia":

> *O poema vai nascendo*
> *Num passo que desafia:*
> *Numa hora eu já o levo,*
> *Outra vez ele me guia.*
> *O poema vai nascendo,*
> *Mas seu corpo é prematuro,*
> *Letra lenta que incendeia*
> *Com a carícia de um murro.*
> *O poema vai nascendo*
> *Sem mão ou mãe que o sustente,*
> *E perverso me contradiz*
> *Insuportavelmente.*
> *Jorro que engole e segura*
> *O pedaço duro do grito,*
> *O poema vai nascendo,*
> *Pombo de pluma e granito.*

E em "Remorso":

> *A poesia está morta.*
> *Discretamente,*
> *A de Oliveira volta ao local do crime.*

A década de 1990 correspondeu a uma travessia do deserto, em termos de produção em verso. Consolava-me a lição de João Cabral: "Cultivar o deserto/como um pomar às avessas." O meu pomar poético, tentei cultivá-lo no âmago da linguagem ensaística, como se, impossibilitada do poema, do qual eu supostamente me despedira em *Diga-se de passagem*, a poesia procurasse outro veículo de expressão. Na medida do possível, tentei injetar no discurso crítico algo da dimensão mais criativa da linguagem da poesia. Alguns exemplos pinçados de ensaios escritos no decorrer da década de 1990 compuseram, em uma obra de 2002, a seção "Aforismos". Entre outros:

A poesia representa a fulguração da desordem, o mau caminho do bom senso, o sangramento inestancável da linguagem, não prometendo nada além de rituais para deus nenhum.

*

A possibilidade de negociar com as palavras as frestas de perturbação e mudança de que elas e nós necessitamos para continuar vivos: a isso dá-se o nome de estilo.

*

Nossa liberdade passa não apenas pelas palavras em que nos reconhecemos, mas, sobretudo, pelas palavras com as quais aprendemos a nos transformar.

*

Há coisas que *O rio* de Cabral nem sabe se viu, mas de que se fez testemunha *"por ouvir contar"*; e o pior cego é o que não quer ouvir.

*

Drummond carrega indelevelmente o peso e a frustração de seus mortos, pois herança não é apenas aquilo que recebemos, mas aquilo de que não conseguimos nos livrar.

*

A poesia de Cabral nunca desistiu de ser também a poesia do João.

*

Onde, porém, é hoje aceita a moeda do poeta? Uma resposta seria: no material barato da vida, nas grandes liquidações existenciais, nas pontas de estoque afetivo.

*

Como quase diz o ditado, promessas são dúvidas.

*

A poesia é diáfana, o poema é carnal.

*

Pouco importa que o velho poeta já houvesse publicado o melhor de sua obra: frente à poesia, toda morte é prematura.

*

Discurso consequente é o que consegue criar um avesso não simétrico. Então, o contrário de alto passa a ser amarelo e o sinônimo de escada passa a ser helicóptero.

*

O antinormativo é o imprevisível com hora marcada.

*

Negar o grandioso é insuficiente para impedir seu enviesado retorno através da monumentalização do mínimo.

*

Se eu já soubesse o que o poema diria, não precisaria escrevê-lo. Escrevo para desaprender o que eu achava que sabia sobre aquilo que me vai sendo ensinado enquanto escrevo.

Até que, movido por um desses imprevistos que, às vezes, fazem desmoronar a rotina morna do cotidiano, o poema retornou a mim, por volta do ano 2000, com o livro *Todos os ventos*, publicado em 2002, que dialoga, pretensamente em nível mais elaborado, com a multiplicidade de linguagens já estampada em *Ária de estação*.

Todos os ventos é dividido em quatro seções: "Artes" (não só a arte literária); "Dez sonetos da circunstância" (dez maneiras de morrer ou não morrer); "Variações para um corpo" (as artimanhas do jogo amoroso); e "Primeiras pessoas" (algumas variações dos "eus" que de vez em quando encarnamos, porque se nenhum poema retrata o autor, nenhum o desmente). Como conta "Autoria",

> *Por mais que se escoem*
> *Coisas para a lata do lixo,*
> *Clips, câimbras, suores,*
> *Restos do dia prolixo,*
> *Por mais que a mesa imponha*
> *O frio irrevogável do aço,*
> *Combatendo o que em mim contenha*
> *A linha flexível de um abraço,*
> *Sei que um murmúrio clandestino*
> *Circula entre o rio de meus ossos:*
> *Janelas para um mar-abrigo*
> *De marasmos e destroços.*
> *Na linha anônima do verso,*
> *Aposto no oposto de meu sim,*
> *Apago o nome e a memória*
> *Num Antônio antônimo de mim.*

De "Artes", cito "Colóquio", que satiriza o fundamentalismo das seitas poéticas.

> *Em certo lugar do país*
> *Se reúne a Academia do Poeta Infeliz.*
> *Severos juízes da lira alheia,*
> *Sabem falar vazio de boca cheia.*
> *Este não vale. A obra não fica.*
> *Faz soneto, e metrifica.*
> *E esse aqui, o que pretende?*
> *Faz poesia, e o leitor entende!*

Aquele jamais atingirá o paraíso.
Seu verso contém a blasfêmia e o riso.
Mais de três linhas é grave heresia,
Pois há de ser breve a tal poesia.
E o poema, casto e complexo,
Não deve exibir cenas de nexo.

Em coro a turma toda rosna
Contra a mistura de poesia e prosa.
Cachaça e chalaça, onde se viu?
Poesia é matéria de fino esmeril.
Poesia é coisa pura.
Com prosa ela emperra e não dura.
É como pimenta em doce de castanha.
Agride a vista e queima a entranha.

E em meio a gritos de gênio e de bis
Cai no sono e do trono o Poeta Infeliz.

E "*Aire*", homenagem à música flamenca e a um símbolo, Carmen, texto em que tentei replicar o universo agressivo do conteúdo no rascante da forma, com a predominância de fonemas explosivos e a presença obsessiva de uma única vogal tônica, ao longo de todo o poema:

Áspera guitarra rasga o ar da praça.
Há um pássaro parado na garganta de Carmen.
Embarca o pássaro na lábia do acaso.
Ácido cenário de pátios e compassos.
Passam rápidos máscaras e presságios.
Espada e Espanha, abraço incendiário,
Cantam alto as artes do espetáculo:
Lançar-se à brasa e matar-se no salto.

De "Variações para um corpo", transcrevo os descaminhos do jogo amoroso — ora o que fazer com o fim de uma paixão, no poema "Três toques" —

> *Acho que assim*
> *Resolvo o nosso problema.*
> *Tiro você da vida*
> *E boto você no poema.*

— ora o apogeu e o declínio do sentimento em "Artes de amar":

> *Amor e alpinismo sensação simultânea*
> *De céu e abismo*
> *Paixão e astronomia mais do que contar estrelas*
> *Vê-las*
> *À luz do dia*
> *Amor antigo e matemática equação rigorosa:*
> *Um centímetro de poesia*
> *Dez quilômetros de prosa*

De "Primeiras pessoas", cito "Sagitário", que simula aderir ao filão de autoajuda, no mesmo passo em que o desqualifica:

> *Evite excessos na quarta-feira,*
> *Modere a voz, a gula, a ira.*
> *Saturno conjugado a Vênus*
> *Abre portas de entrada*
> *E armadilhas de saída.*
> *Evite apostar em si, mas, se quiser,*
> *Jogue a ficha em número*
> *Próximo do zero. Evite acordar*
> *O incêndio implícito de cada fósforo.*
> *E quando nada mais tiver a evitar*
> *Evite todos os horóscopos.*

Da mesma seção, transcrevo "Paisagem", a busca da poesia numa cena mínima do cotidiano — o flagrante de um jorro de luz a incidir numa cozinha banal de Copacabana na década de 1950:

Pela fresta
Um naco do verão de Copa
Ataca o exército vermelho dos caquis.
Pedaço fino de sol
Esgueirado entre esquadrias.
Mandíbulas da fome. A procissão solene
De formigas insones. No mármore
O açúcar Pérola explode em dádiva.
Mosquitos baratos
Beijando-se aos pares nos pratos.
Zumbem abelhas vesgas
Na mesa onde o abacaxi
Oferta sua flor feroz.
Linguiça, preguiça e sábado
Ensaboando-se nas mãos.
Boca sôfrega
Frente ao sossego do pêssego.
E a paz. Só de leve o nada
Um pouco se move.
Brasil, Barata Ribeiro, ano mil
Novecentos e cinquenta e nove.

Finalmente, os sonetos *da* (e não *de*) circunstância. Circunstância da vida e de tudo o que concorre para destruí-la: o esquecimento, a velhice, a morte; e de tudo que se faz para recompô-la: a palavra, a memória, a arte. Se o tempo nos trai, desse desastre também podemos fazer poesia, precário trunfo e triunfo da palavra contra o abismo.

A sensação de perda se (a)funda numa dimensão, digamos, genérica, quando a condição humana é cotejada à dimensão do cosmo:

À noite o giro cego das estrelas,
Errante arquitetura do vazio,
Desenha no meu sonho a dor distante
De um mundo todo negro e todo frio.
Em vão levanto a mão, e o pesadelo
De um cosmo conspirando contra a vida

> *Me desterra no meio de um deserto*
> *Onde trancaram a porta de saída.*
> *Em surdina se lançam para o abismo*
> *Nuvens inúteis, ondas bailarinas,*
> *Relâmpagos, promessas e presságios,*
> *Sopro vácuo da voz frente à neblina.*
> *E em meio a nós escorre sorrateira*
> *A canção da matéria e da ruína.*

As perdas e os danos íntimos, na reelaboração da memória afetiva, atingem o espaço inteiro da casa da infância, num passado angustiosamente inquiridor:

> *A casa não se acaba na soleira,*
> *Nem na laje, onde pássaros se escondem.*
> *A casa só se acaba quando morrem*
> *Os sonhos inquilinos de um homem.*
> *Caminha no meu corpo abstrata e viva,*
> *As maçãs apodreçam na paisagem.*
> *Vibrando na lembrança como imagem*
> *De tudo que não vai morrer, embora*
> *Sob o ríspido sol do meio-dia,*
> *Me entonteço diante dela, e pronto*
> *Bato à porta de ser ontem alegria.*
> *O silêncio transborda sob o forro.*
> *E eu já nem sei o que fazer de tanto*
> *Passado vindo em busca de socorro.*

e, metonicamente, atingem também os seres e os objetos que a integravam ou circundavam, num presente de todo desalentado:

> *De chumbo eram somente dez soldados,*
> *Plantados entre a Pérsia e o sono fundo,*
> *E com certeza o espaço dessa mesa*
> *Era maior que o diâmetro do mundo.*
> *Aconchego de montanhas matutinas*

Com degraus desenhados pelo vento;
Mas na lisa planície da alegria
Corre o rio feroz do esquecimento.
Meninos e manhãs, densas lembranças
Que o tempo contamina até o osso,
Fazendo da memória um balde cego
Vazando no negrume de um poço.
Pouco a pouco vão sendo derrubados
As manhãs, os meninos e os soldados.

Por fim, cito um poema inédito ("Autorretrato"), que talvez sintetize o que procurei expor acerca das relações entre o criador e os discursos que o cercam:

Um poeta nunca sabe
Onde sua voz termina,
Se é dele de fato a voz
Que no seu nome se assina.
Nem sabe se a vida alheia
É seu pasto de rapina,
Ou se o outro é quem lhe invade,
Com a voragem assassina.
Nenhum poeta controla
Esse motor que maquina
A explosão da coisa escrita
Contra a crosta da rotina.
Entender inteiro o poeta
É bem malsinada sina:
Quando o supomos na cena,
Já vai sumido na esquina,
Entrando na contramão
Do que o bom senso lhe ensina.
Por sob a zona da sombra,
Navega em meio à neblina,
Mesmo que seja pequena
A palavra que o ilumina.

A espiral e o sonho dos meninos
Marco Lucchesi

MARCO LUCCHESI é carioca, professor da UFRJ e da Fiocruz. Publicou, dentre outros livros, *Teatro alquímico* (Prêmio Eduardo Frieiro), *Sphera* (menção honrosa do Prêmio Jabuti), *A memória de Ulisses* (Prêmio João Fagundes de Meneses), *Meridiano celeste & bestiário* (Prêmio Alphonsus de Guimaraens), *Ficções de um gabinete ocidental* (Prêmio Ars Latina de Ensaio e Prêmio Orígenes Lessa) e *O dom do crime* (finalista do Prêmio São Paulo e do Prêmio Machado de Assis). Foi agraciado com o Prêmio Alceu Amoroso Lima pela obra poética, o prêmio Marin Sorescu, na Romênia, e o Prêmio do Ministero dei Beni Culturali, da Itália. Eleito em 2011 para a ABL. Ensaio publicado no livro *Ficções de um gabinete ocidental*, Rio de Janeiro, Civilização Brasileira, 2009.

Como todas as crianças eu gostava de contar. Sentia em menino um fascínio pelos números e jurei chegar ao último da série. Como o último se mostrasse inabordável, tive meu primeiro sobressalto diante do infinito.

Na escola, tanto no primário como no ginásio, fui aluno que variava do muito bom ao suficiente. Sentia um grande desconforto com os números. Não gostava da matemática cujos horizontes se restringiam a simples operações repetitivas. No fim do primeiro grau, queria saber mais, de seus processos inventivos, talvez de sua história e sua filosofia.

Em casa, dispunha de diversos livros científicos. Meu pai, trabalhando com radiodifusão, contava com tratados e manuais de ondas de rádio, antenas e transmissores: uma estante que me desafiava. Havia, além do clássico de Malba Tahan, e outros dessa família, uma enciclopédia da matemática, *The world of mathematics*, de James Newman, que eu começava a folhear aos 14 anos.

Naquele tempo eu me apegava aos números perfeitos, deficientes e amigos. Sonhava relações ainda não descobertas, que a ambição de menino concertava. Um sonho ingênuo no centro da matemática audaciosa — para usar um nome antigo. Dois professores me mostraram desde cedo que isso não funcionava (como não funcionaria em meu desatino a construção teórica de uma máquina do passado. Faltavam-me as curvas de tempo fechado, de Gödel, bem como as pesquisas mais recentes, árduas e fascinantes sobre viagens não convencionais no tempo).

Compreendi que não estava sozinho ao compartilhar essas ideias abstrusas. Não me custou perceber desde então que a *mathematica audax* tem por base uma *mathesis universalis*, de fundo leibniziano, liderada pelos racionalistas puros, que atribuem à matemática o lugar-tenente do saber, a chave de acesso a todas as comarcas do conhecimento. Mas é claro: entre a chave universal dos audazes (*Weltschlüssel*) e a perdida chave de Novalis, eu preferia a segunda, mais livre e generosa.

Lembro-me do livro de Dietrich Mahnke sobre o uso indevido da matemática, redirecionada para fins metafísicos, de ordem mística e projetiva. O livro se chamava *Unendliche sphäre* e tratava das apropriações neoplatonizantes do saber matemático. De estilo soberbo e pesquisa inovadora.

Mas é líquido e certo que a atitude oposta é a mais comum. A de cometer um sequestro — em nome da matemática — uma apropriação ilegal do conteúdo de outros saberes, que — opacos em si mesmos — seriam como que iluminados pela altitude de um saber numeral, capaz de legislar sobre a filosofia, a literatura e a teologia. O velho fantasma positivista reaparece aqui, segundo o qual a matemática seria a Clotilde de Vaux de todos os saberes, depositária da verdade suprema.

Sei de casos radicais de assaltos ao espaço literário. Lembro o artigo de um estudioso, que fazia chover uma torrente de números sobre a cabeça de Laura, cuja aritmética rasa levava à conclusão de que a musa de Petrarca não passava de um Pi disfarçado! Assim, por detrás dos mistérios e da simbologia do Cancioneiro não havia mais que uma determinação matemática. Como se essa devesse guardar, para além do plano da obra de arte, uma razão extrínseca, um valor extraliterário.

Outra situação, a de um livro de Horia-Roman Patapievici, em que Dante reaparece como vítima. Ao defenestrar os melhores críticos da *Divina comédia*, Patapievici afirma que o Paraíso seria nada mais nada menos do que uma hiperesfera... Um conceito pós-euclidiano com o qual Dante jamais teria tido contato. O Florentino teria abraçado um conceito *avant la lettre* e o livro de Patapievici o demonstra de modo constrangedor. Nem literário. Nem matemático. Apenas uma petição de princípio segundo a qual a geometria escolhida por Dante era explicada misteriosamente como fruto de seu gênio. A ilusão biográfica explicava tudo como por milagre!

Outro exemplo, afinal, que apesar de tudo inspira maior simpatia do que Patapievici, é o de Lydio Bandeira de Melo, com o opúsculo *A prova matemática da existência de Deus*. Lydio se mostra mais sincero e talvez mais frágil — num fundo de dispersa poesia e mitigado desespero. Ao optar por uma espécie de supermatemática, vejo em Lydio uma delicadeza que desarma o leitor, desde a precariedade da impressão às formas de argumentação apresentadas. Trata-se de um movimento de passagens indevidas, inconsistentes, da ontologia para os números imaginários, da lógica para a moral, da metafísica para a psicologia. Essa matemática se assemelha, ao fim e ao cabo, a um país de perene migração conceitual, livre de barreiras e aduanas. Terra de ninguém. Ou de todos. Tentativa de rechaçar a fenomenologia de Kant e um leve realismo anselmiano a que se junta uma avalanche de algoritmos: eis o que emerge confuso de suas páginas. Toda uma cavalaria para o Santo Graal, de que a matemática é o Cálice.

Essas escolhas audazes me fizeram divagar em excesso. Mas é preciso voltar ao menino que deixei na escola.

Não me sentia inclinado a trabalhar numa bateria de cálculos e trincheiras, como queriam as provas. Cumpria os deveres do colégio e ainda fazia exercícios complementares. Mas era um suplício.

Gostava de questões gerais. Ou de implicações maiores. Era esse o abismo que me impedia a compreensão das soluções imediatas exigidas no segundo grau. Eu queria mais. Gostava apenas da minha matemática.

Na maior parte dos casos — salvo exceções — a filosofia e a história da matemática não eram sequer mencionadas. Importava a destreza na resolução dos problemas, a habilidade no manejo dos cálculos, o domínio de uma abstração, isenta de ethos cultural. Um tormento. Um pesadelo. Tudo o que eu amava e compreendia na matemática era considerado extramatemático, circunlóquios, fugas da verdade numérica ou da lógica férrea dos conjuntos.

Havia um legado importante e definido da matemática moderna. Era a parte melhor, que rasgava uma compreensão de uma ciência dos padrões, como disse Keith Devlin.

Hoje sei ver que a matemática moderna não havia sido de todo assimilada e que a seu lado coexistiam outras vertentes, com as quais se entrechocava. Como se houvesse dois extremos: ou a formalização total, fria, de uma linguagem do tipo x tal que x igual a, ou a insistência do cálculo como o Messias da matemática, sangue que dá vida aos números, nascidos tão somente para a redenção através do cálculo.

Mas quem estava crucificado naquele tempo era eu.

Um dos problemas da nova matemática foi o fato de ter praticamente eliminado a ideia de história e de transformação, como se a matemática fosse um ente metafísico (rejeitado desde o grande não de Aristóteles), dado para sempre e, por conseguinte, imutável. Como se não reconhecesse uma reflexão sobre a crise de seus próprios fundamentos, desde a descoberta dos irracionais aos números imaginários (que para Leibniz eram quase anfíbios entre o ser e o não ser).

Feitas essas ressalvas, não tenho a menor dúvida de que a matemática moderna foi um salto qualitativo sem precedentes.

A partir dos meus 15 anos — movido pela minha nuvem autodidata — eu me dedicava à lógica formal, aristotélica, a partir de Farges e Barbedette, na edição latina, e pouco depois em Régis Jolivet e Jacques Maritain. Fazia também os exercícios de Irving Copi. E, nisso, o meu júbilo: trabalhando em regiões abstratas. Avançando num país inteligível.

Lia artigos de Leibniz, estudava o cálculo do raciocínio e me sentia só no colégio, como se devesse guardar em segredo essa prática de pura contrafação. E, no entanto, era justamente nessa área que o mundo sorria para mim.

Meu sentimento — no entanto — era de todo platônico. A matemática representava essa chave de construção e descortínio de um campo mental *ante rem*, essências que habitavam uma espécie de empíreo dos números, cuja misteriosa vida parecia autônoma, necessária, independente da humana, e para a qual devia seguir buscando os números-planetas, que o conhecimento cada vez mais refinado alcançaria, em vasto horizonte de conjuntos e sintaxes.

Ignorava então estar seguindo uma corrente tradicional da matemática, aquela que advoga a preexistência diante da construção, a descoberta antes do invento. Mesmo assim, e dez anos depois, senti-me bastante intrigado com o que pude compreender da introdução dos *Principia mathematica*, de Russel, e com o problema dos números primos, no mundo três de Popper — e da rara independência das ideias-número. Se não atingia as questões mais profundas, eu provocava a imaginação. Essa matemática me fazia sonhar. Vivia o que Novalis chamou de poesia da matemática.

Somente mais tarde, estudando as extensões da lógica clássica, compreendi as questões mais difíceis de aceitar em Russel. Ele advoga um horizonte suspenso, um obstáculo inamovível: sua obra não dá lugar a uma ampla metateoria no campo da lógica ou a qualquer forma de metalinguagem. Para ele havia como que um grau de realismo implacável entre a lógica e o mundo, tão forte e cerrado como a zoologia frente à natureza.

Seria impossível sair da linguagem interna da lógica — única, absoluta — para metacriticar suas operações. Russel me faz voltar ao seio do pitagorismo, cuja *mathesis* repousa integralmente na aritmética dos números inteiros naturais. Uma teologia insustentável — em que Deus teria criado aqueles números inteiros, ao passo que os homens teriam feito o restante, como disse Kronecker.

Minha saída — aos 15, 16 anos — era a lógica formal. Nesse período vivia a convicção de uma *philosophia perennis*, perfeita e acabada: *Logica tamen ipsius perfecta est: nihil ipsi addi potest, neque additum est in decursu saeculorum*. Não podia duvidar sequer da pureza desse instrumento.

Parecia-me suficiente — ó candor de outras idades! — manejar bem todo o instrumental lógico para, através da caixa mágica do silogismo, desenhar vastos arranha-céus que dessem para realidades ultralógicas. Premissas. Conclusões. Conversibilidade. Sujeito. Cópula. Objeto. Princípio de identidade. E contradição.

A lógica serviria de ponto máximo, embora o ômega para mim — desde aquela época — repouse na intuição. Era preciso estabelecer um campo de trabalho, um sistema, isento de erros, exorcizando todos os eidolas, as falácias formais, o envenenamento do poço, as anfibologias (como a do rei Creso, da Lídia), as formas circulares e os cuidados para sair de um dilema, agarrando-o pelos chifres; reconhecer a petição de princípios, e tantas e muitas falácias, e depois trabalhar bem com os silogismos, manejando as conversões clássicas, a partir de AffIrmo — nEgO (que eu reconhecia nos tipos Barbara Celarent, Darii). Passava horas, dias, semanas, como um frágil arqueiro, lançando flechas de fogo para alvos impossíveis. E perseguia também os caminhos inversos, negativos, como a redução ao absurdo e outras formas de atingir a pureza de um argumento, como a *consequentia mirabilis*, de Clausius, segundo a qual se para uma certa proposição a suposição de sua falsidade implicava a sua verdade, então ela era verdadeira. Isso tudo abria para mim amplas janelas cognitivas, um horizonte de rigor e paixão, que parecia dominar tudo o que mais tarde seria o estudo sobre a analogia do ser, da relação inversa da extensão e da compreensão e de uma série de outras decorrências no campo da cosmologia, da metafísica e da teologia.

Eu me matava com tabelas de verdade e com as mais variadas operações para reconhecer a montagem defeituosa das caixas de silogismo, da má distribuição do termo médio ou da frágil relação dos conjuntos.

Essa demanda lógica — mais tarde aberta e problematizada — originava-se de uma vontade de buscar a Deus, uma espécie de amor intelectual do Outro. Uma demanda de beleza e precisão que duraria até os meus 17 anos.

Depois de deixar o segundo grau, fui para a faculdade de história da Universidade Federal Fluminense. O pós-doutorado aconteceu em Colônia, quando o interesse pela filosofia do Renascimento me trouxe de volta aos números — a esfera neoplatônica e o debate sobre os maiores sistemas do mundo.

Não passo de um leitor saltuário da filosofia da matemática, da logística e de seus vastos arredores, assim como das novas geometrias.

Nesse caso, os fractais abriram uma dimensão inovadora, através do primeiro impacto de uma estranha beleza, desde a famosa edição alemã de H. Peitgen: a propriedade da distribuição das cores e a nova geometria guardavam uma ordem fascinante. Olhar para um fractal era como ler uma partitura, um desenho que significava uma ordem, a *spira mirabilis* de nosso tempo (não sempre espiralada).

O modo pelo qual a matemática podia lançar mão da figura sem sofrer a perda de seu estatuto, como realizou Mandelbrot, isso me pareceu desde o começo uma alegria desconcertante, uma espécie de grande não ao *establishment*.

O desenho realizava uma espécie de macro-olhar, uma telescopia numérica, como quem visualiza parcelas de infinito, dízimas, funções periódicas diversas, do plano cartesiano ao coração da complexidade.

A ideia da beleza na matemática, que se encontra em diversos autores, como Hardy ou Poincaré, causou em mim grande impacto. Como se me deparasse com uma verdade perdida, um substrato arqueológico que me parecia estranhamente familiar e decisivo.

Apreciava na geometria do caos o conceito de escala ou de autossemelhança, esse fio de Ariadne, diante de cujos labirintos fractais eu descobria saídas e passagens, como aprendi na leitura daquele famoso artigo sobre o litoral da Inglaterra.

E a ideia de substrato arqueológico se confirmou ao estudar o percurso de Mandelbrot na história do caos, visitando o que antes pareciam becos sem saída, dando-lhes nova transitividade, como fez, por exemplo, com os aglomerados de Júlia — lançando-os em áreas dinâmicas, como se instaurassem uma *poiesis* da transitividade.

Por outro lado, a denominação de uma geografia recém-descoberta, dentro e fora da ilha fractal, fazia de Mandelbrot o Colombo de novas terras, filamentos, trombas de elefante. No entanto, os limites da Ilha poderiam estar comprometidos ou ameaçados pelo desejo reiterado de domar o indomável, de exorcizar o demônio do caos, criando uma espécie de supermatematização que pudesse de algum modo deter-lhe o fluxo, civilizá-lo, como se o ruído e o contracanto tivessem de passar pelo velho sonho euclidiano, cuja presente denegação, a do caos (colocando-o entre parênteses, por ordená-lo ou pós-euclidianizá-lo), só o confirma em instância freudiana.

Os fractais foram a ponta de uma matemática mínima aplicada (de que eu me tornara um incerto gestor); a outra ponta residia nos cálculos elementares de minha condição de astrônomo, bissexto e amador, para que meus telescópios ficassem bem apontados.

Fiz conhecimento — por cartas ou pessoalmente — com Benoît Mandelbrot, Constantino Tsallis, Ildeu de Castro e especialmente com

Ronaldo Rogério Mourão, lido desde a chegada de minha primeira luneta, aos 12 anos.

Mas é preciso dizer que, no âmbito da matemática, os livros de Ubiratan D'Ambrosio me abriram um tempo inaugural, uma sensibilidade forte e uma guinada epistemológica da etnomatemática, a que se soma toda uma perspectiva voltada para a paz. Ubiratan juntou partes que estavam dispersas, fragmentos que desconheciam interfaces, a antropologia (penso em Mauss e Lévy-Brühl), a logística e as estratégias didáticas. Paulo Freire e Cauchy. Marx e Bourbaki. As sintaxes dispersas e as lógicas diferentes.

A descoberta de suas questões criou em mim um armistício essencial e pôs termo ao abismo entre as ciências humanas (mas se tudo é humano, depois de Heisenberg e de seu famoso princípio da Incerteza!) e as chamadas ciências duras.

Conversando com dois grandes matemáticos, Solomon Marcus e Stelian Apostolescu — era uma tarde em Bucareste — o nome de Ubiratan surgiu espontâneo e elogioso diante das formas sutis de compreender e transmitir as tradições matemáticas.

Ubiratan não tergiversa quando fala a respeito do ensino do trinômio do segundo grau: "A importância tão feia que destacamos de uma coisa tão linda como um trinômio de segundo grau é interessante ser comentada. Não proponho eliminar o trinômio de segundo grau, mas um tempo em mostrar criticamente as coisas feias que se faz com ele e destacar as belas que se podem fazer."

Ou ainda, num exemplo admirável sobre a cultura da paz: no enunciado de um problema em que um projétil atinge seu alvo a uma velocidade X. A pergunta é quem é o alvo. Atrás do exemplo está o percurso de um míssil, alvejando uma pessoa, e não um ponto abstrato.

A etnomatemática não está fora da matemática. A história da matemática ou a filosofia da matemática não significam meros apêndices daquela ciência, como se insiste lamentavelmente em muitas graduações. A etnomatemática não se restringe de modo algum a uma perspectiva etnográfica (embora possa não apenas tangenciá-la, mas confundir-se com ela). O saber matemático é aberto e plural, como se discute no âmbito da metacrítica, feita, aliás, de camadas comunicantes, como lembra Hardy.

Ubiratan D'Ambrosio inaugurou uma discussão sobre o ensino da matemática a partir de uma perspectiva cultural, provocando o debate entre disciplinas que até bem pouco tempo não passavam de baronias feudais, quase autossuficientes, asfixiadas na entropia a que se abraçavam, com desespero crescente e intransigência. Ubiratan viabilizou um diálogo verdadeiro, que não recua sequer diante de uma grande reforma curricular, em que o cálculo, como já disse Howard Eves, não seria a única porta de entrada para o currículo dos estudos. Ubiratan defende um recorte disciplinar sob medida (*taylored*), de acordo com as aptidões e as vocações de cada estudante de matemática.

Essa atitude há de trazer novos ventos para as matemáticas no Brasil, rompendo uma cláusula de barreira cultural.

O direito dos meninos e das meninas de sonhar nos campos do pensamento matemático.

*O texto deste livro foi composto em Sabon,
desenho tipográfico de Jan Tschichold de 1964
baseado nos estudos de Claude Garamond e
Jacques Sabon no século XVI, em corpo 11/15.
Para títulos e destaques, foi utilizada a tipografia
Frutiger, desenhada por Adrian Frutiger em 1975.*

*A impressão se deu sobre papel off-white
pelo Sistema Cameron da Divisão Gráfica
da Distribuidora Record.*